台灣的中國兩難

台灣認同下的兩岸經貿困境

TAIWAN'S CHINA DILEMMA

Contested Identities and Multiple Interests in Taiwan's Cross-Strait Economic Policy

林夏如——著

陳方隅、林添貴——譯

為何台灣對中國大陸的經貿政策時而開放、時而限制？
作者第一手訪談張忠謀、江丙坤、陳冲等
重要產官學界人士，輔以民意調查結果，
揭露台灣人身分認同所扮演的關鍵角色！

獻給我的小天使郭佳瑋

2002 年 10 月 7 日生，2010 年 12 月 22 日歿

編者的話

　　本書作者親訪包括張忠謀、曹興誠、江丙坤、陳冲、林義雄、尤美女、范雲等四十位台灣各領域意見領袖，並由四個層次帶領讀者抽絲剝繭：

1. **時間序**：從李登輝時期的「戒急用忍」（限制），陳水扁時代早期的「積極開放、有效管理」（開放），後期的「積極管理、有效開放」（限制），到馬英九主政時的ECFA（開放）；
2. **國族認同**：在這四個階段、超過十年的時間裡，透過中研院、政治大學與其他機構的民意調查，呈現台灣民眾對自身「國族認同」的變化；
3. **意見領袖**：作者將台灣各界意見領袖分成四大「意見集群」：廣泛開放派、適度開放派、溫和限制派、嚴格限制派，分析這四大意見集群在每個階段對兩岸經貿政策的看法。
4. **重要案例**：林教授在每個階段都舉出實際案例，讓讀者對當時的政經情勢、政策走向與爭議，有更具體的認識，例如：李登輝時期的台塑漳州電廠、陳水扁時期的和艦案，以及馬英九時代的太陽花運動。

　　另外，本書引用大量中文與英文參考資料，為便於讀者進一步閱讀與查找，故將英文參考資料維持以英文呈現，特此告知。

商周出版編輯部

各界推薦

「國族認同」既是台灣社會的主要矛盾，也是台灣對大陸經貿政策在「政經合一」與「政經分離」間擺盪的核心因子，本書對此做出了清晰有力的詮釋。

——何榮幸／報導者文化基金會創辦人暨執行長

歷史上沒有一個獨立國家面臨台灣目前的情境：具有強大經濟吸力的國家，同時也是準備加以兼併的軍事強權、不斷加以霸凌的獨裁政治體。本書的細緻分析，是國人理解這項挑戰的必要參考。

——吳乃德／中研院社會所研究員

林夏如教授在新書中以「國族認同」為主軸，為錯綜複雜、千變萬化的兩岸關係做了獨到的分析論證，提供給讀者一場引人入勝的解析。台灣經過六十年的發展，產生了何種核心價值，值得提供大陸以及新興市場國家借鏡？大陸的國家資本主義能夠永久得到民意支持而不變嗎？太多太多要思考的議題，讓我們彼此共勉之。

——徐小波／時代基金會創會董事長

台灣的「中國兩難」確實是我們無可迴避的挑戰，本書釐清台灣過去二十年政策背後的政治與經濟邏輯，對台灣到底要往哪裡去的問題，提供了重要思考。更進一步的問題是，我們要如何跳脫這個兩難？

——張鐵志／政治與文化評論家

這兩年世界局勢變化詭譎，台海兩岸的關係不僅影響此地區居民的命運，更關係整個地球未來勢力消長。林教授有最直接的角度觀察，深入淺出分析，值得大家仔細研讀。

——陳藹玲／富邦文教基金會執行董事

目錄

1　導論　　　　　　　　　　　　　　　　　　21

海峽兩岸經濟關係的發展／台灣的中國兩難／分析途徑與方法論／章節安排及各章簡介

2　概念架構　　　　　　　　　　　　　　　　43

台灣的兩岸經濟政策：一些主流解釋／複雜的現實與分析的折衷主義／分析架構／作為經濟政策基礎的國族認同／台灣國族認同的演進／國家利益／演進中的國內及國際環境／四大意見集群及其相對影響／經濟政策的面向／結論

3　戒急用忍：1996年國家發展會議　　　　89

台灣國族認同的改變／台灣的政治經濟與外部環境／國家發展會議／民眾對國發會的反應／四大意見集群／產業個案研究：台塑集團及漳州計畫／結論

4　積極開放、有效管理：2001年經濟發展諮詢委員會議　133

台灣國族認同的變化／台灣的政治經濟和外在環境／經濟發展諮詢委員會議／民眾對經濟發展諮詢委員會議的反應／四大意見集群／產業個案研究：半導體產業大辯論／結論

訪談人物表

尤美女。民進黨籍立法委員；台北，2014年11月28日。

吉拉德‧沃爾堡（Gerald Warburg）。卡西迪公司（Cassidy & Associates）前任副總裁，維吉尼亞州夏綠蒂維爾（Charlottesville, VA），2012年12月18日。

江丙坤。海基會董事長；行政院經建會前任主任委員；台北，2009年4月9日。

何美玥。經濟部前任部長；行政院經建會前任主任委員；台北，2008年7月30日。

吳釗燮。民進黨秘書長，行政院大陸委員會前任主任委員；台北，2014年6月27日。

吳榮義。新台灣國策智庫董事長，台灣經濟研究院前任院長；2011年10月25日。

李晉頤。香港富邦銀行董事總經理兼行政總裁；香港，2009年8月28日。

林義雄。民主進步黨前任主席；台北，2009年4月1日。

邱垂正。國立金門大學助理教授；行政院大陸委員會前任簡任機要秘書；台北，2008年6月18日。

金溥聰。駐美國台北經濟文化代表處代表；中國國民黨前任秘書長；華府，2012年12月20日。

侯貞雄。東和鋼鐵公司董事長；中華民國全國工業總會前任理事長；台北，2009年4月2日。

洪嘉聰。聯華電子公司董事長；台北，2009年4月3日。

胡仲英。行政院經建會副主任委員；台北，2009年4月7日。

范雲。國立台灣大學教授；台北，2009年4月2日。

徐小波。時代基金會創會董事長；2007年8月11日。

張汝京。中芯國際集成電路製造有限公司執行長；上海，2008年1月4日。

張忠謀。台灣積體電路半導體公司董事長；台北，2009年4月3日。

張勝涵。國立台灣大學工會會員；野草莓和太陽花運動學生參與者；台北，2014年6月28日。

張榮豐。中華經濟研究院副院長，國家安全會議前任諮詢委員；台北，2008年6月18日。

張銘斌。經濟部投資審議委員會代理執行秘書；台北，2014年6月27日。

曹興誠。聯華電子公司榮譽董事長；台北，2009年4月3日。

許文輔。台灣教授協會及台灣工程師協會會員；台北，2008年7月29日。

陳冲。行政院金融監督管理委員會主任委員；台北，2009年4月3日。

陳翔立。三商美邦人壽公司董事長；台北，2009年7月12日。

魚夫（筆名，本名林奎佑）。TVBS和三立電視前任製作人；政治評論家；台北，2009年4月1日，及香港，2014年7月19日。

傅棟成。行政院大陸委員會副主任委員；台北，2009年4月3日。

曾昭媛。婦女新知基金會祕書長；台北，2009年4月2日。

童振源。行政院大陸委員會前任副主任委員；台北，2007年8月15日。

黃天麟。陳水扁總統的國策顧問；台北，2008年7月30日。

黃守達。國立台灣大學工會會員；野草莓和太陽花運動學生參與者；台北，2014年6月28日。

楊家駿。行政院大陸委員會香港事務局局長；香港，2008年7月23日。

楊益風。中華民國全國教師會理事；台北，2008年7月17日。

楊照。《新新聞》週刊總編輯；香港，2009年7月24日。

趙建民。中華歐亞基金會副執行長；政治大學教授；台北，2006年8月17日。

蔡宏明。國家安全會議前任諮詢委員，全國工業總會前任副秘書長；台北，2008年7月31日。

黎智英。壹傳媒集團董事長;香港,2009年6月23日。

魏理廷(Richard Vuylsteke)。台北市美國商會前任執行長;香港,2009年5月26日。

嚴重光。台北經濟文化辦事處駐香港處長;香港,2014年6月19日。

顧渝生。裕元工業控股公司法務顧問;香港,2007年11月29日。

龔明鑫。台灣經濟研究院副院長;台北,2007年8月15日。

(依中文姓名筆畫排序,所列職稱皆為訪談時擔任之職位。)

謝詞

　　過去十年間，除了把大量的時間投入研究工作，同時在美國、香港奔走授課，我也擔任好幾家公司及非營利機構的董事，更要陪伴當時還念小學的三個女兒讀書，練體操、畫畫、彈鋼琴。寫作、教書、開會及家事——生活中的幾部曲以不同的節奏同時在進行著。家人的支持和長輩樹立的典範是讓我堅持不懈的理由。

　　我的祖母與外婆都是目不識丁的寡婦，但她們努力栽培我的父母成為家裡第一個讀大學的小孩。她們用行動教導我們要認真工作、積極主動和堅毅不拔。她們的人生體現了世世代代台灣人從四面八方來到這座島嶼，面對重重困難，依舊不屈不撓的精神。我的父親教我如何在威權時代學習獨立思考、擁有批判的眼光；我母親全心全意的支持給予了我自信，她對眾人的付出使我了解到慈悲的真諦。我三個可愛的寶貝——熱衷寫作的佳怡、酷愛設計的佳欣，以及多才多藝的佳瑋——在我最需要的時候激勵著我、陪伴著我。一路走來，我們溫暖的「永安閣」就像一個學生宿舍，四個求學中的女孩同時分享著創作的喜悅。有機會能開啟這新的人生志業，也要感謝我的手足水晶，水仙和東潔，以及他們的另一半瑪雅與正正，和Jamey跟維奇一家人。當然還有我在全世界眾多的好友們，他們多年來容忍我在香港、紐約、華府和維吉尼亞州夏綠蒂維爾市等地閉門寫作所帶來的不便，卻依然

愛護和鼓勵著我。

　　寫作本書的契機來自於胡偉星教授和關信基教授的指導。在他們的鼓舞下，我才斗膽展開本書的研究。他們兩位都深信，每個人都應該走自己的路來尋求答案。吳乃德教授和冷則剛教授，以及多年來愛護我的徐小波先生，對我提供了寶貴的建議。我的好朋友薛曉光、趙哲儀、劉孟釗、李裕維和已過世的李麗娜，在我研究期間慷慨地支援我。當初決定出版這本書的史丹佛大學出版社的編輯伯恩先生（Geoffrey Burn）耐心地等候我完成初稿，在幾位校稿員和編輯的大力修改下，不僅釐清了章節的脈絡，也使本書的結構更加完善。

　　中文版的翻譯更是得到陳方隅、林添貴、黃思為和楊孟杰的協助以及編輯鄭凱達的耐心指教。我在香港中文大學和美國維吉尼亞大學多年來講授的國際政治經濟學和兩岸關係的課程也帶給我持續做研究和完成本書的信心，加上近年在北京清華大學和台灣政治大學的客座授課，益發使得教學和寫作相得益彰。我在大學的同事和來自各國的學生對我也多所啟發，能夠在兩岸三地和美國任教真的是我的榮幸及福氣。我更要感謝多年來接受我採訪的各界人士：他們毫不吝惜地撥出寶貴的時間，知無不言，讓我對台灣社會有更深入的了解。這些訪談所帶給我的收穫絕非閱讀一般學術文獻和新聞記述所能及。

　　本書的出版承蒙時代基金會和富邦文教基金會的鼎力支持。這兩個基金會以創新的方法致力於拓展台灣學子的教育和就業機會，促使台灣社會更多元化，彰顯公益服務的重要性。

　　在這條漫長的路上，我的先生何漢理（Harry Harding）一直陪伴著我，鼓勵我，他在嚴格檢視我研究不足的同時也會衷心肯

定我有價值的觀點。漢理不僅為本書的論述平添見解，更讓我在切磋學問的過程中，因為有了志同道合的夥伴而不忘初心，方得始終。

　　這本書要獻給我充滿愛心及創意的小寶貝佳瑋。瑋瑋每天下午四點放學回家後，就會探頭進書房，悄悄地問我：「媽媽，今天書寫得怎麼樣？」她在八年短暫的生命裡給了我無數的回憶和美麗的作品：雕刻、水彩畫、隨筆、素描、油畫，還有拼貼，件件都表達了她對這個世界的愛與憧憬。瑋瑋這種樂觀進取的態度正時刻提醒著我要心懷感激，勇往直前。

中文版前言

　　大學時代在哈佛本來主修社會科學（Social Studies），因為我想以跨領域的理論來回答一個涉及社會、政治、經濟的重要問題：為何某些發展中國家可以成功開闢經濟發展的路徑，而另一些國家卻不行？隨著我在國營企業私有化和外商投資領域積累的經驗，我對不同國家之間經濟發展模式的差異益發感興趣。很幸運地，我有機會目睹中國改革開放最初幾年的運作。1993年，海峽兩岸自1949年以來的首次高層會晤「辜汪會談」在新加坡舉行。我當時白天參與新加坡電信集團私有化的工作，晚上擔任會談期間的媒體翻譯志工。我對兩岸協商的進行、過程的冗長與困難，都有切身的體驗。隨後，我透過在投資銀行主導和參與的多項投資項目，包括阿里巴巴、新浪網、中芯國際、巨大、寶成、裕元等，更加理解到台灣的兩岸經濟政策是如何影響台商在中國投資的決定。

　　當我離開投行和創投業，著手研究與寫作時，我對自己想研究的主題和分析框架已有很清楚的想法。我試圖探究一個在兩岸經貿界常見的迷思：為何台灣對中國的政策如此不連貫且看似不理性？最初，我相信台灣對大陸經濟政策的反復可以用經濟邏輯來解釋。 也就是說，隨著兩岸在經濟上的整合，台灣經濟政策對中國將無可避免地更加開放；相對地，因此而在經濟上受損的利益團體們，無疑會向政府施壓要求實施保護主義。這兩種以利

益為主的觀點，不論是經濟整合的誘因，或是全球化導致的反彈，似乎都能對兩岸經濟政策的擺盪提供強而有力的解釋。

不過在數年研究之後，尤其是透過廣泛的深度訪談，我發現純粹的經濟分析和理性選擇的方法論，無法完全解釋台灣對中國政策上的種種轉變，同時也忽略了許多台灣社會經歷的重大改變。我開始意識到，經濟領域的變量固然重要，物質利益之外的因素——例如國族認同——也應當被納入考量。「國族認同」經常被描述為妨礙理性評估的錯誤意識，然而，我與台灣意見領袖的訪談和我個人在業界的觀察都不支持這樣的觀點。在回顧相關的學術文獻，檢視更多的一手資料，並與政府、專家、企業界人士對談後，我最終被引導到一個長久以來未曾注意到的答案：經濟利益和國族認同並非互斥，而是相互結合且形塑了台灣與中國經濟關係的取向。我的研究發現，台灣兩岸經濟政策的擺盪起因，源自社會對不同政策的爭議與它們所隱含的國族認同之間的交互影響。

在完成了本書的寫作之後，我隨即開始了一趟「身分認同之旅」，前往世界上存在身分認同爭議的地區，考察當地的身分認同是如何影響經濟政策的。我走訪了以色列和巴勒斯坦，保加利亞，波羅的海諸國，曾屬於奧匈帝國的奧地利、捷克與匈牙利三國，還有印度及不丹。在這趟旅途中的所見所聞進一步印證了我在本書中做出的結論，即國族認同是對外經濟政策構建的基礎所在。

自從本書英文原版於2016年出版後，有許多來自世界各地的讀者不吝就書中的論點與我分享他們的感想與建議。針對本書的主題，我十分榮幸能有機會受邀至各大專院校、智庫和民間團

體演講，地點包括台灣、香港、日本、美國、英國、西班牙、中
國大陸、韓國、新加坡等。在互動的過程中，我很欣慰藉由本書
可以讓讀者理解到，當國際上的跨國經濟整合需求隨著全球化擴
大的同時，個別國家對確保自身獨特的價值觀和身分認同的渴
望，也會與日俱增。台灣不是第一個要面對這兩難局面的地方，
也絕對不會是最後一個。

1

導論

　　小國毗鄰大國，可能遇上強大的軍事威脅，也可能面對難以抗拒的經濟市場力量。中國對台灣而言就是兩者同時兼具。[1]台灣面臨這個罕見的兩難狀況，它最重要的經濟夥伴同時也在政治上和經濟上威脅它的生存。台灣的繁榮很大程度是來自它和中國經濟的相互依存，而中國現已躍居世界第二大經濟體，但是中國一直明白表示否認台灣主權以及想達成兩岸統一的目標。中國不僅尋求和台灣有利的經濟關係，也以此當成促進統一的手法。它利用豐沛的經濟資源投資在軍事能力上，部署先進戰鬥機和中程彈道飛彈，有一千多枚瞄準台灣。最重要的是，中國繼續威脅要以武力阻止台灣宣布獨立，也從未放棄以武力促成統一。

　　因此，和中國的商業關係對台灣既是挑戰，也是機會，性質上與其他任何國家的關係顯著不同；就台灣而言，中國具有極端的吸引力，但也十分危險。這樣的兩難局面十分明顯：兩岸經濟的交流與整合會帶來許多好處，但也會導致台灣對中國的經濟依賴程度加深，而這個依賴對象持續威脅要兼併台灣，甚至不惜動武。

　　可以理解的是，對於這彼此矛盾的壓力，台灣的回應方式並不一致。整體而言，台灣已降低了許多兩岸在貿易與投資上面的障礙；估計現在有一百多萬台灣人居住在中國，台灣人在中國投資及對中國雙向貿易數字都超過一千三百億美元。然而，台灣的兩岸經濟政策之演進既不穩定也不連貫，時而開放、時而加深限制。直到不久以前，台灣都還禁止所謂的「三通」，亦即與中國直接通郵、通商、通航。

　　台灣從1991年開放到中國直接投資，並從中國在1979年改革開放開始設立的經濟特區當中獲得許多商機。但在1994年，

台灣一改早期採取的政策，政府開始鼓勵投資流向東南亞、遠離中國。兩年後，政府制訂「戒急用忍」政策，對於到中國的大規模及具備重要策略性的投資正式設限。2001年，政黨輪替後執政的民主進步黨政府以「積極開放」政策替代「戒急用忍」，對兩岸經濟關係在某些方面鬆綁開放，但在2006年又改弦更張，回到採取嚴格限制的「積極管理」政策。2008年，國民黨重返執政，恢復開放，建立兩岸正常直航，鬆綁原先對中國投資的限制。它也推動《海峽兩岸經濟合作架構協議》（Economic Cooperation Framework Agreement, ECFA）的談判，並在2010年與中國簽署此一優惠性貿易協議。但是，直到2014年，台商到中國投資若超過五千萬美元，或涉及受限產業或產品，仍需經個案審查通過。甚至也有規定是台灣公司到中國投資上限不得超過其淨值六成。繼ECFA之後的服務業貿易協議，甚至導致民眾爆發數十年來最大規模的持續抗議，也就是「太陽花運動」，使得進一步的開放提案被擱置下來。

　　這些爭議和搖擺的經濟政策模式，不禁令人質疑既有的針對國家之間經濟關係的主流理論解釋。有些學者認為在解釋小國的對外經濟政策時，外在因素——即國際結構因素——特別重要（Rosenau, 1966）。而對台灣而言，外在的國際環境因素全都指向它該實施經貿自由化，而非針對主要貿易夥伴採取限制性的政策，更非在限制與開放之間搖擺不定。

　　台灣的安全保障提供者美國已明白表示希望兩岸之間能夠透過加深經濟合作而維持關係的穩定。中國也一樣，它利用豐厚的經濟誘因去吸引進一步的自由化開放。此外，全球化的進程也會對個別國家產生壓力去進行自由化，尤其是兩岸的經濟在本質上

具有互補的作用。亞洲及其他地區大部分國家都依賴中國的廉價勞動力,尤其是製造業;由於地理鄰近、文化相似及出口導向的經濟模式,台灣遠比其他國家更依賴中國的勞動市場。此外,全世界都覬覦著中國廣大的國內市場,尤其想要出口商品和勞務去供應中國日益成長的中產階級的消費;台灣的服務業尤其利於迎合此一需求。鑒於當前全球經濟的結構性特色,台灣理論上只會走向更多的開放與自由化,而非對經濟整合設限。

　　過去有許多政治經濟學研究的重點擺在多元社會當中,各種新崛起的利益團體和它們在國內施加的政治壓力,這些團體通常會尋求最大化它們的經濟利益。自從 1980 年代中期,台灣的政治過程就開始走向民主化,幾乎每年都有競爭相當激烈的地方及全國性選舉,而辯論主題經常集中在台灣的中國政策上。本書的研究將集中在台灣兩大相互競爭的政黨身上:被認為傾向統一的國民黨,以及被認為傾向獨立的民進黨。從認同的意識型態來看,一般人多半會認為,民進黨政府會採取比較設限的對中經濟政策,而國民黨政府則會加以開放兩岸交流。然而,國民黨和民進黨都曾在某段時間主張開放的兩岸經濟政策,也曾在其他時間主張要採取限制手段。在本書研究所涵蓋的時期中,不管是哪個政黨執政,其實它們的主要認同意識和兩岸政策之間都沒有太大的關聯性。不論總統來自哪個政黨,兩岸政策都出現限制與開放之間搖擺的現象。

　　本書主要的研究目的,是為了提供一個更好的視角來理解台灣的中國經濟政策,**尤其是想解釋為什麼台灣總是在限制與開放之間搖擺**。台灣的政策變遷過程之所以如此搖擺不定,其實是由一些牽涉到最根本價值的力量所形塑的,而我們也可以在其他國

家發現類似的變化。一般預測認為，全球化會使得貿易和投資夥伴之間產生日益整合的關係，但事實卻完全相反；伴隨全球化而來的，反倒是民粹主義和勞工運動的興起，人們對經濟平等有更大的要求，而且人們不見得會以貿易和投資政策自由化為最高目標，而是去追求經濟的穩定性（Garrett, 1998）。全球化的政治與經濟整合力量，通常也會遇到匯集了多元認同和利益的本土化力量所反制。簡而言之，市場是全球性的，但政治過程卻是各國有別——因此，經濟學理所預測的自由化與更加開放的貿易和投資政策往往不會出現，更常出現的是對貿易加以限制，或者是在限制與開放之間搖擺不定的政策。

　　經濟成長與其他政治價值之間的存在緊張的對立關係，在全球各地都有出現，然而，台灣的兩難處境則是十分特別的，因為中國既**威脅著台灣的生存**，又能**給予台灣實際的經濟利益**。我在本書主張，「**國族認同**」（national identity）**將是最關鍵的解釋因素，它可以告訴我們為什麼台灣的兩岸經濟政策如此搖擺不定**。對自我的「認同」，是一個共同體的成員之間決定集體利益的優先次序排列以及制訂面對其他共同體時的經濟政策的最重要基礎。當這個基礎很薄弱，也就是當自我認同迭有爭議時，就很難決定集體利益的優先次序，因此，拍板定案的政策可能在議題立場的光譜上完全相對的兩端之間擺盪，台灣就是如此。當一個共同體內的認同基礎更鞏固，而且也較少具有爭議的時候，雖然不同的群體之間仍然擁有不同經濟觀點和優先次序，且論戰時可能仍然激烈，但是它們反而會在議題的「立場光譜」上面比較中間的政策範圍做選擇，不會選擇極端的形式去抵制另一派的意見。這也是台灣近年來的模式。

海峽兩岸經濟關係的發展

　　台灣的經濟從結構面來看已經是相當依賴中國，中國已成為主要的市場以及製造基地，而台灣對中國的依賴程度遠大於其他國家。兩者之間的經濟關係，包括貿易和投資流動的量在過去二十年都相當大幅度地上升，詳見表1-1。

　　台灣政府核准的赴中投資金額，從1991年剛開放時微不足道的數字，到2014年累積總額已達一千四百四十億美元，超過台灣向所有其他國家投資的總額（見圖1-1）。[2]但根據非官方的估計，台灣對中國的投資金額其實比這些紀錄在案的核准金額還要高出數倍。自從中國經濟開始自由化以來，不論是北京或台北的估計，台灣一直是中國的外人直接投資（foreign direct investment，簡稱FDI，或稱對外直接投資）的主要來源之一。沒錯，許多人會說到目前為止，台灣是在中國進行外人直接投資的首要國家，因為絕大多數來自香港、開曼群島和英屬維京群島名下的資金，其實來自台灣。據估計，透過第三國轉移進入中國的投資金額，可能超過官方統計數字的兩倍。從這個趨勢來看，假設兩岸經濟政策更加開放的話，總投資金額還會更大。[3]

　　以貿易而言，中國和台灣之間的雙邊貿易在2014年達到一千三百億美元，占台灣進出口貿易總額的22%，如果計入經過香港的貿易，更達到30%（圖1-2）。自從1999年以來，中國取代美國，成為台灣最大的出口市場。[4]台灣出口到中國的貿易量自從1990年後巨幅成長，從無到有，至2014年已占台灣出口總額的26%（即八百二十億美元），若計入香港，更高達近40%。同樣地，中國也是唯一一個自從1996年起進口的量持續上升的國

表1-1　海峽兩岸經濟統計數據（1990至2014年）

年	國內生產毛額（單位：十億美元）		國內生產毛額成長率（％）		台灣對中國貿易額（單位：十億美元）				台灣對外直接投資（單位：十億美元）		在台灣的所有對外直接投資總額中，對中國投資的百分比	台灣對中國的對外直接投資累積總額（單位：十億美元）
	中國	台灣	中國	台灣	貿易總額	全部貿易總額百分比	出口	全部出口總額百分比	對中國	對世界其他國家		
1990	390.3	166.6	3.8	5.7	0.0	0.0	0.0	0.0	0.0	1.6	NA	N/A
1991	409.2	187.3	9.2	8.4	0.3	0.2	0.0	0.0	0.2	1.7	9.5	0.2
1992	488.2	223.2	14.2	8.3	0.7	0.5	0.0	0.0	0.2	0.9	21.8	0.4
1993	613.2	235.1	14.0	6.8	1.0	0.6	0.0	0.0	3.2	1.7	65.6	3.6
1994	559.2	256.4	13.1	7.5	2.0	1.1	0.1	0.1	1.0	1.6	37.3	4.6
1995	727.9	279.2	10.9	6.5	3.5	1.6	0.4	0.4	1.1	1.4	44.6	5.6
1996	856.1	292.7	10.0	6.2	3.7	1.7	0.6	0.5	1.2	2.2	36.2	6.9
1997	952.6	303.7	9.3	6.1	4.5	1.9	0.6	0.5	4.3	2.9	60.0	11.2
1998	1,019.5	280.4	7.8	4.2	5.0	2.3	0.6	0.8	2.0	3.3	38.2	13.2
1999	1,083.3	304.2	7.6	6.7	7.1	3.0	2.6	2.1	1.3	3.3	27.7	14.5
2000	1,198.5	331.5	8.4	6.4	10.6	3.6	4.4	2.9	2.6	5.1	33.9	17.1
2001	1,324.8	300.5	8.3	−1.3	10.8	4.6	4.9	3.9	2.8	4.4	38.8	19.9
2002	1,453.8	308.9	9.1	5.6	18.5	7.4	10.5	7.8	6.7	3.4	66.6	26.6
2003	1,641.0	318.6	10.0	4.1	33.9	12.2	22.9	15.2	7.7	4.0	66.0	34.3
2004	1,931.6	348.5	10.1	6.5	53.1	15.1	36.3	19.9	6.9	3.4	67.2	41.2
2005	2,256.9	375.8	11.3	4.7	63.7	16.7	43.6	22.0	6.0	2.4	71.1	47.3
2006	2,712.9	388.6	12.7	5.6	76.6	17.9	51.8	23.1	7.6	4.3	63.9	54.9
2007	3,494.2	408.3	14.2	6.5	90.4	19.4	62.4	25.3	10.0	6.5	60.6	64.9
2008	4,520.0	417.0	9.6	0.7	98.3	19.8	66.9	26.2	10.7	4.5	70.5	75.6
2009	4,990.5	392.1	9.2	−1.6	78.7	20.8	54.2	26.6	7.1	3.0	70.4	82.7
2010	5,930.4	446.1	10.4	10.6	112.9	21.5	76.9	28.0	14.6	2.8	83.8	97.3
2011	7,322.0	485.7	9.3	3.8	127.6	21.6	84.0	27.2	14.4	3.7	79.5	111.7
2012	8,221.0	495.8	7.7	2.1	121.6	21.3	80.7	26.8	12.8	8.1	61.2	124.5
2013	8,939.3	511.3	7.6	2.2	124.4	21.6	81.8	26.8	9.2	5.2	63.7	133.7
2014	9,761.2	529.5	7.3	3.7	130.2	22.1	82.1	26.2	10.3	7.3	58.5	144.0

資料來源：

1. 關於中國國內生產毛額（下稱GDP）及其成長率，請見國際貨幣基金組織（International Monetary Fund），http://www.imf.org/external/pubs/ft/weo/2013/ 02/weodata/weoselgr.aspx；2013年與2014年數據為估計值。關於台灣GDP及其成長率，請見中華民國行政院主計總處，http://eng.stat.gov.tw/mp.asp?mp=5；2014年數據為初估。

2. 所有貿易數據來自台灣經濟研究院、行政院大陸委員會「兩岸經濟統計月報」第263期，http://bit.ly/MACgovE9C。

3. 所有對外直接投資數據來自經濟部投資審議委員會http://www.moeaic.gov.tw/；亦見陸委會「兩岸經濟統計月報」。此處包含的總額包括先前於1993年、1997年、1998年及2002年後未紀錄在案的核准金額。

圖1-1　台灣對世界與對中國的對外直接投資累積總額
　　　　（1990至2014年；單位：十億美元）

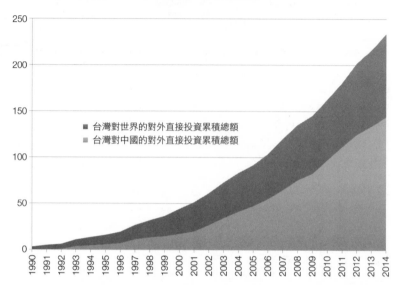

資料來源：經濟部投審會；亦見陸委會「兩岸經濟統計月報」。此處總額包括先前未紀錄在案的核准金額。

家。2006年，中國成為台灣第二大進口來源，僅次於日本；從2014年起，中國成為台灣最主要進口來源，金額高達四百八十億美元，占總額的18%（BOFT 2014）。

　　這些趨勢反映出兩岸依存度上升的三個特色。第一，經濟關係主要集中在長期的資本投資，而非僅在貿易。台灣的資訊通信科技業的出口當中，有高達85%是在台灣境外製造，且主要是將工廠設在中國，作為垂直整合供應鏈的一環。因此，在中國的投資布局成為台灣許多國際公司策略當中不可或缺的一部分，而且一旦投資下去，就不易再轉移地點。這和貨物貿易是非常不同的模式，因為在貨貿關係上，若某國無法供應某種貨品，要找到

圖1-2　台灣對中國的貿易
　　　　（1990至2014年；單位：十億美元）

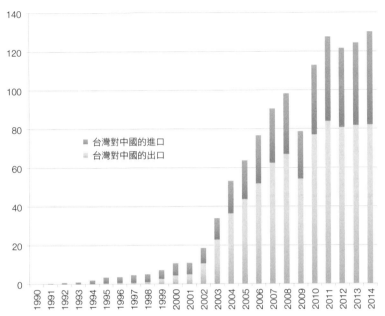

資料來源：台灣經濟研究院、陸委會「兩岸經濟統計月報」。

其他國家的替代來源其實相當簡單。

　　第二個特色，則是除了「量」的增加之外，台灣貿易和投資型態在「質」的改變也很大。起先，當台灣人投資在出口導向的工廠，通常是把原本設在台灣的工廠移到中國。然而，通稱「台商」的中國台灣企業和創業人，現在想把他們的成品在中國此一全球成長最快的國內市場販售。在中國製造產品及供銷中國市場，使製造業者相對於從台灣出口占了「天時」之利──也有成本之利。除了原料和零組件之外，大量的最先進科技和機械都是從台灣進口，尤其是從事科技業的台商最佔優勢。

　　第三，不僅是一些尋求廉價勞動成本的公司，台灣的一些最具競爭力的部門也把部分作業移到中國。低附加價值和勞動密集組裝工業的遷移，始於1990年代中期，在開放之初給台灣人一個印象，就是可以向中國大舉開放已沒有競爭力的夕陽工業。然而，就算是在早期，台灣許多最先進的公司也明白，它們必須到中國才能維持成本上的競爭力。許多被公認為台灣經濟支柱的產業龍頭，例如電子零件、電腦組件和光學產業，持續地在對中國的投資量排行榜上名列前茅。[5]

　　綜合這三點特色，如果台灣希望在全球經濟成長過程當中獲得更多成果，和中國的經濟相互依賴就無可避免。中國的經濟開放已經重新建構了區域及全球經濟；它已經成為「世界工廠」，而且很重要的是，它也是世界最大的消費市場之一。中國已經成為全球供應鏈不可或缺的一部分，也是帶動亞洲和世界的經濟成長最重要的動力。因此，如果台灣希望讓對外投資變得多樣化，減少對中國的貿易依賴，以便降低經濟和政治風險，其實替代選擇並不多。台灣的主要競爭者，從南韓、日本到泰國、印尼，這些經濟體全都變成高度依賴到中國投資、和中國貿易往來。作為一個高度依賴貿易的經濟體，貿易占國內生產毛額（下稱GDP）逾100%的數值，台灣不可能切割與中國經濟的關係。

　　中美之間貿易平衡所發生的變化，也使台灣的經濟活動偏離美國、傾向中國。2014年，中國和香港構成台灣貿易總額的近三成，也是台灣出口總值的近四成；美國在二十年前的占比為24%，現在卻僅占台灣整體貿易和出口的11%（BOFT 2014）。

　　最後一點關於兩岸經濟的觀察是，兩岸之間的經濟力量均勢已產生激烈變化，而且是向中國有利的一方傾斜。起初，台灣的

投資及後續的貿易對中國來說相當重要。台灣對中國的利益很特殊，尤其是在1989年天安門危機後，當時許多跨國公司都降低它們在中國的活動，而台灣企業卻繼續提供資金、技術和行銷，充分利用中國的低價勞動力，擴大其全球製造能力。當兩岸貿易和投資展開時，台灣的經濟成長比中國還快。但在1991年，情況變了。1990至2014年期間，中國的GDP成長超過二十五倍，而台灣的成長只有三倍（圖1-3）。儘管兩岸人口懸殊，1990年中國的經濟規模僅略大於台灣的兩倍；可是在2014年，中國的規模已大於台灣十八倍以上（表1-1）。以外人直接投資而言，

圖1-3　台灣與中國的GDP比較
**　　　　（1990至2014年；單位：十億美元）**

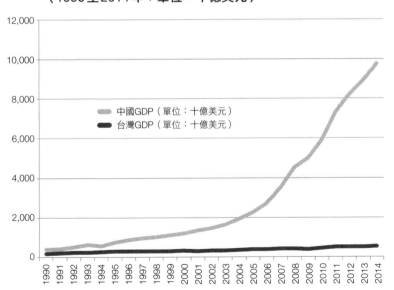

資料來源：關於中國GDP及其成長率，請見國際貨幣基金組織；2013年與2014年數據為估計值。關於台灣GDP及其成長率，請見行政院主計總處；2014年數據為初估。

中國已成為全世界首要的投資目的地之一，並在2003年攀升為全球吸引最多外來投資的國家，而且它在2013年吸引將近一千二百四十億美元的外人直接投資；相形之下，台灣引進的外人直接投資卻不到四十億美元。[6]對外貿易也出現巨額差異，在2014年，中國的全球貿易量超過台灣七倍以上（TIER 2015）。相對於中國，台灣的比較優勢已持續消失，這可以由2014年的數據看出，台灣占中國貿易總額比例已下降到僅有3%。[7]總之，中國已經成為全球經濟重鎮，比起台灣，它已有更多樣化的國際貿易管道和投資基地。

這些結構變化對台灣在兩岸經濟關係方面有相當深遠的影響。因為台灣的生產力和成長幅度趨緩，出生率也下降，所以它的經濟競爭力也持續下降。除非台灣制訂的貿易和投資政策，能夠在整個結構上避免過度依賴中國，不然的話，在面對中國潛在可能發生的政治和經濟危機時，台灣比起其他國家來說是更顯得脆弱。更重要的是，經濟上對中國過度依賴無可避免地讓中國有更多籌碼來對付台灣，降低台灣的政治自主性。這就是台灣的「中國兩難」產生的背景。

台灣的中國兩難

和台灣對其他主要貿易夥伴的經濟政策不同，台灣的兩岸經濟政策特色是先出現經濟自由化與開放措施（大半出於台灣企業界推動），接著轉為比較多限制的政策（主要出於民眾抗議，因為深怕中國帶來的負面影響），然後因限制貿易的經濟代價可觀而又恢復開放。

　　這種在限制與開放之間的搖擺反映出人們對兩岸關係的愛憎交集。2014年7月進行的民調，顯示認為兩岸交流步調「太快」和認為「適當」的人數幾乎相當；只有少數人認為「太慢」。過半數受訪人認為，中國政府「對台灣政府及台灣人民都有敵意」（行政院大陸委員會民調，2014年7月2-7日）。民眾的愛憎交集不僅針對台灣與中國之間的一般關係，也涉及兩岸經濟政策的鬆綁。ECFA簽署後，只有36%受訪人覺得對馬英九總統的政策比以前更有信心，31%覺得更沒信心（遠見民調中心，2008年6月10日；2009年7月21日；2010年7月20日）。到了2013年，過半數台灣人不滿意政府對兩岸關係的處理方式，創下空前新高紀錄，特別是有71%對政府在兩岸談判上是否有能力保護台灣利益完全缺乏信心（TVBS民調中心，2013年10月24-28日）。

　　不少研究者從國內因素來分析這樣的兩難狀況，以及它所產生的搖擺政策後果（譬如，Kastner 2009；Rigger and Reid 2008）。和許多國家一樣，全球化帶來的挑戰已在台灣社會產生保護主義的壓力。經濟上的相互依賴通常會在市場上創造出新的贏家與輸家，因為整個市場和資源不斷進行重新洗牌；貨物、資金和人力資本的跨國流動會導致貧富不均和失業率攀升，進而造成更多的社會問題和緊張關係。在台灣已充份運作的民主政治制度之下，不同的社會利益團體都將對經濟議題更積極參與發聲。

　　然而，僅從國內政治對全球化的反彈做分析，並無法完全說明台灣對中國經濟政策的擺盪。一般來說，各國如何處理這類議題，要看它們的經濟規模大小而定。通常，類似台灣這樣小型的出口貿易導向國家，無法承受保護主義減少對外貿易所帶來的經濟損失；它們只能透過社會福利政策和重新培訓失業勞工的計

畫，來緩和全球化所帶來的負面結果。小型國家很少採取限制性的對外經濟政策，因為它們通常得付出代價，即經濟成長的速度會大幅減緩。小型經濟體在對外經濟採取設限措施後造成嚴重後果的例子不少，譬如祕魯、委內瑞拉、厄瓜多和玻利維亞從1950至1980年代關閉對外貿易；以及馬來西亞在1997年亞洲金融危機時暫時實施金融流動管制。這必然會減緩短期的經濟成長，但對於這些小型經濟體而言，為了保障其更大的經濟安定與管制，這是不得不付出的代價。反之，大型國家較易採行保護主義政策，如提高關稅或農業補貼，因為它們的消費和就業可以依靠本身國內市場，減少對外貿易的影響較有限。[8]而台灣的特色是，這樣一個小型的出口導向經濟體，不僅會選擇限制貿易和投資這樣的政策，而且在這麼做時，它只針對中國，也就是台灣的主要經濟夥伴，而且這樣的限制政策又只是斷斷續續的。

　　相較於過往研究通常聚焦貿易政策的後果，也就是經濟利益的分配狀況來解釋政策的變遷，本書提出了一個具有社會學視角的解釋方式，把焦點放在台灣國族認同的持續演變。我認為，從國族認同相關因素在不同時期的變化來看，或許更可以去解釋台灣對中國經濟政策的針對性和搖擺性。

　　中國用盡各種方法想要讓台灣人認為，除了「統一」別無其他選擇，包括在國際上拚命孤立台灣，利用經濟相互依賴和軍事壓力去推動政治上的統合，但這些做法卻恰恰相反地導致台灣人形成更強大的國族認同。1989年一項民調顯示，52%受訪者仍然自認為是「中國人」，[9]但到了2010年後，主要民調都顯示大多數民眾自認為是「台灣人」（譬如，國立政治大學選舉研究中心，2014年）。這種台灣人認同意識隨著島內政治本土化和民主

化，以及「台灣是個主權獨立國家」的概念，同步成長。此後，許多台灣的意見領袖所擔心的是和中國的經濟相互依賴會稀釋台灣認同意識。然而，這樣高漲的台灣人認同趨勢當然可以解釋台灣對中國的保護主義措施，但是它並未解答為何另一些持有台灣認同的人們，反對採取限制性的經濟措施，而支持兩岸經濟的自由化。正如同貿易政治的因素無法完全解釋台灣對中國的兩難，台灣人認同意識具備與否，也無法完全解釋這個狀況。

　　台灣一直努力保持經濟上的競爭力，同時也維護身為民主政體的政治自主性，力抗與中國在政治及經濟上加深統合的外在壓力。雖然從全球政治經濟的結構來分析的話，通常會認為台灣只能把它的經濟甚至政治命運押在中國身上，但台灣社會仍然相信它是具有選擇的，而不同的選項會導致什麼結果，則是大家激烈爭論的焦點。本書提供一個包含更多內容的途徑去解釋這樣的爭論，主要結合了結構因素的視角、貿易政治和國族認同等因素。

分析途徑與方法論

　　近來對台灣的大陸經濟政策之研究，主要研究的方式都是著重在經濟上的理性主義以及物質利益方面的因素，但這樣的解釋方法有許多明顯不足之處，所以在非經濟因素方面，例如意識型態和國族認同等方面的國內因素也相當重要（Hinich 2006）。就算是對小國來說，外在的結構與環境也不會完全制約國家的對外經濟政策制訂（Katzenstein 1985, 2003）。再者，即使聚焦經濟利益的理性主義分析有助於了解經濟自由化所帶來的資源重分配和其政治後果，[10]但為了充分了解一國的對外經濟政策，我

們需要考量：人們的認同意識是如何建構？不同的民意匯集過程，如何影響到政策上的選擇（Hall 1993；Weingast and Wittman 2006）？過去在兩岸經濟政策分析上的不足之處，乃是忽略了關於國族認同的激烈辯論，以及此一辯論和經濟政策之間的關係。如果我們沒有考量人們彼此共享的信念這樣子的社會脈絡，經濟上的理性主義邏輯就無法解釋為什麼人們會在不同的利益考量之間做出特定的排序。

　　本研究所採用的分析架構是一種較為綜合與折衷的方式，同時著重認同意識和經濟利益兩方面。這並不是要把認同意識的分析完全取代既有的解釋，而是把認同視為一種互補的途徑，讓理論解釋更加完整。為了要更完整地理解台灣人如何處理面對中國時的兩難，認同意識是不可省略的一部分。

　　這個綜合的分析架構，其核心論點是：**認同意識構成了人們界定利益優先順序的基礎**。物質上的經濟利益構成，不可能抽離認同意識。尤其，對於國族的認同是界定利益和制訂公共政策的基礎。人們在論斷政策後果及偏好時，他們所仰賴的判斷標準是從認同意識而來。不管是人們的認同意識，或者是任何規範性的概念，它們在區分對錯及價值判斷時，都不會以物質利益作為唯一的考量（Goldstein and Keohane 1993）。要充分了解台灣的兩岸經濟政策，除了必須分析台灣對中國貿易與投資所帶來的經濟後果，還必須納入台灣認同的鞏固對政策的影響。認同意識提供整個共同體成員一套必須追求的特定目標，不論它們的性質是政治或經濟的。當人們的認同意識趨於一致，這種目標就很清晰，可以用理性的考量去追求。但是當認同意識出現爭議時——這正是台灣人直到最近幾年都還在歷經的過程——這個共同體就很難

達成穩定一致的經濟政策，因為認同爭議會使得人們對國家的未來目標及達成方法等各方面都出現歧見。

　　總之，本書的研究將透過追縱認同意識和兩岸政策在過去二十年間改變狀況的歷史軌跡，尤其是檢視國族認同、經濟利益和對外經濟政策彼此之間的關係，來解釋兩岸經濟政策的演變方式。除了檢視國內和國際脈絡，我使用的研究方法包括論述分析（discourse analysis），再加上個人層面對於政策做的理性分析述事（narrative）（Bates et al. 1998; Geddes 2006; Geertz 1973）。本書透過民意調查資料，及深入訪談政府官員、立法委員、企業領袖、新聞記者、利益團體代表和政策分析人員，檢視民眾及菁英對國族認同和經濟政策的意見。[11]我也使用報紙和政府單位的第一手文件資料，來分析社會及政府當中，不同行為者的動機、感受和政策偏好。同時，我也採用既有的文獻資料來充實論證。

章節安排及各章簡介

　　接下來的第二章將進一步闡釋全書的概念架構，這個架構將會用來描述及解釋在台灣開放對中國經濟關係以來，兩岸經濟政策所歷經的四個階段變化（2000年以前初步開放與戒急用忍；2001年起積極開放、有效管理；2006年起積極管理、有效開放；2008年起的推動ECFA、繁榮復興）。這一章也會回顧過去的文獻當中曾經試圖解釋兩岸經濟政策為何出現擺盪的相關理論，它也會介紹本書所提出之新的分析架構，藉以描述認同意識和政策之間的關聯。

　　第三至第六章則是運用這個新的分析架構，去分析四個不同

階段的經濟政策轉變，輔以不同產業部門的個案研究。第三章介紹兩岸經濟的第一階段，台灣在這個時期對中國經濟政策出現幾次重大轉折。蔣經國過世及民主化之後，台灣國族認同的內涵變得極具爭議性，尤其是李登輝擔任總統的1988至2000年期間。在考慮到台灣的經濟前途狀況下，尤其是看到了對中國大陸經濟關係初步開放的結果，李登輝在1994年決定，將第一次正式採行（但力道稍嫌不足）對中國限制政策，想把貿易和投資的重心從中國大陸轉向東南亞。1995年「台海飛彈危機」之後，李登輝推出更嚴格定義下的戒急用忍政策，將早先對兩岸經濟關係的限制加以法制化。1996年召開的「國家發展會議」（簡稱國發會），主要目的之一就是要動員對此一政策的支持。然而，本研究將透過對一家大型石化公司投資計畫的個案研究來說明，在戒急用忍政策當中，人們的認同意識和政策之間的爭議，將讓限制與中國經濟活動的政策執行起來十分棘手。

　　第四章的分析重點，則是民進黨於2001年決定鬆綁1996年以來兩岸經濟政策當中的某些限制。在這個階段，國族認同的辯論加劇，但「台灣人」認同顯然逐漸勝過排他性的「中國人認同」。雖然陳水扁成為台灣第一個非國民黨籍的總統，但他卻得面對國民黨控制的立法院，以及嚴重的經濟衰退。儘管民進黨支持台灣獨立，且一向反對與中國發展經濟關係，但陳水扁認定經濟開放將是恢復經濟成長、強化其政治支持的最有效方法。這是民進黨政策立場上的大翻轉，同時也否定了「提倡台灣意識及支持台灣獨立的政黨一定會贊同兩岸經濟關係設限」這樣的想法。政府舉行一場大規模的「經濟發展諮詢委員會議」（經發會）來討論政策該如何修改──「積極開放」政策就此出爐，放寬了先

前國民黨對台商赴大陸投資設下的一些限制。然而，後來因為「分立政府」下的各種意見衝突，而且在更加民主與開放的台灣社會當中也出現不同的聲音，陳水扁所採行的兩岸經濟開放政策引起更激烈的爭論，比先前階段的爭議性更高。在這一章當中，我將會呈現本書兩個半導體產業個案研究的第一個案例，而它闡釋認同意識和政策選擇之間持續的論戰。

以兩岸經濟關係的頭兩個階段為基礎，我提出這樣的論點：當台灣人對於國族認同仍然有高度爭議時，兩岸經濟政策看似只能選擇非黑即白的極端政策。關於不同政策選項的形成過程和執行階段，各種爭論都相當激烈，且意識型態色彩濃厚。最矛盾的現象是，為了爭取選民的支持，兩個相互競爭的主要大黨在這兩個階段的實際立場竟然大翻轉：在第一個階段，傾向中國人認同且支持終極統一的國民黨，支持兩岸經濟設限，而在第二階段，傾向台灣人認同且支持台灣走向法理獨立的民進黨，卻支持兩岸經濟開放與自由化。

第五章分析兩岸經濟的第三階段，它始於台灣政府於2006年重新採取限制性的兩岸投資政策。在這個階段，大體上台灣人認同占了多數優勢，即便支持「立刻獨立」的民意還不是很多。陳水扁做完一任總統四年任期後，並無法扭轉經濟頹勢，也無法與中國展開任何對話。因此，民進黨在選舉上的表現很差，除了驚險地以些微票數贏得2004年總統大選之外，隨後幾次地方選舉的得票率都差強人意。陳水扁本身陷入醜聞風暴，國家預算赤字居高不下，民意支持度下降，所以他透過「積極管理」政策，開始限制台商赴中國投資，藉此爭取黨內更極端分子的支持。為了動員對限制性的兩岸經濟政策的支持，他召開了「台灣經濟永

續發展會議」（經續會），但其結果比起前兩項會議更空泛；它沒有辦法通過任何正式的決議來支持陳水扁的立場。對於半導體業的第二個個案研究顯示，對於執行新政策的歧見很少是從認同意識出發，而是集中討論該政策會有什麼樣的經濟利弊得失。

第六章以2008年總統大選為開端，在經歷民進黨執政八年間不穩定的經濟政策之後，國民黨重返執政。馬英九當選總統後，發動新一輪的兩岸經貿自由化。在這個第四階段，同時也是最晚近的階段，國族認同大體上已經確認及鞏固，但過半數台灣人的偏好是維持現在這樣子的政治自主，而非追求法理上的獨立。他們接受兩岸經濟進行一定程度的統合，但是也希望這種關係更加體制化。經過十五年的斷層後，台灣和中國的代表恢復談判，就兩岸經濟關係展開一連串正式會談。在會談之後，通常都會簽訂一些開放兩岸經濟關係的雙邊協議。馬英九也宣布有意洽簽兩岸金融監管的備忘錄，讓雙方可以開放設立銀行、證券和保險公司，並且走向更廣泛的《海峽兩岸經濟合作架構協議》（ECFA），使貿易和投資關係逐步正常化，而ECFA最終於2010年6月簽訂。然而，這些影響深遠的開放措施，產生了同樣史無前例的限制政策支持者大反彈。台灣政府在國內甚至在海外，籌辦了好幾場公聽會和研討會，並開放民眾及菁英參加，試圖平息民眾的抗議，去說服人們兩岸開放對於國際承認、經濟成長、社會平等、穩定和安全等各方面會帶來的利益。本書最後一項個案研究，則是2014年由學生領導的、戲劇性的「太陽花運動」。這個運動主要是針對《海峽兩岸服務貿易協議》（簡稱《服貿協議》或《服貿》），這是ECFA所設定的各項協議簽署計畫之一，但它引起了強烈的反對。該章描述了在《服貿協議》爭議當中，針

對與中國經濟開放措施的利弊得失討論。從這些爭論當中我們可以觀察到，支持者和反對者現在都能依據理性和務實的考量，再加上自我的認同意識，而綜合提出他們的論據，而不再只是偏向感性層面。

以後面這兩個階段的分析為基礎，我提出這樣的論點：**由於國族認同意識方面已經漸漸形成一種共識，公共政策辯論的焦點從意識型態轉向務實面。在決策制訂與執行階段中所考量的選項，也向政策立場光譜的中間靠攏。**

不過，我同時也認為，即使政策選擇的光譜縮小，排除了極端的政策選項，但是在各種可行的選擇方案當中，仍然不足以在決策過程或日後的執行階段中讓人們達成共識。雖然兩岸經濟政策的選項考量變得更務實，但它們引發的爭辯依然激烈，甚至有過之而無不及。

從這四個階段當中人們對經濟利益及政策選擇的討論和認定過程，我們可以描繪出國族認同爭議所帶來的動態影響。在第一階段，中國的軍事威脅是最令人明顯感受的意識，導致台灣人以安全為最高優先，但是因為分裂的認同意識，導致他們在辯論如何強化國家安全時，傾向極端的限制選項。在第二個階段，受到全球不景氣的強烈打擊，台灣人一邊繼續掙扎著界定他們的國族認同，一邊將重點放在恢復經濟成長。在這兩個階段，有關政策的爭議總是跟高度爭議的國族認同議題連結在一起；而在後面兩個階段，台灣的國族認同漸成為政策討論時人們可以有所依據的共同點。然而，由於需要考量的利益範圍擴大，台灣社會對於政經利益的優先次序，還是無法得出一致的意見。雖然公共政策討論已變得較為理性，考量的選擇方案也不再只有極端化的選項，

但各種爭辯仍然很激烈，共識依舊難以浮現。

　　本書的最後一章將綜合這四個階段的發現，但特別著重在簽訂ECFA後的兩岸經濟關係。這章將討論本研究對台灣政治領袖、對兩岸關係的未來，以及對國際政治經濟學理論等各方面的意義。有些學者或是評論者認為，在ECFA所帶動的兩岸經濟進一步整合之下，可以降低兩岸緊張關係，甚至達成政治上的和解。但很重要的一點是，這一波貿易自由化的背景脈絡是台灣人的認同已趨於鞏固，亦即絕大多數的台灣人認為自己是「台灣人」，而非「中國人」。人們之所以會認可ECFA及其推動的對中國貿易自由化，以及對於兩岸貿易建立法制化機制展現出高度支持，是建立在這個台灣人認同意識的基礎上（S. Lin 2013a）。這樣子逐漸鞏固的台灣認同，使台灣人能把以下兩者給區隔開來：一個是他們對台灣未來國家地位的「統獨」立場，另一個則是與中國經濟關係的利弊分析。儘管台灣人支持兩岸經濟更加統合，但他們同時要求能夠維持政治上的自主性。

2

概念架構

台灣的兩岸經濟政策：一些主流解釋

台灣對中國的經濟政策，對既有的國際關係以及比較政治經濟學研究來說，是一項巨大的挑戰（Y. S. Wu 2000）。國關理論當中對於國際結構的討論聚焦於台灣與中國之間的權力不平等，新現實主義理論認為，中台之間大小差距這麼大，台灣只能夠選擇「扈從」中國、加深與其交流，要不就是依靠美國的力量來與中國「抗衡」（譬如，包宗和，2009；明居正，2009）。新自由主義理論則是認為，全球化是影響國際關係最重要的因素（Liu 2002），像台灣這樣的小國是不可能自外於區域經濟整合的力量。在新自由主義者眼中，經濟利益會使得國家行為者追求增加經濟福祉、促進開發並極大化成長的目標。這兩大類國關理論的分析都強調外在變數、輕視內在因素；許多人都得出相同的結論，他們認為台灣對中國所採行的限縮政策都只是短暫的異常行為。然而，即使理論預估兩岸經濟整合是必然結果，但是兩岸到目前為止的整合與互動程度，遠不如多數學者所預測般地那麼熱絡（Hu 2012）。

國關理論中主流的結構分析沒辦法解釋台灣對中國經濟政策的不穩定變化，因此許多學者開始採用國內因素的視角，討論「貿易政治」。他們的研究強調「利益團體」的重要性，因為有些利益團體會根據自身利益而主張採行保護主義、反對貿易自由化。這類的理論認為，台灣對中國採取保護主義是因為有許多人反對貿易所帶來的負面效應，例如貧富差距的增加（Kung 2006；陳博志，2004）。不過，這樣的觀點仍然沒辦法解釋為什麼台灣對中國的經貿政策是在開放與限制之間擺盪，而不是持續

採用保守策略。

　　既有的觀點都有其不足，因此出現了一種具有高度影響力的分析方式，學者注意到「認同」這個因素在台灣的國內政治所扮演的角色是非常重大的。對於「認同」的性質，有幾種不同的看法。首先，有一派觀點認為「認同」全然是人為建構出來的產物，尤其是機會主義者政客們創造出來的認同政治，用來吸引群眾以及動員支持特定的領導者或政策。這樣的觀點會認為，台灣選民對於經濟政策的選擇會是情緒性的、不理性的（陳孔立，2004）。國族認同在這類建構論或動員論者的眼中，完全沒有原生的價值，只是政治鬥爭的產物，由投入政治場域的政客們所建構出來，只是為了贏得政治資本。這樣的觀點或許可以解釋為什麼有些經濟政策選擇看似並不理性（陳陸輝、耿曙，2009；徐小波，2007），然而卻是很大程度地忽略一個事實：台灣在其特殊的歷史情境之下，其實已經創造出了深層的台灣國族認同，這樣的認同與價值觀並不只是由少數立場極端的政客就可以操弄與動員的虛假意識。

　　對於國族認同性質的另一種觀點比較偏向社會學的途徑，強調國族認同是台灣在其歷史脈絡下，慢慢地而且自然地演進而來，並不是由特定的政治人物所動員與建構出來的（蕭阿勤，2008；Brown 2004；Harrison 2006）。在解釋台灣國族認同的崛起時，這樣的研究途徑自有其價值，然而這個理論觀點沒有展現出經濟政策選擇的因果關係。特別是，它沒辦法解釋為什麼台灣國族認同的興起與鞏固，反而讓人們更加接受與中國的經濟交流，而非反對。

　　綜上所述，台灣成為一個特殊的小國案例，在毗鄰一個強大

敵國的狀況下，卻沒有如理論預期般地去做經濟政策的選擇，無論是「抗衡」或者是「扈從」與加深交流。由於國際經濟結構沒辦法解釋兩岸關係政策的方向為什麼出現這麼多非預期之下的選擇，所以很多分析者將焦點放在國內政治的因素。然而，若是只用一個理論——不論是結構分析或從台灣國內經濟的問題出發，或者單從國族認同的因素來看——都沒辦法完整解釋先前提出的矛盾狀態，因此我們必須整合影響台灣經濟政策所有相關的內部與外在因素，才能了解台灣如何處理它的中國兩難。

複雜的現實與分析的折衷主義

本書提出一個新的「折衷典範」來解釋台灣的中國政策，這種典範結合了國際結構的變化和台灣國內政治的動態過程，同時也連結對外經濟政策當中的理念與務實成份。這個典範並非來自單一的學派，而是整合了幾個研究傳統：自由主義、現實主義、建構主義、結構主義和國內因素。比起任何單一因素為主的解釋途徑，這樣子分析上的折衷主義能夠產生更佳的解釋（Rosenau 1966; Katzenstein and Sil 2004）。本研究認為，「認同」並不是一個與其他解釋內容有所對立，或者是要取代其他解釋方式的因素，它其實是在政策形成過程當中，人們心中最重要的考量基礎，而且是在所有不管是「物質性」（material，例：金錢，或實質利益和成本效益）或「非物質性」（nonmaterial，例：文化，理念，情感）考量層面都是如此。

愈來愈多的研究關注人們所持有的「理念」或情感，如何影響到對外經貿政策的形成，尤其是「建構主義」學派[1]

（Finnemore and Sikkink 2001; Helleiner 2005; Rozman 2012）。本書在解釋政策結果時，不僅援引建構主義學派關於不同國家之間共同信念重要性的假設，也兼納理性選擇理論的假設。為了解釋對外政策選擇，本研究採取貿易政治、公共選擇的理論，並融合國內因素和國際結構變遷的分析，還加上了「理念」的討論。同時，它也考量社會和政府等不同行為者所扮演的角色及觀點，以及他們是如何受到國際結構的影響。我認為，物質性的利益和社會環境的影響，對於做決策來說都非常重要，但是理念也是同等地有影響力，尤其是社會規範和認同的影響（Lake and Powell 1999; Frieden 1999）。我們必須要納入這些不同的影響力來源，才能解釋為什麼即使在「全球化」這樣子共通的經濟背景之下，並沒有導致單向的、朝向經濟整合的政策選擇，而是讓台灣在不同時間點採取了不同方向的政策選擇（Kahler 2000）。

　　那麼，到底國族認同這樣的理念因素又是如何影響政策或經濟利益的偏好？國族認同首先需要界定了「共同體」的範圍，也就是劃分出一項政策會影響到的人們包括誰，並且也為裡面的人們勾勒出「共同的經濟目標」這樣的想法（Helleiner 2002）。不過，國族認同本身就有可能是一個浮動的概念，當人們對認同的範圍和性質認定歧異程度愈高的時候，對於政策選擇的變化程度可能就會愈高，因為對政策後果的考量基礎本身就在改變，而且共同體裡面的人們和團體們會以自身的認同想法為基礎而去辯論政策的選擇。唯有在認同的性質與範圍趨於穩定的時候，一個共同體才能夠期待去找到對於政策選擇、追求共同利益的共識。即使是在認同鞏固的情形下，找到一致的目標和政策選擇也並非易事。

分析架構

為了解釋台灣對中國大陸的經濟政策，本書主張台灣不斷演進的國族認同是一個非常重要的因素。因為，它是不同行為者做決策時的基礎，讓人們在特定的國際環境和國內因素之下，去辨別以及排序經濟利益的偏好。因此，認同因素在政策形成過程中扮演了最根本的角色，無論是內政或外交皆然。在本書研究涵蓋的初期幾年中，台灣人民對國族認同有深刻的爭議，有些人認為自己是台灣人，也有些人自認為是中國人，還有些人則認為自己兩者皆是。然而，隨著時間演進，台灣人逐漸認為「台灣」是一個共同體且其利益必須置於優先，同時，愈來愈多人覺得中國是「他者」（other），因為它持續對台灣利益帶來挑戰。隨著台灣的國族認同更加鞏固，人們也愈來愈能夠辨識出共同追求的國家利益，在政策選項方面也變得較溫和、確定與理性。

因此，國族認同與所謂「理性」的國家利益並不衝突；事實上，「認同」這樣的情感因素是個人、團體和國家做利益判斷的基礎，在這個基礎上，才能界定、排序和追求國家利益。本書的分析依據溫特（Alexander Wendt）的主張，即「利益」是由「認同」來做界定的（Wendt 1994, 385）。

在台灣政治當中，不同的行為者對於認同的界定都很不一樣，因此在追求國家安全以及經濟利益之間會有不同的價值排序，做選擇的時候會依據國內以及國際情勢來決定。台灣主要的經貿政策選項有幾大類，以下將會分別敘述，每一項都有其值得選擇的原因以及不同的政策後果，但也當然都會面臨到爭議。在經貿政策選擇方面，若我們用一個從限制到開放的光譜來看，可

圖2-1　分析架構：從認同到政策

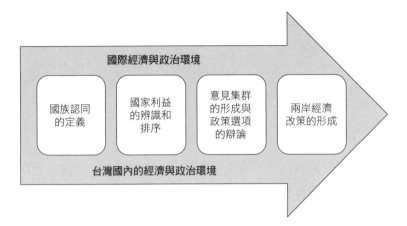

以分成以下四大類：**嚴格限制**（Extensive Restriction）、**溫和限制**（Moderate Restriction）、**適度開放**（Moderate Liberalization）和**廣泛開放**（Extensive Liberalization）。

　　這是社會及政府等不同的行為者所能採取的政策立場，而做決策的人通常會依照這四類立場所獲得的民意支持程度，來做最後兩岸經貿政策決策的依據。圖2-1整理了這個分析架構，呈現出「認同」形塑政策選擇改變的過程。

作為經濟政策基礎的國族認同

　　人們對國家利益的偏好影響了經濟政策的制訂，但這些利益偏好並不會憑空形成，它們往往是參照國族認同而思考得來的結果。一個「共同體」需要對其國族認同先有一定程度的了解，不管是隱性的或顯性的，才能夠界定及排序它所追求的的經濟和政

治目標。唯有依據這樣子的利益和目標，才能有效地制訂及評估經濟政策。

　　通常一個把認同和政策制訂連結在一起的政治分析，會把認同視為具有野心的政治領袖的政治工具，不然就是一種不理性的變數，讓人們看不清楚真正的利益所在，或者是讓人們無法進行「理性」的成本效益分析。本書的研究採取完全不同的途徑：它假定「國族認同」並不是「理性選擇」的對立面，事實上從長期的觀點來看，國族認同本身就可以轉化為國家利益，不論是可以具體量化的物質性利益，或者是非物質性的利益。

　　「認同」有三個不同的面向：**內涵**（content）、**爭論**（contestation）和**顯著性或重要性**（salience）。「內涵」指的是集體認同的定義；「爭論」則是群體內部對認同的定義內含所同意或不一致的程度（Brady and Kaplan 2009; Abdelal et al. 2009）。由於國族認同是一種社會建構的產物，它的內涵可以與時俱進。有些國家的國族認同狀況相對穩定，但也有很多國家面臨著高度爭議的認同問題。另一方面，「顯著性」指的是認同問題對政策形成過程的重要程度，這在每個國家的狀況也會隨著時間演進而有所不同。

認同的內涵

　　國族認同的內涵通常有三大成分。第一是對共同體的範圍疆界和成員的界定。舉例來說，日本的人民大都屬於同一種族裔，擁有相同的語文和歷史，地理疆界也很固定，就國族認同最首要的成份而言，日本的國族認同具有強大的基礎。不過，這幾項元素包括疆界，語文和歷史其實只界定了國族的邊界與成員，是國

族認同建立的初期階段之要素，在此之後一個共同體才能夠去建立共同的價值觀。

第二，在現代國家當中具體形成的認同觀，通常也建立在共同的國族目標、價值和制度之上，例如多元主義、民主政治，或者是一個團結和穩定的實體。例如美國、澳洲和印度，它們都是具有強烈國族認同的多元文化國家。構成國族認同的共同價值和目標，會隨著時間而變化，通常是因為一些重大事件的影響和人口變遷。譬如，在過去十年，美國的認同因為外來移民和九一一攻擊事件而出現相當顯著的演變，已經有汗牛充棟的文獻討論何謂美國的國族認同本質，以及此一認同如何影響美國的外交政策（Nau 2002; Huntington 2004）。反之，有些國家可能毫無國族認同可言，譬如非洲某些國家疆界的建立，完全出於歐洲列強的信手畫定，前殖民國家硬性規定的疆界把具有不同語言、文化和價值的多個族裔團體湊在一起，因為他們根本也沒考慮過要有一個共同的國族意識（Pye 1971）。

國族認同內涵的第三部分，是共同體成員對於實質的或想像出來的一個「他者」的辨識，這個他者通常會對自己的生存產生威脅感。譬如在冷戰時期，共產主義陣營國家對於非共產國家就構成了巨大的威脅，又如今日誓言攻擊西方文明的伊斯蘭極端主義恐怖分子。通常，人們在認定共同體成員、疆界和共同價值的時候，這些信念都有助於界定何謂國族的「他者」。

在上個世紀，台灣的認同沿著這三個面向演進。尤其，台灣一直都很掙扎地在界定什麼是「他者」，這個過程很複雜而且不斷演變。在日本殖民統治時期，日本是「他者」。當國民黨政府播遷到台灣時，中國人成為「他者」，這包括中國大陸的

共產黨和來到台灣的國民黨。經歷了1947年所發生的二二八事件，以及之後國民黨政府的暴力鎮壓之後，更為明顯（Wachman 1994）。國民黨從中國帶來了大量的難民，統治當局全力推動台灣人全都是「中國人」的觀念，並誓言國民黨將領導他們從中國共產黨手中光復大陸。

　　台灣在1980年代末期開始民主化，這也讓台灣得以開始重新思考自己的國族認同，並重新界定它和中國的文化、經濟和政治關係。了解這一過程，對於理解台灣的國家利益是如何界定以及它的外交政策如何制訂是十分重要的。台灣人開始意識到自己國家的官方目標，其實來自國民黨的意識型態，亦即以中國認同為基礎，來統一台灣和中國大陸，當人們發現這樣的目標不再可行之後，他們開始想要擺脫這個相對晚近才加諸自己身上的中國認同。在此同時，中華人民共和國在國際上壟斷了「中國認同」的定義權力，因為它幾乎已說服了全世界所有國家承認它——而非國民黨政府——才是唯一代表中國的政府。再者，兩岸交流已經停止四十年，台灣愈來愈少有居民實際上來自中國。長期下來，台灣人民日益體會到，不管從政治制度或民主價值來看，中國大陸和台灣之間的體制和觀念差異都相當大。因此，人們漸漸達成高度的共識，認為台灣的國族認同是台灣人，而非中國人；中國成為一種「他者」。不過，在初步的階段裡，台灣人的認同是以負面表述的方式界定——即「不是中國人」。

　　接著，人們開始熱切討論該如何更正面地界定台灣人的認同。主要集中在幾個關鍵議題上：哪些人可以被稱做台灣人？誰才是屬於這個民族國家的國民？他們只包括1949年以前定居在台灣的人，或是也包括後來由大陸來台的人？是什麼因素形塑了

今天的「台灣人」樣貌：共同的族裔、共同的居住地，或共同的價值與生活方式？

問題的答案漸漸地聚焦在共同價值觀，而非以族裔血緣來定義台灣人。儘管絕大多數人都承認，「中國人」或者是「華人」的認同方式，在歷史上曾是台灣國族認同的一部分，但外在的安全壓力和國內的政治演變使得人們產生了一個新的共識，「華人認同」在其中被邊緣化：「主權和民主政治是構成台灣國族認同共識的最重要支柱，不管是人民或是政治人物皆如此認為。台灣的國族認同穩定地與大中華民族主義形成對立。」（Schubert 2004, 553-54）

認同的爭論

在界定國家利益和制訂政策的時候，國族認同的共識或爭論程度，有很重要的影響。國族認同是阿波德（Apter 1965）所謂的基本價值（consummatory value，又譯為本質性價值），也就是一個人心中所認為最重要的終極價值，而非實用價值（instrumental value，又譯為工具性價值）。要了解人們為何對於「認同」的議題會有激烈的爭論與強烈的情緒，以上兩者的區分就是關鍵所在。首位提出「本質性經驗」（consummatory experience）這個名詞的學者是杜威（John Dewey），他用來指涉「一種具有極端深度和強度的經驗，以至於它不僅穿透整個群體，還界定了群體的性質，並成為群體的構成原則。」（Lach and Talisse 2008, 135-36）

因此，比起物質舒適度或安全感等偏向實用的工具性價值辯論，對於認同這類本質性價值的辯論往往會來得更強烈，也更會

出現極端的選項。本質性價值的基礎通常是由長時間的關切所形成，像是宗教、文化和信仰等。這種價值創造個人的認同，提供共同體團結的基礎。十字軍東征、冷戰和杭廷頓（Huntington 1996, 2004）所謂現時全球社會的「文明衝突」，全都揭露了本質性價值根深柢固的差異。

相較之下，實用取向的工具性價值會「影響中程的目標，在最寬廣的脈絡下，它們可以用來界定資源的指揮調度」（Apter 1965, 250-51）。它們的持久期較短，容易隨著環境改變。工具性價值與本質性價值並不衝突，一個社會可以同時擁抱這兩種不同取向的價值。

若共同體成員對國族認同具有共識，它就更能辨別和排序國家利益，因此可決定及維持比較一致性的國家政策。當人們擁有強烈的而且是鞏固的國族認同，就可以讓經濟政策融入了杜威所謂的「意義的強度」，使得追求社會目標所必須做出的犧牲得以具有正當性。再者，鞏固的國族認同可以讓共同體成員對未來的目標考量眼界變得更遠，也為外交政策提供了清楚的方向，而它通常會讓這個社會增加其與被界定為「他者」的社會之間的距離，甚至是加深對立（Abdelal 2005, 21）。

如果一個共同體的成員對國族認同沒有共識，對外經濟政策的制訂就可能會沒有方向可言。當認同意識呈現兩極化，或是爭論不定的時候，政策產出就無法把眼光放遠，而且也會一直猶豫搖擺，例如蘇聯裂解之後的白俄羅斯就是如此。白俄羅斯一直以來在俄羅斯帝國的統治之下，一直採行「俄羅斯化」的政策，今天白俄羅斯人雖已建立主權獨立的國家，但在政治上或文化上，他們並沒有把自己的國族認同從俄羅斯脫離。雖然白俄羅斯族裔

占全國人口80%以上，大部分人仍舊接受俄羅斯在其政治與經濟上的影響力，同時，整個國家仍然維持著威權政治，政府多半是由前共產黨人士組成，且持續推動與俄羅斯重新整合的政策（Stent 2007）。因為國族認同模糊不清，沒有出現一個作為獨立國家的自我認同，人們對於國族與「國格」也沒有一致的看法，在在使得白俄羅斯難以清楚界定什麼才是最符合國家需要的經濟利益。面對俄羅斯給予的經濟誘因，白俄羅斯政府的回應方式往往是犧牲其政治上的獨立自主，換取短期的經濟收益（Silitski 2007）。在俄羅斯協助下，白俄羅斯的經濟成長在一開始的時候比起大部分鄰國來得快速，但旋即因為過度依賴俄羅斯而惡化，尤其是能源方面。許多人這才發覺這種依賴式的成長無法持久，捨棄政治獨立自主而換取經濟好處的方式，對白俄羅斯其實並不划算（Astrov and Havlik 2007）。

　　由於缺乏強大的國族認同，白俄羅斯在接受俄羅斯的經濟援助時，並沒有去思考如果要重新併入一個其規模雖大但體質虛弱的經濟體所會產生的長期問題，況且這個大經濟體還有其自身的政治目標。在本質上，它等於是自動地去依附一個強權大國。台灣一開始在與中國進行經濟整合時，與1990年代初期的白俄羅斯有些類似。

　　相較於白俄羅斯，立陶宛在脫離東歐共產集團的時候，對於本身國族認同的內涵有相當高度的共識。[2] 社會與政府都一致認同，應該採取「親西方」的態度，這一點很自然，因為他們原本的國族認同，包括價值觀念和宗教，本來就與俄羅斯人不同。立陶宛獨立後不久即加入北約組織和歐盟。由於有這種強大而且鞏固的國族認同，即使政權經常更迭，立陶宛的對外經濟政策向來

十分一致和立場堅定。因此,十多年來的發展之下,立陶宛可以和歐洲建立制度化的關係,完全脫離俄羅斯的勢力範圍。

除了對比白俄羅斯微弱的國族認同,和立陶宛強大又有共識的國族認同之外,還有第三種可能,亦即高度爭論的國族認同會導致前後不一致的對外經濟政策,譬如1990年代以後的烏克蘭。烏克蘭境內有許多俄羅斯僑民,它的國族認同陷入兩極化對立,雙方各有其不同的目標和認同:一方自認為是「俄羅斯人」,另一方則因族裔或文化血緣自認為是「烏克蘭人」。雖然「烏克蘭人」有強烈的國族認同,但他們必須在政治上與認同感同樣堅定的「俄羅斯人」對峙,而兩者之間的認同鴻溝,完全無法消彌。這使得烏克蘭很難採行一致的外交政策,在親西方以及親俄羅斯之間擺盪(Gotz 2007)。烏克蘭不願採取波羅的海國家(例:立陶宛)的外交政策模式,亦即與西方整合,因為烏克蘭的能源極度仰賴俄羅斯,親西方的經濟成本很大,再加上國內又有許多認同俄羅斯的公民,所以親西方得付出極高的代價(Astrov and Havlik 2007)。然而,與俄羅斯的重新整合,又是許多烏克蘭人無法接受的選項,因為有相當比例的人民,尤其是年輕人,支持加入歐盟和北約組織,以便保護烏克蘭的獨立和國族認同不受俄羅斯的影響(Moshes 2007)。認同的爭論程度很高,造成國家制訂出來的對外經濟政策的嚴重兩極化,甚至還導致了國內的分離運動。

外界認為民主化前的台灣國族認同,和白俄羅斯一樣,覺得自己從屬於一個較大的政治實體,也就是中國;但民主化一開始後,它就像烏克蘭一樣,開始對國族認同內涵有所爭論。在積極尋求該如何界定自己的國族認同時,它也和這些過渡經濟體經歷

了類似的經驗，出現搖擺不定的對中國經貿政策。隨著時間進展，台灣的國族認同從高度爭論邁向共識，可是台灣既不像立陶宛那樣完全脫離原本依附的大國，也不像白俄羅斯那樣與俄羅斯進行完全的整合。由於台灣的國族認同在兩極之間擺盪，它的經濟政策也在嚴格的保護主義和廣泛的自由化與開放之間擺盪。在對中國開放抑或限制的爭論當中，人們持續嘗試去決定何者更有利。本研究主要分析的趨勢在於，在已經鞏固不再變動的國族認同之下，反倒可以讓政府在某些條件下，鬆綁它對中國的經濟政策。

　　在日本、台灣或韓國等東亞國家的外交政策個案研究中，往往忽略了國族認同的爭論，大部分的分析家都假設它們具有高度的國族認同共識。最明顯表露這種偏差的，乃是1970年代和1980年代流行的「發展型國家」（developmental state）模式，這個被廣泛接受的理論假定這些國家的政府之所以能夠達成高度經濟發展，乃是因為它們有界定清晰的國家目標，而這又是建立在對國族認同的廣泛共識上（Wade 1990）。就算是近來在討論發展型國家針對新的全球化狀況所進行的變遷與調適時，東亞民族國家仍被認為是相當統一的共同體，具有共同的認同意識（譬如，Pickel 2005；Woo-Cumings 2005；Greene 2008）。甚至，既有的研究與理論在分析外交政策時，也都沒有納入國族認同的因素，因為它被認為已經相當一致或不易改變，只有在很罕見、很極端的情況下，才有可能被重新界定（譬如，Gilpin 2001）。我們可以很確定地說，當國族認同已經鞏固不再變動，當國家制訂經濟政策時它可能不會是關鍵因素，但是當國族認同仍然是具有爭議且不固定時，它在決策和政治討論時的角色就會非常顯著

（McLaren 2006）。

認同的顯著性／重要性

因此，在分析國族認同時，要考慮到的第三個面向，就是它在國內政治以及制訂國家政策時的「顯著性／重要性」。所謂「顯著性」指的是，某一個因素或政治議題受到重視、被認為是重要的程度（Wlezien 2005）。通常顯著性可以由一個議題在政治辯論當中，被用來論證政策正當性的出現頻率來衡量。在過去很長時間，國族認同在台灣是一個非常顯著的議題，它的內涵需要由台灣人民去界定及同意。然而，隨著台灣的認同日漸鞏固，它在經濟政策中的顯著性出現了變化。它仍然是很顯著的一個議題，常常被提起討論，不過，它現在仍然顯著主要原因並不是因為它仍然是高度爭議，而是因為它普遍地被認為是很脆弱、需要人們珍惜的，必須以適當的政策加以保護。

台灣國族認同的演進

過去二十年，台灣國族認同的演變是一個自然而然發生的過程，「台灣人認同」開始取代或增補人們原有的「中國人認同」。這是個漫長的過程，從日本統治時期轉到國民黨的統治，再到民主化。在這個長久的認同轉變期間，人民對台灣國族認同內涵的意見分歧程度非常激烈，而且爭議往往牽動整個社會。

以台灣的案例而言，許多社會及制度的因素導致島國民眾認同的演化。第一，「制度」因素相當重要。國民黨從日本人手中接手台灣的政權後，開啟了四十年之久的「中國化」教育政策及

語文政策，加上不斷的政令宣傳，致力於讓台灣人更加地具有中國意識。在1990年代民主化之後，台灣人民重新得到言論和出版的自由，並同樣利用政治制度制訂政策，以弱化中國意識，並且建立屬於本地的台灣認同（Hughes 2011）。第二，在兩岸交流增加後，台灣的人們對中國大陸政治體制和價值產生的失望之情，可能也稀釋掉早先的中國認同。第三，當人們意識到中國的敵意（北京要求統一的結果），台灣人心目中的「他者」意識也相應增強。第四，許多政治和社會的重要行為者都試圖說服台灣人採納新的認同意識。第五，人口自然的變化，出生在中國大陸的台灣居民比例不斷下降，而在台灣本土出生的人口則是增加。

　　本書將台灣對中國大陸的經濟政策演變過程分為四個階段（依時序為「戒急用忍」、「積極開放、有效管理」、「積極管理、有效開放」與2008年之後的開放政策及 ECFA）。在頭兩個階段，關於認同的辯論環繞著「中國人」或「台灣人」這兩個清晰的選項開戰。這種辯論的性質是高度「本質性」的，因為自認是「台灣人」的人試圖建立一個排他的群體，而自認是「中國人」的人士則努力保護自己的認同意識。這會導致政策選擇上的不一致，就像白俄羅斯和烏克蘭的情形。關於對中國經濟政策意見的主要差異可以表述如下：自我認同傾向中國認同的一派，通常贊成擴大和大陸的進一步經濟整合；推動嶄新台灣國族認同內涵的一派，則主張兩岸貿易和投資需要有所限制。因此，當台灣人對於認同的共識提高，這對制訂台灣的兩岸經濟政策而言具有深遠的影響。

　　在冷戰期間及國民黨威權統治時期，台灣國族認同的內涵似乎很清晰，對認同爭論的程度也很低。但這種表面上的共識是統

治者人為造成的，因為國民黨把中國認同強加在人民身上。台灣
所有的公民，除了原住民之外，都被界定為「中國人」。可是，
國民黨又對「外省人」和「本省人」加以區分：前者是剛從中國
抵達台灣的人，而後者的祖先在國民黨撤退來台之前便已移居台
灣，主要包括閩南人和客家人。[3]這種族群認同的界定，又與族
群分隔政策連結，以確保外省人在政治結構上具有優勢地位，並
維持台灣人的次等地位。國民黨的族群政策包括限制台灣人的文
化活動，在學校和政府裡禁止說台灣方言和母語，並確保高階政
治職位全由外省人出任（林濁水，1991：145-48）。然而，這種
歧視與分隔措施反而使得外省人和本省人之間共同的中國國族認
同無法建立，同時也刺激了人們想要保存台灣文化的強烈欲望，
1970年代鄉土文學的重新興起就是例證。

　　然而，從1980年代末期開始，由於台灣經濟愈加和中國整
合，加上香港即將在1997年回歸中國，認為兩岸終將統一的可
能性也隨之提升，於是，台灣人開始重新思考自己的國族認同。
而對國族認同的討論之所以會大盛，又是因為台灣從威權統治過
渡為民主政體，言禁也隨之解除。蔣經國總統在1987年解除戒
嚴後，人們對於台灣國族認同展開了漫長的辯論與探索，其中，
針對國民黨威權統治時期所加在人民身上的「大中華民族主義」
的批評，尤其成為焦點（Schubert 2004; Cabestan 2005）。

　　對於台灣國族認同的重新思考，一開始的出發點都是以「原
生論」也就是天生的血緣族群條件為主，許多台灣人以「族群」
來界定自己，主要就是閩南人和客家人這樣的分類。[4]這種界定
方式並沒有把第二次世界大戰後才來到台灣的外省人納入，就如
同國民黨先前的政策排除本省人一樣，都把某一群人排除在外。

以族群與血緣界定的認同意識，以及用這種認同方式當做基礎來思考的統獨立場，創造出一種環境，讓人民把限制對中國的交流與台灣意識做出連結，而台灣人也開始擔心，和中國的經濟關係會傷害自己的政治自主性。

中國在台灣國族認同的論述演進過程中也扮演了重要角色，尤其是它不斷在國際上孤立台灣，希望藉此施壓，讓台灣變得更「中國」，並且接受終極統一的方案。但隨著北京在國際舞台上不斷壟斷「中國認同」的定義和內涵，同時又努力阻止台灣受到外交承認，並阻撓台灣參與國際組織，例如亞太經濟合作組織和世界衛生組織，這些作為反倒加速了台灣人自己國族認同的發展（Jacobs 2006）。中國想要遏制台灣國族主義的努力，反倒加快了台灣新國族認同的鞏固──現在，台灣人說：「不，我們不是中國人；我們是台灣人。」

但是，這種新的國族認同並不是墊基於狹隘的族群民族主義（ethnic nationalism）。隨著台灣的全面民主化，一種更兼容並蓄的新台灣認同也開始出現，這種觀點認為，台灣這個共同體不只包括以血緣族群定義的台灣人，也包括所有的台灣公民，並以台灣特定的價值和制度為基礎。它取代了國民黨過去灌輸的中國認同，也取代了某些台灣國族主義者想要建立的排他性族群認同。於是，台灣人的國族認同所反映的是一種以「生活方式」為中心的認同觀，其中包括了對制度、社會和文化特色的意識。[5]

特別是，現在台灣的國族認同與民主價值的關係密不可分。台灣人逐漸體會到，自己之所以和其他共同體不同，不是因為語言、文化或族群，而是因為其公民所共有的價值，亦即自己是個擁有自由市場和個人財產權受到保障的民主政體。[6]因此，這個

民族國家的首要目標，在於維護資本主義式的民主政治，以及維護相關的制度和生活方式，特別是那些「他者」（中國）並不擁護的價值。甚且，愈來愈多台灣人也相信，具備一個財富均等的中產階級社會，也是台灣的特色之一。

這種新興的台灣國族認同也導致另一個重要的改變，也就是自己該在未來與中國保持怎樣的關係。過去，這個辯論所涉及的，只有統一和獨立兩種選項。今天，絕大多數人表示他們寧可偏好維持政治自主的現狀或實質的獨立，而非在法理上宣布獨立或統一。民調顯示，與老一代相較，年輕世代的台灣認同更為堅定，但對於如何在社經層面上和中國互動，他們具有更開放的心態（陳陸輝、耿曙，2009：170）。年輕一輩的人們認為，自己是個反對統一的台灣人，而這與支持兩岸經濟開放的立場，兩者毫無矛盾可言。對於年輕世代的態度而言，他們的立場並非「反中」，而是「非中國」，或說，他們認為自己並非純粹的「中國人」。任雪麗（Shelley Rigger 2006, 57-58）在她的調查中充分說明這一點，她把台灣人劃分為四個世代，各有其鮮明的集體認同。雖然她發現支持統一的比例全面下降，她也認為「大多數台灣人也沒有像（陳水扁）總統那樣對所有中國事物都覺得反感……至於年輕世代，他們雖然反對統一，但對中華人民共和國的觀點是不可知與未定的……但他們也相信，對台灣人而言，中國大陸有豐富的經濟機會等待人們去利用」。

一份在2013年針對不同年齡族群的調查發現，最年輕的政治世代（以三十四歲為切點）有將近九成認同自己就只是「台灣人」而非中國人，這個比例高出其他任何年齡層相當多（張茂桂、趙永佳、尹寶珊，2013）。他們覺得台灣必須維持政治自

主，也該與中國維持健康的經濟關係；相較之下，老一輩的世代則有完全不同的想法，而他們可再區分為兩個極端的群體：一派自認為是中國人，希望與中國有更緊密的經濟關係，也偏向兩岸最終要統一；另一派則是自認為是台灣人，希望與中國維持有限的經濟關係，以便維持台灣的獨立地位。

為了測量台灣國族認同的變化，本研究主要依賴大學、智庫和媒體集團進行的民意調查（詳見本書附錄和圖7-1至7-4）。其中最重要的調查有兩組，分別來自國立政治大學選舉研究中心自1992年和1994年開始的調查，它們提供了長期的時間序列資料。第一組調查探討自我認同，要求受訪人回答的自我認同是「台灣人」、「中國人」，或「既是台灣人，也是中國人」。2014年，61%受訪者認為他們是「台灣人」，比1992年的18%增加不少；超過32%的人則認為他們「既是台灣人，也是中國人」；本書把後面這兩類視為「廣義的台灣人」，總計超過93%。比起1992年兩類合計的64%，增加幅度非常明顯（國立政治大學選舉研究中心，2014）。

第二組調查則針對台灣未來國家地位的政治選擇（future national status, FNS），即所謂的「統獨立場」，要求受訪者在六種偏好中選擇其一。這六個選項是：「儘快統一」、「維持現狀，以後走向統一」、「維持現狀，以後再做決定」、「永久維持現狀」、「維持現狀，以後走向獨立」，以及「儘快獨立」。選擇後面四項的受訪者被歸類為支持台灣的政治自主，比例從1994年的59%，上升到2014年的83%；支持統一者（選擇前兩項的受訪者）跌了超過一半，只剩9%（國立政治大學選舉研究中心，2014）。

　　在其他的許多調查當中，包括台灣最重要的學術智庫中央研究院每五年一次的調查，發現台灣人的統獨立場和他們的自我認同相當不同，而且，很多偏好都是具有條件式前提的，端視各選項的政治結果而定（中央研究院人文社會科學研究中心調查研究專題中心，2011；Hsieh and Niou 2005）。早在1992年，中央研究院研究員吳乃德在進行國族認同調查時（Shen and Wu 2008; Wu 2012, 2014），就已經區分國族認同和統獨偏好的不一樣，他的研究顯示，雖然大多數人的自我認同已經趨向「是台灣人，且非中國人」（也就是所謂「排他性」的台灣人認同），但他們對於台灣未來和中國的政治地位問題仍抱持開放態度。譬如，有些人雖自認是台灣人，可能仍偏向與中國有更緊密的關係。因此，在調查當中試圖更進一步地去問條件式的偏好，它的問題如下：如果台灣和中國之間在經濟或政治上沒有重大差異，你支持統一嗎？如果可以和平獨立的話，你支持台灣獨立嗎？吳乃德的區分方式如下：第一種是「台灣國族主義者」，亦即就算北京政權已經成為民主政府，他們卻仍支持台灣獨立、反對兩岸統一的受訪者；第二種則是「中國國族主義者」，他們認為即使可以和平達成獨立，仍然反對台灣獨立並支持兩岸統一。自1992年來，中國國族主義者的比例由38%跌到不足15%，但是台灣國族主義者卻從9%上升到39%（Wu 2014）。即便如此，仍有23%的受訪者，無條件地支持「維持現狀」，亦即他們在設定好前提條件之下都不會支持統一或獨立；14%則是在有條件的基礎上這兩種結果都支持：如果台灣宣布法理獨立不會造成戰爭，那麼他們就會支持（法理上的）獨立；如果中國的政治與經濟發展的方向能和台灣一致，那麼他們也會支持統一（參考資料同上）。

國家利益

　　對國家來說，其經濟上的目標以及利益可以有不同的界定，不同目標之間的優先順序也會改變，這完全取決於該共同體採取的國族認同，以及它所處的國內及國際經濟脈絡而定。當台灣認同達到鞏固的狀態，代表著人們認為台灣這個共同體的利益最為重要，隨之而來的偏好包括台灣必須維持政治自主或者是最終必須達成法理獨立，人們會認為政府的政策應該支持此一政治目標。更重要的是，人們會傾向於認為，台灣國族認同的基本價值必須受到保護和推進。譬如，從國族認同演進的脈絡看來，經濟成長可能不再是台灣政策的最高指導原則，取而代之的重要目標包括國家安全和社會平等的發展。

　　台灣的國族認同從以族群和血緣為主的界定方式，轉變為以民主和主權為核心，並且有別於中國的一種國族認同，已使得它的對外經濟政策討論有更清楚的目標，並且在性質上也更朝向工具性的討論。政策討論更可以聚焦於國家利益去談，而不是再糾結於國族認同或統獨偏好等問題。不過，這個考量的過程也牽涉到了許多可能的國家利益選項。

經濟成長及其相關因素

　　如同亞洲大多數國家，在台灣，追求經濟成長是經濟政策最主要目標。但是，如果沒有適當的措施來緩和經濟成長帶來的負面影響，當市場不受約束時，帶來的代價將會非常巨大。當國家愈追求經濟成長的時候，就愈有可能必須犧牲其他利益，譬如平等分配、社會安全或環境保護。雖然追求繁榮是大部分政府的職

責之一，台灣人也高度肯定市場自由和經濟效率這兩種價值，況且它們有助於經濟成長，但是這與支持全然絕對的經濟成長是有別的。今天，經濟成長仍然是一個顯著的目標和議題，但在台灣這樣具有結構性失業狀況的後工業經濟體裡，它不再是經濟政策的唯一焦點。譬如，在北歐國家，社會安定和公平分配才是人們真正關切的重點；至於第二次世界大戰後的美國，它選擇全力對抗共產主義的「他者」以確保其國家安全，從而選擇了緊縮性的貿易政策，限制與共產國家的往來，即使代價是降低總體經濟成長也在所不惜。

有人會說，從1950至1980年代，台灣是個下定決心追求經濟成長、不惜犧牲一切其他國家目標的威權國家，它的工具不僅是市場看不見的手，還有「發展型國家」特有的強大且專心致志的幹練官僚（Wade 1990; Weiss 2000）。從1950年代末期開始，政府執行的政策把台灣從農業社會轉型為製造業重鎮，中小型企業因此孕育而生；到了1970年代中期，台灣在亞洲已是除日本之外最為工業化的國家。1980年代，政府又透過科技的研發，進一步將台灣的工業經濟體升級，將它打造成亞洲首要的半導體設計和製造基地（Greene 2008）。然而，這樣子的高度經濟成長很難長期地維持，政府逐漸失去掌控經濟活動與市場的能力（Y. Wu 2004; Fuller 2005）。更有甚者，這種由政府領導的經濟成長其實伴隨著巨大的取捨交換：威權政府對政治自由及部分經濟自由的設限，例如在戒嚴時期，罷工是絕對的禁忌。

以日本的狀況來說，雖然成功地跨過了「中等收入陷阱」（middle-income transition，見Spence 2011, 100-101），但它近年卻落入高所得陷阱，勞動成本大幅升高。1990年代，經濟成長

穩定，平均為6.6%。然而，2000年後的十年，平均成長率跌至3.8%。台灣也在2001年首度出現負成長率（-1.3%），2009年又再次下滑。2011年以來，台灣已從全球金融危機復原，但它的經濟表現卻很不穩定，持續在低檔，成長率一直低於4%（表1-1）。

所有這一切都產生一個問題：台灣是否需要依據已經演進且增加的經濟利益選項清單，提出一個新的經濟模式？隨著台灣社會變得更加民主、更加多元化，原本僅次於國家安全的最重要的利益「經濟成長」，和其他經濟利益之間的衝突關係變得更明顯。在追求社會安全、穩定和公平分配的社會裡，經濟成長不過是許多目標中的一個。如同其他許多中產階級社會，這些新增加的價值，也成為新的台灣認同的一部分。

經濟穩定

對於大部分的先進國家來說，經濟成長和穩定性之間的關係常常形成困難的取捨，台灣也不例外。實證研究告訴我們，民主社會常常會選擇去避免風險，相較於威權國家而言，選民傾向於選擇經濟的穩定性，例如：追求較低的失業率（Quinn and Woolly 2001）。儘管高風險一般會有高報酬，但多元社會往往會追求比較低程度的市場流動性，也追求穩定成長，也就是說，人們追求低失業率，也要低通貨膨脹。如果社會上存在著重大分歧，經濟上的不穩定便有可能導致政治局勢的不穩定。因此，政府的重要工作就是推出可以降低不穩定性的經濟政策，即使犧牲效率或者是長期的經濟成長（Rodrick 2007）。能夠辦到這一點的，通常是採取干涉主義的大政府。[7]因此大多數社會渴望在成

長與穩定之間尋求合適的平衡，但這通常很難達成。

　　和其他許多國家一樣，台灣在過去二十年也經歷好幾次全球衰退和金融危機，導致空前的經濟局勢動盪。即使比起亞洲其他國家，台灣在幾次金融海嘯當中算是順利地渡過，但它在2001年、2008年和2011年還是面臨出口需求嚴重下降的情境。對中國貿易和投資的成長，也導致台灣的經濟結構出現大幅度且有時是很突然的變化。台灣的經濟從農業型態轉型為工業型態，近年來已變成以服務業為主。短短二十年內，在整體就業人口裡，服務業的占比從不到四成增加到近六成，對GDP的貢獻，也從四成上升到七成。在此同時，工業產值則是劇烈下降到約三成的比例，而且失業率也出現周期性的突然升高，顯示出一定程度的不穩定性（NDCL 2014）。由於愈來愈多大陸人在台灣生活，不論是暫時或永久性的，這讓台灣人開始覺得，愈來愈多的工作機會正被中國移民給搶走。[8]

　　經濟穩定性的另一個指標是通貨膨脹。從2000年以來，相較於德國或法國等其他先進經濟體，台灣算是相當穩定，消費者物價指數雖有上漲，但幅度停在低檔的個位數甚至負數（NDCL 2014, 370）。即使如此，隨著台灣國族認同的強化，經濟穩定性的目標變得更重要，台灣人要求政府採取更有效的措施去加以維持。

公平

　　在資本主義制度裡，公平（平等）是最難和經濟成長取得平衡的利益，甚至比穩定還難。本書所謂的「公平」（equity），指的是資源與機會的公平競爭或平等分配，而非僅是結果的平等

（Rawls 1971）。先前台灣的所得與財富分配屬於相對平等的程度，即使在冷戰期間的高度經濟成長時期也是如此。1950年代一系列的土地改革，以及隨之而來的對中小企業而非大型公民營企業的依賴，使得台灣的經濟發展同時也維持高度的平等，而且還能維持超過十年將近10%的成長率，這是台灣人所珍視也希望維持的成長模式（Gold 1988）。台灣人對於貧富不均的忍受程度很有限。

　　然而，經濟成長需要不斷地改進生產工作的「效率」，這一來就有些勞工（「缺乏效率」的人）會被拋在後面。當經濟益發成長，貧富不均的可能性就愈大。這就如國際經濟整合雖然可以促進成長，但不是人人都能從貿易當中受惠。事實上，全球化增加了國家之間及國家之內的貧富不均。在民主的資本主義社會裡，成長和平等之間的矛盾兩難是非常貨真價實的存在。自由經濟體雖然保障了個人財產權和自由交換貨品和資產，但它創造的貧富不均卻與政治結構的平等主義性質牴觸，歐肯（Okun 1975, 120）指出：「平等和經濟效率之間的衝突無法避免。從這一點來講，資本主義和民主其實是最不可思議的結合。或許正因為如此，它們需要彼此──在追求平等之中多一點理性，在追求效率之中多一點人性。」對開發中經濟體來說，成長和平等之間的取捨尤其構成挑戰，像中國和拉丁美洲的大型且快速成長的經濟體，它們必須兼顧成長和平等，以確保社會和政治安定。隨著市場競爭在過去二十年間的日趨激烈，台灣適應新的全球經濟秩序的方式，部分在於與中國更加整合以強化生產效率，但無可避免地，這也帶來經濟衝擊和更大的貧富不均。與台灣在政治及經濟特徵有許多相似的南韓也面臨同樣的處境（Kang 2009）。

　　有許多政治經濟理論可以用來預測台灣在與一個像中國這樣的大國──它具有迥異於台灣的體質──貿易往來時，到底會面臨怎樣的具體分配結果，尤其是那些依據國家擁有的生產要素（土地、勞動力和資本）多寡來做推論的學說（Frieden 1991; Frieden and Rogowski 1996; Garrett 1998; Hiscox 2003; Hirschman 1981）。一般來說，貿易會提高一個國家原本就比較豐富的那些生產要素，就台灣來說，充沛的要素就是資本、技術和有經驗的管理；另一方面，貿易會降低該國原本相對缺乏的那些要素的報酬率，就台灣而言，現在它所缺乏的是勞動力，尤其是非技術工人。因此我們可以預測，遵循標準的國際貿易理論，台灣的資本家、經理人和相對高技術工人將因與中國貿易成長往來而受惠，而低技術工人和農民會更慘。相對地，如果限制貿易，將會提升相對低技術工人和農民的所得，但降低資本家、經理人和相對高技術工人的報酬率。

　　國際市場上價格的變動，也會牽動所得分配的改變。[9]具有機動地、流動性較高的生產要素的產業（如勞力密集製造業，人們比較容易轉行），最後將比不具機動生產要素的傳統產業（如農業必須依附在特定土地），更從貿易受惠。政府通常會促進及保護特定的工業，因為它們想利用某些已經具有更好的生產要素的產業來創造經濟成長，如高科技產業。然而，通常這些具有國際競爭力的產業，會希望有更自由與開放的貿易政策，因為這會增加他們的營收。以台灣來講，政府有時會企圖限制某一些具有戰略目標的工業的貿易自由，以降低對其他國家如中國的依賴，而這會牴觸這些產業業者的商業利益。

　　實證數據也支持上述的模型預測。吉尼係數（Gini

coefficient）是貧富懸殊的指標，它明顯指出台灣的貧富不均在
1990年代開始擴大。[10]台灣的吉尼係數在2001年達到0.35，超
出一個公平發展經濟體的標準（NDCL 2014, 23）。吉尼係數到
2009年又達到0.345，而這段時間恰好也是較長一段時間的所
得停滯期。台灣最高前五分之一的家庭個人所得，與最後五分
之一的家庭相比，現在比例是6.17，而2000年是5.55，1990年
是5.18，1985年是4.50，1975年是4.25（參考資料同上，23、
86）。專業人士和非技術工人之間的所得差距劇幅擴大。雖然製
造業不同業別間的實際薪資差異維持在10%內，但服務業不同
業別間的差異卻在擴大。譬如，在2010年，金融保險業的平均
薪資，超過零售及批發業平均薪資將近75%（Zhang 2013）。

　　簡單來說，高度的國際經濟整合程度，自然會產生經濟貧富
不均及其所帶來的政治和社會分歧，在不同的階級之間，以及
不同的產業和部門業別之間產生衝突，端視該國政治體制和經
濟結構而定（Rogowski 2003; Alt and Gilligan 1994）。在台灣，
農民、低技術服務業和製造業工人覺得遭到忽視，因此毫不意外
地，這些群體要求政府實施保護主義，極力對抗資本密集產業的
企業主和技術工人，而後者通常希望與中國能有更開放的經濟關
係。這些社會分歧在台灣的社會經濟地貌上產生重大的變化。在
台灣民主化開始的時候，位居社會分歧中心的，乃是各族群針對
國族認同的衝突，在形塑政策偏好時，經濟因素的角色並不明
顯。然而，隨著時間進展，台灣與中國經濟的整合加深，同時也
出現較具共識的國族認同後，在在使得經濟階級、技術水準、居
住地和產業出現了意見偏好極化的現象，讓這些面向的分歧變得
比「族群衝突」更加重要。

國家安全

　　經濟政策能夠達成的第四種利益是經濟與軍事面向的國家安全。一個國家的經濟安全與金融和貿易有很大的關聯。一個經濟上安全的國家，通常有多角化的出口和進口來源、高額的外匯存底，能以合理價格穩定且安全地取得原物料，並握有自身所屬的科技。經濟安全對台灣是個挑戰，因為它缺乏天然資源，又倚重對外貿易。台灣已經是全球生產供應鏈的一環，而且對它極端依賴。因此之故，台灣的經濟安全有個關鍵面向，即必須確保自己可以維持在全球供應鏈當中的角色，然而，有鑒於中國在全球經濟當中日益重要的地位，這可能促使台灣對北京採取積極、寬鬆的政策。但在此同時，它又不能太過依賴中國，要達到平衡，實屬難事一件。

　　為了要增強經濟安全，國家通常要在生產效率和經濟成長兩者當中有所取捨。與全球經濟的整合，使得一個國家最有競爭力的生產要素能夠獲益，但是它得犧牲一部分市場自主，而會降低經濟的安全程度。反之，維持經濟上的自給自足可以避免國家被其他經濟體杯葛、禁運或制裁，但這會在經濟成長方面付出重大代價。

　　在本書研究的第一階段中，中國於1995年和1996年朝台灣外海試射飛彈，整個台灣社會，包括社會團體、政黨和決策者，因為已無法假設自己能與中國和平共存，遂變得更加關切軍事和經濟安全。雖然台灣在第二次世界大戰後的數十年，吸引了大量的外人直接投資，然而近年來吸收的投資數量卻已大減，同時外來資金卻是大幅流向中國，因此許多人認為這已危害到台灣的經

濟安全。經濟安全議題成為一個顯著的焦點，這反映在民眾的普遍希望上，亦即貿易和投資不要過度依賴中國，但又必須追求經濟成長，以便增強台灣的國際地位。這樣的做法有時會導致極端限縮的經濟政策。1997年亞洲金融危機時，馬來西亞決定暫時全面性地限縮資金管制，設法降低國際資金流出的壓力；但台灣不能夠採取和馬來西亞一樣的做法，因為台灣承受不起這種全面限縮對於經濟成長和國際信用可能造成的影響，即便這只是暫時性的。台灣所能做的是選擇性地針對重要的重點產業施加管制，如石化業及半導體業的對外投資，以及針對與特定經濟夥伴的經濟關係設限，例如中國。

　　經濟安全還有個不可分割的相對部分即是軍事安全，這就產生「槍砲與奶油孰輕孰重」的典型兩難選擇。在某些個案中，軍備確實有助於經濟成長，軍事開銷能夠和維持整體經濟成長相容的比例卻是非常的不確定。儘管中國軍事力量大增，在過去二十年，台灣國防預算占GDP的比例卻是持續地下降，在1990年代約占3%，1994年則是高峰，占3.8%，到2014年又降至只占1.9%，約一百億美元（Kan 2014b；EY 2014）。相形之下，中國國防預算每五年成長一倍，估計在2014年將達到一千三百二十億美元，占中國一路成長的GDP達1.3%。[11]非官方的估計指出，中國實際的國防預算遠超過這個數字，可能比台灣高出二十倍（Kan 2014b）。除非台灣能開發成本效益極大的「不對稱戰略」，要靠自己的力量抗衡中國的軍備，將會極端昂貴（Hickey 2013）。

　　台灣要提升軍事安全有兩條路，一是與中國交好，一是設法制衡中國（Chen 2008）；如果採行後者，或許就得採取結合了

自我增強以及與美國結盟的兩種策略（Huang 2008）。然而，許多人認為，美國對台灣的承諾已在下降，因為美國希望與中國增加合作、避免衝突。因此，就美方看來，台灣有必要透過降低貿易限制的經濟政策和中國交好。

或許和兩岸經濟政策更有直接關聯的是，台灣能否利用對投資與貿易的控制，來強化自己的軍事安全以面對中國。在貿易前線上，台灣可以限制軍民兩用科技和其他戰略或軍事相關產品的出口，這些只占其科技貿易的極小部分。在資金流通上，台灣可以限制具有戰略地位的重要產業到中國投資，如半導體業。然而，台灣能夠施展的槓桿力量相當有限，因為中國已有多個源頭可以取得這些軍民兩用科技，而且它從來不曾在這些科技上高度依賴台灣。不過，仍有許多台灣人主張政府應該限制技術轉移及重要的產業投資，以便抑制中國軍事力量的成長所帶來的風險。

演進中的國內及國際環境

在集體認同的基礎上，一個共同體的成員可以辨識出共同的國家利益，並從中訂出優先順序。但是，在台灣政策改變的每一階段，國內及國際環境的改變，都會帶來新的威脅和機會，因此會需要重新排序和界定台灣的國家利益，也會改變相互競爭的兩岸政策選項的相對吸引力。從國內而言，政治和經濟環境的變化，以及國族認同定義的變化，是建構台灣對中政策極其重要的因素。從外部而言，台灣對外經濟政策受到的局限，則來自全球的經濟狀況，以及北京和華府採取的對台政策。

國內的政治經濟環境

台灣的國內政經狀況，包括各種政治勢力之間權力平衡的變動，以及經濟環境變化，都會影響對於不同兩岸政策的考量。

自從台灣民主化以來，國內政治體制有許多變化，這也影響了政治競爭的性質，以及政策制訂及執行方式。隨著台灣的民主化，它所運行的半總統制已經經歷多次選舉改革，導致數個政黨的起伏興衰，其中包括立法委員員額減半，選舉制度改為單一選區制。在這樣的選制下對小黨很不利，很難靠著少數狂熱的死忠支持者就能取得席次。國民黨和民進黨兩大黨掌握主流，競逐多數選民的選票。理性選擇理論家安東尼・唐斯（Downs 1957）預測，兩黨制之下選民會向中間的認同匯集，而政黨會努力爭取中間選民的支持，以至於政策選項變得更加溫和。儘管如此，在一些特定的政策面向，政黨之間還是有重大差異，例如兩岸經濟政策幾乎全由執政的政黨所主導而定；不同政黨的政策偏好，則是由其選舉動員的計算，及政黨對國家利益的排序所決定。

國內經濟環境也提供台灣人一個重要場域，以辯論國族認同和對外經濟政策。前文已說過，根據貿易理論預測，一個兩岸整合的經濟體將會崛起，它的源頭是中國的充沛勞動力與台灣的管理、資本和技術，而這會使市場上新的贏家和輸家出現衝突。原本就充滿激烈競爭的台灣企業和工業將因擴張至中國而受惠，造成資本、技術、組織和知識大量外移，也使非技術工人被拋在後頭。兩岸經濟關係或許會讓資源更有效被運用，但它們也可能造成整體社會福利的下降，因為不同社經團體在貿易中受到的影響會有所差異（冷則剛，2009）。貧富懸殊的惡化，將使得四百多

萬弱勢的農民和非技術工人，與一小群擁有特定可帶來利益的資產的人士及具有專業和技術的人們之間，出現對立。[12]這反映在許多社會組織的興起，例如婦女、退伍軍人和原住民組織，凸顯經濟上弱勢團體的困境（林宗弘，2013；Chow 2002）。

　　台灣面對逐漸惡化的問題──成長趨緩、貧富差距惡化、市場不穩定加劇──是否可歸究於台灣和中國的相互依存所直接造成，目前尚無定論，但普遍的看法是經濟問題和依賴中國之間存在高度相關，這也對各個不同團體的決策過程產生巨大的影響。台灣不斷意識到，它的經濟前景長期下來已經惡化，尤其是和兩岸經貿交流開通以來中國的經濟表現相比，更是相形見絀，最明顯的或許就是失業率數字的攀高。在1990年代初期，失業率低到沒人注意到它，但卻從1994年的1.6%，逐步上升到2000年的3%。然而，從2001年起，失業率更是快速升高，徘徊在3.9%至5.9%之間（NDCL 2014, 35）。實質工資也急速下降。2009年，兩岸交流大開之後，在台灣工業及服務業的十九個行業部門，有十六個部門的員工平均月薪下降，其中十四個比2006年的平均月薪更低。2011年人均國民所得實質年增率為零，往後幾年也不到3%（參考資料同上，44-45、58）。

　　在這樣的背景下，許多人會認為自己的未來沒有前景可言，因為台灣的競爭力不斷下降、資金移向中國，更加令人覺得台灣已被邊緣化。這使得台灣領導人承受極大壓力，因為他們得設法為人民創造更多就業機會，振興台灣經濟。不論是透過執行限縮政策以保護就業，或是允許開放以提振成長，都是常被考量的政策選項。經濟前景不佳，對決策的衝擊相當明顯：台灣的經濟愈糟，兩種對立的主張，保護主義或是更加開放的呼聲都會愈大，

端視主張者的觀點而定。

國際政治經濟

今天，很少有對外經濟政策可以不顧全球經濟狀況就採行。新自由主義的秩序已經出現預料不到的不穩定和流動性，資金往往在短時間內大量進出各國市場，造成嚴重的經濟波動。對外經濟政策必須考量全球金融市場的偏好、國際貿易體制的結構，以及台灣的經濟行為者的比較優勢變化狀況，不能只著重在國內行為者的偏好本身。

全球經濟會以三種方式影響國內行為者的偏好。第一，台灣對於全球經濟發展的狀況十分敏感。影響日本、美國或歐洲的經濟危機，會傷害台灣的出口市場，並限縮國際資本的流動，這兩者對台灣經濟都十分重要。第二，就普遍被認可的規範和價值來說，國際市場期待台灣遵守世界貿易組織（World Trade Organization, WTO）的規定。不論是對中國，或對世貿組織其他會員國，台灣都不能片面限制貿易和投資，因為這會傷害到台灣這個經濟體作為貿易夥伴和投資目的地的國際信用。第三，亞洲正見證雙邊及區域貿易協定的興起和成長，這些協定往往可以提供超越既有全球貿易體系的好處。台灣的處境比起很多競爭對手還要弱勢很多，因為中國阻止它加入任何一個重要的區域協定，如「東協加三」（ASEAN+3）；中國也會企圖阻擋台灣加入以美國為主的《跨太平洋夥伴協定》〔The Trans-Pacific Partnership, TPP。（中文版注：不過，在川普總統上台後已宣布取消了這個計畫，原本在談判中的國家另外延續先前的談判而達成協議，將其更名為《跨太平洋夥伴全面進展協定》（Comprehensive and

Progressive Agreement for Trans-Pacific Partnership, CPTPP）〕以及中國主導的《區域全面經濟夥伴協定》（Regional Comprehensive Economic Partnership, RCEP）。

　　除了國際市場力量之外，台灣的兩岸經濟政策也受到它經濟上和戰略上兩大相應國家──美國和中國──偏好的影響。

　　中國的根本目標，是堅決主張對台灣的主權及完成統一；它的政策結合「巨棒與紅蘿蔔」，對台灣政府、民間社團和外國政府軟硬兼施，既引誘又恫嚇。中國的具體措施會隨著時間而浮動，但是北京一直拒絕與台灣進行對等談判，也不放棄對台灣使用武力。只要中國繼續認為經濟發展是最優先的目標，它訴諸武力來對付台灣的可能性就愈低，因為這會讓它在經濟、軍事和外交付出極高的代價（Swaine 2001）。因此大多數觀察家認為，中國目前的重點是「防獨」，而非「促統」。不過，中國仍然堅決防堵任何台灣走向分離的動作，並試圖說服台灣：中國已經在經濟與軍事各方面成為崛起強國，統一是必然結果（Lin 2014）。隨著中國相對於台灣及美國的實力成長，它使用強迫手段的可能性也會上升。

　　中國在軟硬策略之間的交替使用和平衡狀態，影響到台灣該如何排序它在兩岸經濟關係中的利益。由於地理位置接近，而且規模相當小，台灣沒有辦法採取和北京全面對抗的姿態；它採取混合策略，結合了扈從中國和制衡中國的元素（Ross 2007）。究竟該如何拿捏，大體上視中國的對台政策而定。譬如，中國2005年頒布的《反分裂國家法》，就導致台灣在2006年在貿易和投資上採取更加限縮的措施。的確，只要兩岸情勢一緊張，國家安全對人們來說就變得更加重要，因為大家深怕台灣可能成為

經濟或軍事威脅下的受害方。反之，當中國做出親善動作時，譬如2009年它允許台灣出席世界衛生大會（World Health Assembly, WHA）會議時，台灣就更可能開放貿易和投資的限制。也就是說，當中國的對台政策比較溫和時，國家安全的重要性就比較不那麼凸出，而成長、安定和公平的排序就會提高，這正是國民黨在2008年重返執政後的情況。

　　美國華府的偏好也同樣影響台灣的對中政策。但是美國對台政策並不一致，而且美國對中國的優勢也持續下降。美國逐漸出現如何處理「台灣問題」的辯論：有些人提議放棄台灣，以便迎合日益強大的中國，但也有些人倡議與台灣更加緊密合作，以遏阻中國不斷成長而且逐步逼近的國力。[13]台灣政府很明白美國是台灣最後的安全保障者，因此台灣始終面臨必須順從美國偏好的壓力。然而，台灣人很容易就可以意會到美國對台政策的浮動，很多人認為，美國政府在認為中國展現出侵略性時，就會大力支持台灣，但當美國認為台灣是個「麻煩製造者」，或是它需要中國在其他議題上合作時，就會對台灣施壓，試圖滿足中國的需求。台灣擔心美國在亞洲權力平衡的地位下降，加上中國經濟日益重要的地位，大大降低了美國支持台灣維持政治自主的誘因（Tucker 2009）。這使得台灣有更多理由選擇扈從中國，而非制衡中國。

四大意見集群及其相對影響

　　過去二十年，隨著服務、貨物、人員和資金的移動增加，以及人們感受到經濟整合的代價上升，許多國家的政策開始從「自

由化」退卻。甚至，每次發生系統性危機時，包括1997年亞洲金融危機、2001年全球經濟衰退，以及2008年全球金融海嘯，各國政策都顯現分歧而非匯流的跡象。幾乎每個個案都顯示，這些危機導致某些政府施行更多的管制和限制，以便緩和跨國的系統性危機的負面效應，但是這些限制措施的性質和程度各不相同（Frieden 2006；Ferguson 2008）。同樣地，中國與世界的貿易順差擴大，它的貿易夥伴也開始採取貿易保護主義。各國政府不再把自由貿易視為最大化經濟成長的上策，而是逐漸限制或管制貿易，以追求長期的成長和其他利益。

在政策制訂過程中，社會上和政府的行為者，如政黨、利益團體和政府機關，將各自經濟利益和政策偏好進行討論與整合，形成本研究所謂的「意見集群」（opinion cluster），而這些意見在公開的政策辯論中競爭，藉以形塑對外經濟政策。這些意見集群的基礎，乃是依據它們對經濟利益的先後排序，以及限制或開放是否更能促進利益的評估。很顯然，心中認定不同利益的人士，通常都有自身偏好的政策手段。但是即使是對國家利益認定具有同樣排序的人，仍然可能會對政策有不同偏好，因為對於「如何」推動這些利益，以及「哪些」政策手段最符合成本效益，他們各有不同的判斷。譬如，關於兩岸關係的擴大交流是否會導致台灣的經濟困境，就出現廣泛的辯論；而對於台灣的經濟問題嚴重性有不同看法的人們，或是對其原因下了不同診斷的人們，對於最好的政策解決之道，就會有不同的主張。即使是同樣認為中國是最大威脅的人們，也仍然可能會對解決之道究竟是開放或限制對中關係，持有不同的主張。因此意見集群之間的差別，主要是對台灣經濟有不同的評估，以及對政策方案有不同的

偏好。

　　為了顯現在國族認同這個大框架下，民眾與菁英對經濟利益的不同意見如何影響兩岸經濟政策的改變，本書分析二十年來四大階段對中政策變化的爭論。每個階段都以某些組織或社群的領袖和代表為例，由他們來代表四大意見集群的主張內容，尤其著重在他們對台灣國家利益的排序，以及他們政策偏好的思路。

嚴格限制

　　支持第一個意見集群──「嚴格限制」──的人士，最關切的是台灣的軍事和經濟安全。在這個集群裡，許多人擁護「法理獨立」，但是更多成員想要維持台灣的政治自主、認同，以及公平和穩定的發展。他們最關切的事情是，如果不採取廣泛的限制措施，台灣將被中國透過軍事力量或經濟整合併吞，因此，這派人士認為與中國相互依存非常危險。雖然他們經常呼籲美國、日本及其他國家提供軍事和政治支持，但他們也很懷疑中國若採取強硬的軍事或經濟措施時，台灣能夠依靠的對象是誰。自從台灣民主化以來，美國政策有許多變化，尤其是華府反對台灣的「挑釁」行為，已經加深主張嚴格限制的群體的憂慮，他們認為長期而言，台灣終究得在軍事及經濟上靠自己。因此，他們主張與中國進行非常有限的互動就好，以便讓台灣遠離這樣的風險。此外，他們相信與中國的隔離還會有其他好處，這樣可順道解決貧富不均、工資停滯及就業率不振的問題。他們希望政府制止資金外流到中國，限制中國的進口和投資，以及防止中國工人進入台灣。在每個階段，他們都希望停止開放政策，或是實施比當時更嚴格的限制政策。

有一些極端的嚴格限制派，甚至會主張和中國完全隔離。但是這麼做等於是摒棄台灣的經濟現代化根基，因為它始終是個與國際經濟整合的開放經濟體；這種主張也忽視了中國市場規模之大及地理位置之近。因此，大多數的嚴格限制派也不贊成採取完全的自給自足；他們承認整體的經濟成長需要與中國維持某種經濟關係，但是他們主張嚴密控制相互依賴的程度。

溫和限制

溫和限制派通常展現強烈的民粹主義色彩，使得他們和相信自由經濟的人們——支持市場導向經濟、政府無需施加限制或僅需進行最低限制——大不相同。除了國家安全和經濟成長，這種意見集群傾向於關心在全球化及與中國整合這兩個不同但相互關聯的現象之下，達成公平和穩定的長期前景。他們相信，任何一個國家積極地採取有效的政策和顯著的規範，是達成這些價值的關鍵，同時他們也相信，過分依賴任何一個單一國家，對台灣的經濟安全都將構成重大威脅。

他們希望在進一步開放兩岸經濟政策之前，能夠徹底討論潛在的問題及其補救之道。他們認為政府應該採取有效的社會福利和就業計畫——只要是對市場友善不防礙自由經濟原則就可以——以便緩和與中國經濟關係更緊密後可能成為經濟輸家的弱勢族群之困境。

溫和限制派在統獨立場偏好上，則呈現出多元的意見，支持或反對與中國進行政治整合的人都有。他們的階級、族群、地理和政黨屬性也相當多元。溫和限制派和以下將提到的適度開放派現在是台灣對中國經濟政策的主流意見，而支持這兩種集群的人

經常會在兩者之間變換立場。

適度開放

　　和溫和限制派一樣，適度開放派也認為強大的國家很重要，但是他們認為，政府的角色是活絡市場、促進民間部門發展，而非制訂政策指導及管制企業。他們比較不專注國家安全或公平原則，而是強調「市場友善」的政府政策，以增進成長和經濟穩定。鑒於台灣與中國的特殊關係，比起廣泛開放派，他們更能接受對兩岸經濟關係的管制，因為他們認為這樣的經濟政策對台商更有利。

　　適度開放派認為，過度限制的兩岸經濟政策不是一個可行的選項，因為它會導致經濟效率不彰和成長停滯。因此，他們支持與中國貿易和投資，以便極大化經濟收益。然而，他們並不希望過度開放，因為這可能危害到台灣的安全或經濟安定。他們認為在與中國的經濟關係方面，政府的適度管制是必要的。此外，適度開放派也覺得政府管制可以讓台灣相對其他國家經濟體更具競爭力，也可替台灣企業及個人擴大市場。

　　前面提到，適度開放派和溫和限制派目前是台灣的主流意見，但他們的背景相當多元。在這兩種意見集群中，強烈支持統一和強烈支持獨立的人士都有。

廣泛開放

　　有些台灣人認為建立更加統合的「大中華」經濟體，乃是推動經濟成長和效率的最佳選擇。他們認為兩岸政經的統合，是往這個方向走的第一步，而其前提就是政府對兩岸經濟活動的限制

必須降至最低。廣泛開放派對於任何國家安全、公平或穩定性的考量，往往存有戒心，因為他們不相信市場可以或應該由政府控制。

廣泛開放派通常會擁護全球化；他們認為國際經濟整合對人人有利。他們認為與其他國家的跨國生產、貿易和投資活動，可以強化效率，刺激台灣的經濟。而且，他們深信這種經濟關係的好處將會逐漸向下「涓滴」到社會所有成員，即使必須付出貧富差距增加的代價。他們認為政府任何想要重新分配財富的做法都不會有效果，因此不值得支持。廣泛開放派認為，對貿易和投資設下障礙都會帶來代價，大部分並不正當，而且也不該採行。他們的確有可能會容忍兩岸經濟關係上的些許限制，譬如限制大陸移民進入台灣的人數；然而，普遍來說，不論政策已經開放到什麼程度，廣泛開放派在各個階段還是支持更加放鬆管制程度。

廣泛開放派和適度開放派之所以不同，不只是他們對限制政策的態度，也涉及他們對國家未來的統獨立場不同。和嚴格限制派相似，廣泛開放派中的許多人，對統獨選擇有強烈的立場；這一點和中間的兩個群體不同。廣泛開放派未必會公然推動政治統一，但他們有許多人認為這是可以接受甚或是應該歡迎的結果，只要條件合適而且中國沒有動用武力威脅。然而，早些時候的統獨偏好與族群之間是高度相關，但這種關聯已逐漸減少。譬如，有些強裂支持台灣獨立的人也會支持廣泛開放，因為他們認為與中國經濟整合，可以增強台灣的經濟實力，在長期上，這可促進台灣追求獨立自主地位。甚至，外省人或許在過去是支持廣泛開放意見集群的主要群體，因為他們可以在終極統一中得利，但現在支持廣泛開放的台灣人也比過去要多，因為他們認為這對台灣

經濟有利。

在這種意見集群裡，有一批極端派，他們主張在政經上與中華人民共和國完全整合，依據類似北京與香港之間的《內地與香港關於建立更緊密經貿關係的安排》（Closer Economic Partnership Arrangement，簡稱CEPA，下稱《更緊密經貿關係的安排》）的架構。但是，在討論兩岸政策時，這種觀點向來不具影響力，因為沒有什麼台灣人會贊成這種結果。當中國明示地主張它與台灣的經濟關係一直取決於政治因素（譬如，北京當局若認為某些台商支持民進黨，便會給予懲罰；若他們贊成統一，便給予獎賞），這更是令很多台灣人不敢領教。

經濟政策的面向

這四種意見集群對於對外貿易要採取「管制或開放」的偏好，必須由以下五個領域的經濟政策來加以探討：交通與通訊傳播、貿易政策、投資政策、資本及貨幣流動的管制，以及移民政策。

兩岸之間最早開放的政策領域是交通與通訊傳播，因為即使只是要進行最低度的經濟交流，都必須從這一步開始。1987年後，台灣允許兩岸之間可以透過第三地來通商、通郵，但是直到2008年，直接通航仍然受到嚴密控制，也備受爭議。不過，隨著時間推移，已經很少有台灣人持續認為強化通訊管道會減損到自己的國族認同；因此這種政策是最沒有爭議的。

貨品貿易也很早就開放，因為台灣很依賴全球的經濟市場，但是這樣的開放會對工資水準、就業狀況和社經穩定與安全有潛

在影響，因此關於貨物和勞務的貿易開放與否，向來爭議不斷。台灣一直對某些特定貨物和勞務服務的進出口施加限制；即使兩岸在2010年簽署ECFA之後，還有二千二百四十九項中國貨品不准進口。適度開放派和廣泛開放派都想要減少這些限制，以便提振台灣的經濟成長，不過，溫和限制派認為應該要選擇性地對某些商品進出口設限，如此才有利台灣的穩定與安全，也就是說，經濟開放的步伐應該漸進、審慎。嚴格限制派的關心重點，則是擔心台灣會變得過度依賴中國經濟，因此強烈贊成對貿易設限。他們也擔心開放的貿易政策會減損台灣的國族認同，譬如中國的文化商品進口到台灣就被認為是不利的事。

在兩岸經濟政策中，對外投資政策是個具有高度爭議性的領域，因為中國的國營企業掌控了巨大的資源，經濟活動又時常帶有政治意圖，而到中國投資的台灣企業可能相對弱勢，會經受不起北京給的政治壓力。因此，台灣的個人和企業要到中國直接或做投資組合投資時，便會受到限制；外來的公司和基金，只要「中資」超過一定比例，也不准投資台灣的公司、資產和證券，除非得到政府核可。在許多事情上面都有很深刻的爭議，例如：什麼行業、什麼技術以及多少資本可以允許移入中國，和哪種中國投資可以允許進入台灣。一種普遍被接受的觀點是，台灣的資金高度移動已經達到掏空其經濟的程度；同時，中資要進入台灣也受到高度懷疑，人們深怕它將會控制台灣的經濟，威脅台灣的政治自主。

資本和貨幣的管制和投資政策也是高度相關的。自1979年以後，新台幣即是匯率自由浮動的貨幣，而人民幣卻一直是受到北京嚴密控制的貨幣。有鑒於兩岸貿易和民間交流都已有重大的

規模，大部分台灣人支持2009年和2012年開放外匯管制和直接清算的機制，然而仍然有許多人擔心，金融市場的過度開放會導致中資大量湧入台灣，以及加速台灣資金的外流，而這勢必威脅台灣的經濟安全（S. Lin 2013b）。

　　最敏感且最具爭議性的政策領域，則是開放大陸人民來台。這個範圍很廣泛，包括大陸學生、遊客、配偶，乃至投資者、專業人士和非技術工人的入境。在這一點上，台灣秉持對其他國家一貫的政策，限制從中國大陸來的移民，部分原因是為了保護台灣的勞動力市場。同時，許多台灣人會擔心，若是大量中國移民進入台灣，勢必傷害到台灣人的國族認同，如同香港在1997年回歸大陸後的情形一樣（Lin 2014；陸委會，2014）。因此，有關移民政策的辯論，必定會牽連到關於經濟、國家安全和認同的考量。不過，在此同時出現一種正向的論述思考：如果強化民間交流，不論是透過大陸遊客或學生，大陸人民或許會因接觸而更了解和接受台灣的民主價值和制度，進而接受台灣維持其政治自主性。

結論

　　本研究涵蓋四個階段的政策變化（依時序為「戒急用忍」、「積極開放、有效管理」、「積極管理、有效開放」與推動ECFA、繁榮復興），檢視台灣國族認同的演進、其國內及國外環境，以及最重要的，它的兩岸經濟政策變化。在政策形成過程中出現的各種辯論，顯示在這二十年中，國內及國際環境變化，以及不同國家利益的排序變化之下，相互競爭的意見集群如何消

長。但是，在決策已經做出後，爭議依然存在。因此，接下來本書在每個階段的分析將包括一組個案研究，主要內容會包括兩岸政策對該行業的影響。一個政策的執行狀況會成為另一輪辯論的主要標的，而論辯的過程不僅影響後續政策有效執行的程度，也可能導致下一階段的政策翻轉。

3

戒急用忍

1996年國家發展會議

　　不能忘記過去奮鬥艱辛歷程，……，為鄉土打拚，做個
驕傲的台灣人，和驕傲的中國人。

　　　　　　——宋楚瑜，台灣唯一的民選省長（1995年10月）[1]

　　1996年3月23日，台灣人民走進投票所，第一次直選總
統。他們投票選出當時擔任總統的李登輝，及其搭檔行政院長連
戰為新任正副總統。1988年蔣經國去世，李登輝以副總統繼位
總統；1992年復經國民大會選舉而連任，到了1996年則以54%
得票率三度當選總統。這次選舉除了民進黨候選人之外，另有兩
組主張統一的獨立候選人參選。但是贏得大選對於制訂一套明確
一致的兩岸政策來說，只是挑戰的開始。

　　李登輝自1988年出任總統以來，即與中國在政治上、經濟
上交手。在他領導下，台灣政府逐步放鬆冷戰時期禁止與中國接
觸的規定，兩岸交流更因1993年的「辜汪會談」而加強——這
是1949年國共內戰終止以來，兩岸第一次半官方接觸。但對兩
岸來說，取得共同立場仍是困難的事。李登輝開始更加積極與台
灣沒有邦交關係的國家（包括美國）來往，而這令中國感到生
氣。1995年台灣立法委員選舉和1996年總統大選前夕，中國發
動兩輪飛彈試射，企圖嚇阻選民支持主張台灣獨立的民進黨候選
人。這導致台灣的國族認同產生重大轉變，也帶來更加限縮的兩
岸經濟政策。

　　李登輝連任後，在1996年召開國家發展會議（國發會），為
內政及外交政策尋求支持，以鞏固領導地位。國發會在斟酌一系
列重大議題的過程中，將社會上各種紛歧的利益匯聚一堂，並期
望予以積極應對。做為新興民主國家的公民，台灣人民有史以來

第一次可以公開地且自由地面對，以及試圖解決國族認同的難題，但同時也要面對中國在國際上加緊孤立台灣的局勢。

台灣國族認同的改變

台灣人對國族認同的態度，在這第一階段中展現出不小的爭議性。這樣的分歧通常以高度情緒化的言詞表現出來，在社會上產生兩極化的後果。

1992到1996年間，對自我認同意識的民意調查一再顯示，超過40%的受訪者聲稱他們「既是台灣人，也是中國人」（雙重認同）；還有相當顯著的比例，7%到11%受訪者不作答。在本書所敘述的頭兩個階段，支持雙重認同及無反應（不表態）的比例一直居高不下，後者尤其有詮釋的空間。當雙重認同略增到近49%，但主導公共辯論的卻是主張排他性「中國人認同」或排他性「台灣人認同」的兩個群體，它們在台灣社會基本上都不是多數的意見。在1992年和1994年，超過四分之一的受訪者認為自己是「中國人」，反觀選擇「台灣人」的只有不到20%。到了1995年和1996年，兩種認同的消長趨勢卻逆轉了：將近四分之一選擇認同自己是「台灣人」，大約五分之一則自認為是「中國人」（圖3-1）。這種兩極化現象也反應在媒體上：主要媒體集團，如國民黨官方報紙《中央日報》和民營《聯合報》支持強烈的中國認同；而《自由時報》等新興報紙則支持日益上升的台灣意識，而且主要是以「族群」為標準，來界定「非外省人」（Hsu 2014）。以政黨屬性而言，平均約有一半受訪者自稱是中間選民或不作答，這或許可以解釋各政黨為何在國族認同議題上

圖3-1　台灣民眾台灣人／中國人認同分佈（1992至1996年）

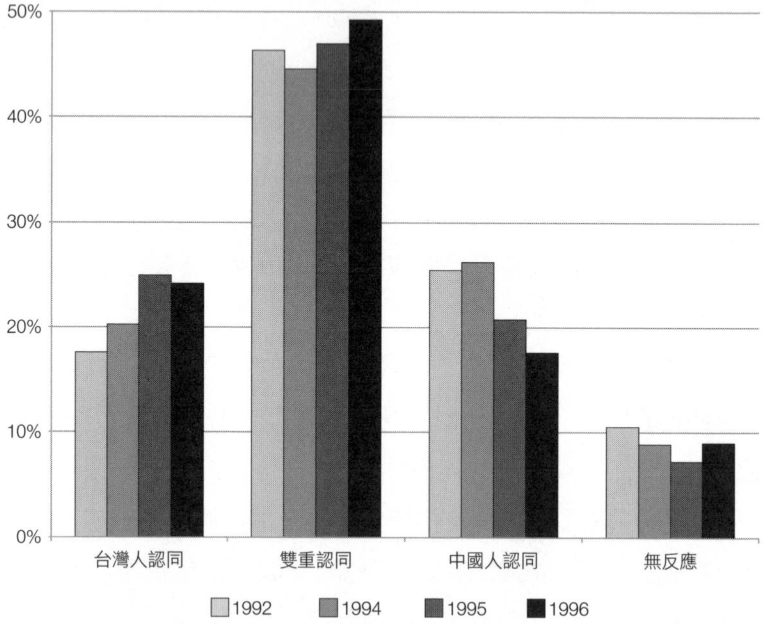

資料來源：國立政治大學選舉研究中心重要政治態度分佈

極力凸顯彼此的差異。

　　而在台灣未來國家地位的政治選擇這方面，從1994年（國立政治大學選舉研究中心開始對統獨立場進行民意調查）到1996年，主張「永久」或「暫時」維持現狀的支持率占多數，兩者加總介於40%至48%之間。另一個檢視統獨立場的方法，則是檢視人們對「政治自主」的支持度，把支持維持現狀的兩組人，和支持立刻或稍後獨立的另兩組人合併起來看。透過這個定義，支持台灣政治自主的比例僅僅稍微過半。換句話說，相當大部分的民眾並不傾向台灣持續做為一個政治自主的政治實體。相

形之下，支持統一的比例不小，是支持獨立的兩倍。另外有相當
比例選擇不作答，可能是因為在才剛民主化不久的社會裡，他們
仍然認為這個問題太敏感，不便自由表達意見（圖3-2）。

　　由中央研究院主持的另一組民調則聚焦於統獨立場的條件式
偏好，它詢問受訪人，如果中華人民共和國接受台獨的話，他們
會支持或反對台灣獨立；以及假設中國達成和台灣差不多的民主
與經濟繁榮，詢問民眾抱持何種統獨態度（中央研究院人文社會
科學研究中心調查研究專題中心，2011）。這些民調和當時的其
他觀察一致（Chao, Myers and Robinson 1997），同樣顯示出支持

圖3-2　台灣民眾統獨立場趨勢分佈（1994至1996年）

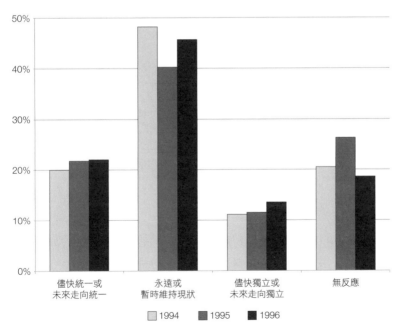

資料來源：國立政治大學選舉研究中心重要政治態度分佈

統一的台灣人多過支持獨立者，反對獨立者大於反對統一者，但不表態的人也不少。總而言之，在初期階段之中，中國認同仍獲得強烈支持，傾向接受統一也屬於多數民意，特別是在達成某些前提的統一選項，更受支持。但這種態度在後來的階段產生了顯著變化。

台灣的政治經濟與外部環境

經濟

　　台灣的經濟景氣在1990年代初期相當好，但到了中期就轉為停滯。台灣一向很低的失業率逐步上升，但在1990年代前半期持續上升的GDP，卻在1996年創下新低紀錄。台灣和中國之間的經濟相互依賴正在深化中，但尚未涉及到大多數台灣產業。

　　台灣的經濟已多角化進入中國，但此一擴張是基於台商製造業者利用中國的低生產成本為基礎，提升出口商品的獲利率，而不是開發中國的國內市場，也鮮少投資具先進技術的工廠做為長期發展策略。台灣在許多領域有著可觀的優勢，也享有相當大的和中國的貿易順差。[2]因此，大部分人並未將台灣的經濟疲軟的問題歸咎於和中國的經濟依賴關係。

　　1995和1996年的飛彈危機重挫台灣經濟。1996年3月中國試射飛彈，市場反應十分負面，股市大跌十五個百分點，新台幣也跳崖式大貶值，靠政府大力干預才回穩。從1990年代初期即穩定上升的對中國貿易和投資，在1996年夏天突然下降。儘管台灣證券交易所的台股指數被納入了摩根史坦利綜合指數，顯示

外資對台灣經濟投下信任票，仍有些人認為飛彈危機預示了台灣情勢更大的不安定趨勢，開始把資金外移，因此帶來嚴重的資本危機。

飛彈危機對兩岸經濟政策也有重大影響。這時候，很少人認為台灣經濟會被快速成長的中國經濟挾其充沛的勞動力供給，以及日益成長的消費者市場吞沒。此時看來，台灣經濟似乎仍有可能與中國保持距離。認為台灣需要中國以維持其經濟成長的經濟學者居於少數派。北京試射飛彈所體現的中國威脅，使得經濟安全與軍事安全成為所有人心目中的最關注的利益，支持對兩岸經濟關係設限以求降低中國對台灣影響力的民意，也大為成長。

政治環境：發展中民主國家

1988年蔣經國去世後繼任總統的李登輝總統，不到兩年時間就擺脫了國民黨大老的勢力，展現出獨立作風（Dickson and Chao 2002）。李登輝身為黨內少數的本省人之一，擔任中階官僚的表現並不引人注目；幾乎沒有人預料到他有朝一日會成為總統。李登輝在日本殖民統治時期接受教育，赴日本京都大學取得學位後，進入政府擔任公職，後來到美國康乃爾大學（Cornell University）進修，取得農業經濟博士學位（詹火生等人，1994；鄒景雯，2001）。李登輝的宗教信仰虔誠，一度想當基督教長老教會牧師，一直與以主張台灣獨立聞名的長老教會保持密切關係（PCT 2009）。李登輝就任總統及國民黨主席後，首先提議於1990年7月召開「國是會議」，集合各黨各派人士凝聚共識，為內政改革，尤其是為修訂憲法爭取支持。次年，他廢除《動員戡亂時期臨時條款》，這是國民黨政府實施戒嚴及禁止

組織反對黨的法源根據。身為國民黨領導層內為數不多的非外省人之一，李登輝對自己的權力地位其實沒把握，因此藉由在黨內建立起效忠於他的「主流派」，設法鞏固權力。但主張與中國統一的黨員不滿李登輝的領導，對他身為台灣人的出身也有疑慮，他們在1993年脫黨，另成立「新黨」。新的政黨競爭態勢很快白熱化，在第一屆的總統大選提名時，包括李登輝和連戰的「李連配」在內，共有三組候選人是國民黨出身。同時，國民黨也因為與通稱「黑金」、日益猖獗的貪腐與組織犯罪關係密切而走向衰弱。

1995年12月，國民黨在台灣最高立法機關——立法院選舉，和當時負責修改憲法的國民大會選舉中，第一次遭受嚴重挑戰。[3]國民黨在這兩次選舉贏得的普選票都沒有過半數；主張統一的新黨相當成功，一百六十四席立法委員贏得二十一席，民進黨也得到五十四席。而在1996年3月總統大選，民進黨也贏得21%的選票。

雖然國民黨在立法院維持了稍微過半的席次，但1996年夏天，政府預算案難以通過，已證明其支持度明顯下降。國營事業預算案在1997年也一直卡關。[4]立法院表決通過內閣人事案，但是反對票很多，連戰勉強過關，以副總統兼任行政院長——這個僵局經由大法官會議具有創意的釋憲才打破。李登輝在這一史無前例的複雜政治局勢中，力圖鞏固國民黨內以及其他政黨的支持力量。

李登輝在這方面的一部分策略就是透過修憲，擴大總統相對於立法院的權力，以防國民黨失去對立法院的控制，或是他駕馭不了國民黨。[5]現行的憲法並未明確界定行政權屬於總統或行政

院長，以及行政院長主要是向總統負責或是向立法院負責。藉由擴充總統權力，李登輝得以消除憲法上的曖昧不明，並得以削弱他的主要政敵宋楚瑜的地位（宋楚瑜是第一位，也是唯一一位由全省民眾選出的台灣省省長，得票率超過三分之二）。此外，李登輝設法通過憲法增修條文，賦予總統更大權力決定兩岸及軍事政策。不過，立法院保有否決預算案的權力，因而仍可制衡政府其他部門。李登輝依法不能在2000年競選連任，因此在1996年5月之後已經沒有選舉的壓力。但是他有責任要確保國民黨候選人贏得接下來的立委、縣市長與地方選舉，並當選下一屆總統。

　　除了尋求憲政改革，李登輝希望為台灣的對外經濟關係規劃新方向，也希望能為整體外交政策走出新路線。1990年代初期，他集中心力勸說台灣人在國內投資，不要遷移到東南亞或中國等工資較廉價的地點。當情勢變得清楚，台灣製造業者除非找到低成本的生產中心否則無法維持競爭力時，李登輝將路線稍作調整，決心多角化台灣的經濟基地，但也要防堵來自中國的威脅。1993年7月1日，政府推出其振興經濟策略，部分目標是吸引外資投入台灣這個亞太營運中心。經濟部旋即推出「南向」政策，鼓勵台商到東協國家——尤其是越南、印尼和菲律賓——投資，而非中國或是將在1997年回歸中國的香港（詹火生等人，1994）。

　　1994年2月，李登輝發動「度假外交」，一方面是正式確立南向政策，一方面將視角伸向中南美洲和非洲。農曆年間，李登輝夫婦遍訪菲律賓、印尼和泰國，名義上度假，實則推動它們和台灣的經濟關係。這趟訪問帶來一百五十億美元以上的投資。李登輝回國後宣布，台灣人應該走出去，讓全世界認識中華民

國。5月間，李登輝出訪中美洲的尼加拉瓜和非洲的史瓦濟蘭，並參加南非總統曼德拉（Nelson Mandela）就職典禮。前往中美洲途中，李登輝的專機在夏威夷檀香山加油，但是美方不允許他下飛機，使他大為憤怒——美國國會藉機向柯林頓總統（Bill Clinton）施壓，在翌年發給李登輝訪美簽證。

　　李登輝推動台商到東南亞投資，起初相當成功。1995年年中之前，台灣在東南亞累計投資總額有70%是在南向政策宣布後一年內投入。到1995年6月，台灣在東南亞的外人直接投資達到將近二百五十億美元，相形之下，在中國的投資略多於二百四十億美元。政府政策明顯影響了投入最多資金的地點（Sheng 2001）。然而，與東協會員國的經濟關係成長卻未能產生多少政治效益，台灣因此逐漸感到失望。它既沒有建立安全對話機制，也沒有建立邦交，更無法與這些夥伴簽署雙邊自由貿易協定（羅致政，2009：60-61）。除此之外，1997年亞洲金融危機重創了東南亞的經濟，但對中國及台灣的影響相對較小，因此台灣海外投資又被重導回中國。[6]

兩岸關係的開放

　　自從1987年開放對中國經濟關係以來，台灣就一直在調適如何看待這段經濟關係，因為中國並不承認台灣的正當性。雖然台灣要到1990年才開放赴中國投資，但在當年5月，台商投資金額已超越美國和日本的投資。台灣的兩岸經濟政策原本只是權宜式地回應中國一系列倡議所創造出的「中國大陸熱」。現在，李登輝領導的政府第一次試圖以完整全面的視角來構思兩岸經濟政策。

　　中國在1978年啟動改革開放政策後，即試圖以擴大對台經濟關係做為促進政治統合的方法。1979年，北京發表〈告台灣同胞書〉，提議兩岸增進交流與通航、通郵，並制訂《關於開展對台灣貿易的暫行規定》以推動對台貿易。自1980至1984年，北京在汕頭、深圳和珠海設立經濟特區，吸引來自香港和澳門的資金和專業技術；另在台灣海峽對岸的廈門也設立一個經濟特區爭取台商投資。1988年，台灣資本已經大量在沿海地區投資，中國為進一步增加台商投資，又頒布《國務院關於鼓勵台灣同胞投資的規定》。1992年，即天安門危機過後三年，鄧小平高調到華南各經濟特區巡視，展現他繼續改革開放的決心。

　　中國也向台灣發出一系列提倡和平統一但又不排除使用武力的訊息。1982年，鄧小平提出「一國兩制」概念，以備重新建立中國對香港、澳門的主權。中國將保證香港享有高度自治權五十年，最終將賦予全面選舉權，但是主權緊握在北京手中。鄧小平建議將同樣的概念一體適用於台灣（Bush 2005, 36-39）。

　　起先，台灣以「不接觸、不談判、不妥協」的「三不」政策回應這些倡議。但是要求增進經濟關係的壓力太強大。最後，台北在1987年宣布，二十九項農工產品准許自中國進口，而且台灣地區人民可以到中國探視親人。1990年，台北制訂《對大陸地區間接投資或技術合作管理辦法》，允許台灣公司申請准予透過第三國間接赴中國投資，但是條件十分嚴格，使得投資幾乎全走上非法之路。1989年天安門事件後，其他國家投資者快速撤資之際，台灣人則繞過限制，增加到中國的投資；一來一往，台灣向中國的出口大增。

　　但台灣需要做出的回應超乎這些權宜之計。1988年，國民

黨宣布其大陸政策的全面指導方針，總結以「社會、間接、逐步和安全」的兩岸互動來替代先前的「三不」政策。接下來，李登輝在1990年10月7日召集各大政黨和社會團體代表到總統府會商，成立「國家統一委員會」（簡稱國統會），負責起草《國家統一綱領》（簡稱《國統綱領》），代表台灣對中國的正式立場；國統會旋即於1991年3月頒布《國統綱領》。《國統綱領》建議以三階段走向國家統一：建立互惠的交流、建立互信與合作、談判統一。1987年起負責協調規範兩岸交流各政府機關的行政院大陸工作會報，升格為部級的大陸事務委員會（簡稱陸委會）。從此以後，《國統綱領》成為最高指導原則，陸委會成為計畫及執行大陸政策的首席協調單位（MAC 1991）。1992年，國統會宣布，中國在1949年時開始暫時分裂，出現台灣和大陸兩個地區，分別由平等的兩個政治實體統治。許多人將這個說法解讀為結束台灣的「一個中國」政策——原先在一中政策之下，台灣的中華民國政府自認為是代表全中國的唯一合法政府（Copper 2013, 205）。

隨著台商在中國投資項目愈來愈大，也愈趨多樣化，政府宣布經濟與貿易關係不必再間接或偷偷摸摸進行，將可獲得正式承認。1992年，投資中國終於獲准，但只能透過設在第三地的公司進行。投資項目被劃分為允許、禁止或個案審查三大類。這些都規定在《台灣地區與大陸地區人民關係條例》第三十五條（簡稱《兩岸人民關係條例》）。1993年，政府通過新規定，不限制出口，但進口只限「正面表列」上的貨品。配合1994年推動亞太營運中心的計畫，台灣政府擴大允許進口項目的範圍，提高允許投資的金額，並讓申請程序更便捷。

　　但1995年飛彈危機導致政府祭出更多限制，並且更嚴格審批「大陸投資」計畫。大約同一時期，經濟部和國際貿易局起草禁止進口的「負面表列」項目。[7]政府確立三個加深限制的原則：第一，由於中國對台灣持續表現敵意，經濟關係必須考量政治和安全風險；第二，兩岸經濟關係必須互惠互利，不能只對中國有利；第三，台灣應該發展多角化的全球經濟策略，兩岸經濟關係只是它的一部分。這些原則讓國發會更全面地考量兩岸經濟政策，以及為「戒急用忍」政策的頒布奠定了基礎。

北京的對台政策

　　蔣經國過世後，中國曾經試圖尋求和他的繼承人對話的策略，以能夠直達接近李登輝的台灣領導人的新管道，取代過去蔣經國和中共領導人之間的祕密溝通管道（鄒景雯，2001）。最重要的一步是成立兩個半官方談判單位：台灣的「海峽交流基金會」（簡稱海基會）和中國的「海峽兩岸關係協會」（簡稱海協會）。為了替兩會第一次正式會談預做準備，雙方在1992年的初步討論聚焦於中方的要求，即台灣要承諾「一中」原則。按照北京的觀點，這個原則就是台灣最後要與中國統一，中華人民共和國是中國唯一合法政府。後來，海基會和海協會的信件來往過程及內容，在日後被稱為「九二共識」。台灣剛通過的《國統綱領》指出統一仍然是最終目標，它可以承諾某種形式的「一中」表述，但堅持它的版本與中華人民共和國的版本不同，這就是所謂「一個中國，各自表述」（Su 2009, 12-15; Y.S. Wu 2011, 53）。

　　以九二共識為基礎，兩岸1949年以來的第一次正式會談，於1993年4月在新加坡舉行，海基會董事長辜振甫和海協會會長

汪道涵分別代表兩岸出席。但是兩岸會談包括多層級的會議和諮商，由於涉及許多困難的政治和經濟議題，很快即陷入停滯。政治談判方面，因中國對台灣拒不接受其「一中」原則定義而強烈反彈，將之解讀為台獨趨向的反映，並決心不惜代價予以壓制，讓談判更為艱難。

北京的擔心並非空穴來風。它一直很關切台灣的民主化；民進黨的合法化及崛起，以及國民黨地位下降，似乎證實中國最不樂見的情況。中國共產黨過去雖然熟悉蔣經國及其家人，但如今卻要想方設法和新上任的台灣領導人溝通。李登輝是個留美回國的農業經濟學家、本省人，又是在日本唸大學的畢業生，日語說的比「普通話」還流利，顯然不是一個容易對付的人。中國對於李登輝的不安是可想而知的，它也很快就導致一連串危險的連鎖反應。

中國首次注意到李登輝的挑釁傾向，是1994年他接受日本刊物的專訪，提到有別於中國的「台灣人的認同」。[8]這段評論乃是基於他早先的口號「台灣優先」，以及他呼籲所有的台灣人要擁抱他們獨特的「命運共同體」。[9]大約同一時候，二十四名台灣遊客在浙江千島湖遭到謀害，地方官員處理案件的態度讓台灣人對中國的印象大翻轉，而李登輝重新沿用國民黨傳統的說法罵中國政府是「土匪政權」，使北京更加惱怒。

中國開始顧慮到它和李登輝的分歧不只是談判細節問題，而是根本上的矛盾。李登輝曾經是共產黨員，又長期加入國民黨，起初看來政治觀點和蔣經國一樣。但是他也是台灣人，隨著台灣走向民主，與中國互動持續增加，他公開主張台灣人需要討論他們的國族認同，以及長久以來動盪的歷史，並提出警告說，國民

3 | 戒急用忍 103

黨版本的國族認同——台灣人是中國人,且「台灣史」要從國民黨1949年來台之後起算才有意義——並不代表台灣人民的意志(李清如,1999;若林正丈,1998)。北京立刻意識到,相較於中國和台灣之間國族認同的根本差異,國共兩黨在歷史上的權力鬥爭反而只是小問題。中國不清楚的是,究竟李登輝是否真的如他所宣稱般代表大多數民意,或者他說的認同政治僅是一種爭取政治利益的口號和策略而已。如果是後者的狀況,要制止是相對容易的(Kuo 2002)。

起先,中國採取修好的做法。1995年1月,江澤民發表「江八點」向台灣伸出橄欖枝,呼籲兩岸終止敵對。其重點即是籲請台灣以「一國兩制」的香港模式與中國統一。李登輝於同年4月發表「李六條」回應,他同意終極統一——但是雙方必須先共同承諾落實民主。中國共產黨領導人完全無法接受這個條件。更嚴重的是,李登輝拒絕了北京所認為的善意動作,讓中國強硬派認定現在應該展現實力和決心了。

1995年6月,李登輝在康乃爾大學發表演講(下文還會詳細討論),進一步呼籲中國尊重台灣的民主價值,提醒它台灣有意維持與中國的分立,直到中國民主化為止。中國內部政治不允許中國共產黨領導人袖手旁觀。新華社和《人民日報》發表八篇共同社論,指控李登輝是分裂主義者(Tien 1996)。接著,中國自1995年8至11月在台灣海峽進行四次飛彈試射和軍事演習,同樣戲碼又在1996年3月——即台灣總統大選之前——上演。中國的目標是嚇阻李登輝再發表其他任何台灣國族主義的聲明,抗議他訪問美國,同時也想影響立法委員和總統選舉的結果,尤其是降低李登輝和民進黨的民意支持度(Goldstein 1997)。

　　北京試射飛彈對台灣國內政治產生的效應與北京的期望背道而馳，反而顯示人們的分離主義情緒持續上升。李登輝雖然得票率只略過半數，但他勝過得票居次的民進黨候選人近三十三個百分點，獲民眾擁戴而當選連任。次年的縣市長選舉中，民進黨在「綠色執政，品質保證」的口號下，在全台贏得過半縣市長席次，重創國民黨，史上第一次在地方公職選舉取得勝利——包括首都台北市長。這樣子的劇變讓中國完全措手不及。北京擴大了他們的戰線，不僅抨擊李登輝，也積極對抗如今顯然已變得更加險惡的民進黨。

　　不僅如此，台海危機也在國際戰線上替中國製造負面結果。眼看台灣受到中國直接軍事威脅，法國和美國都出售先進武器系統給台灣。更糟的是，日本同意把台灣列入1951年即簽署生效的《美日安保條約》所界定，受到美、日共同防衛的「日本周邊」地區之內。這些事情都發生在香港準備於1997年7月回歸中國，澳門也即將在1999年回歸的前夕。中國希望港、澳兩地回歸有助於推銷「一國兩制」模式，卻一再被台灣斷然拒絕。

　　中國也升高對國際社會的壓力，企圖從外交上孤立台灣。李登輝發動「彈性外交」的政策，暗示台灣樂於與承認中國的國家建立邦交，但中國當然不允許其他國家這樣做。早在1993年11月，中國就阻擋李登輝參加在西雅圖第一次舉行的亞太經濟合作會議上的領袖峰會（APEC Economic Leaders Meeting, APEC Summit）。它也輕易地擊退自1993年開始，台灣年年叩關想要重返聯合國的努力。整體而言，它成功地把與台灣維持外交關係的國家，由三十個降為二十六個。韓國1992年捨棄台北、轉而承認北京之後，中國下一個大獎就是1998年爭取到對台灣來說

最重要的「邦交國」之一——南非的外交承認。

　　雖然中國在1995年後大體上採取強硬姿態，運用這些方式對付台灣問題，它偶爾也針對台灣企業及美國有少許示好動作，期望降低李登輝在國內外的支持。1997年，中國共產黨召開第十五次全國代表大會（十五大）後，江澤民積極尋求與美國建立「戰略夥伴關係」，確保美國反對任何走向台灣獨立的趨勢。此外，北京提供更多獎勵，讓台灣企業違抗政府限縮的經濟政策；爭取的對象包括支持國民黨的「親藍企業」，以及某些較為支持民進黨或本土經濟發展、但也希望到中國經商的親「台」集團，如台塑集團、統一集團和長榮集團等。中國政府甚至支持長榮集團向日本提案開闢台灣與大阪的航線。

華府的對台政策

　　美國在這個階段的兩岸關係中扮演異常重要的角色。1994至1997年期間，美國對中國政策逐漸從對抗轉向接觸與交流，結束1989年天安門危機所導致的疏遠政策。中國正在學習與難以預測的台灣國內政治搏鬥；美國也在學習平衡對台灣的安全承諾，以及在中國持續成長的經濟及地緣政治利益。雖然北京和華府之間的關係仍然易引起緊張，但中國經濟的崛起已開始發揮影響力。柯林頓總統的國家安全顧問、國務卿和東亞太平洋事務助理國務卿全都認為，美國對人權及台灣安全的承諾，必須與美國在中國持續成長的經濟和戰略利益當中，兩相權衡（Tucker 2005, 195-200）。

　　為了應對一部分這日益棘手的兩難，柯林頓政府全面檢討美國和台灣的關係。雖然1994年的「對台政策檢討」（Taiwan

Policy Review）稍微提升了台美關係的某些層面，柯林頓政府仍設法向北京擔保，它對台灣的基本政策沒有改變，也不會允許台灣總統入境美國（Kan 2014a; Pollak 1996）。但在檀香山過境事件後，國會強大的抗議力道迫使柯林頓發給李登輝總統入境簽證，到母校康乃爾大學接受榮譽博士學位。柯林頓固然是迫於國會一面倒的壓力，但是據報導，他也被中國對這個議題的激烈反應刺激，而認為給李登輝簽證是件光榮的事。[10]

1995年6月，李登輝終於成行訪問美國，這是台灣1979年爭取到美國國會通過《台灣關係法》（Taiwan Relations Act）以來最重要的外交成就。[11]然而，李登輝政府為這一成功付出沉重代價，與白宮出現信任危機。雖然柯林頓同意李登輝到訪，他和幕僚都覺得李登輝動員了國會議員來爭取簽證，逼得行政部門不得不從；他們也不滿李登輝在康大演講的部分內容具有挑釁中國的性質。柯林頓由此對李登輝感到不放心，一直持續到李登輝卸職下台。李登輝在回憶錄中描述，他的政府和美國的關係是「緊張」的，這也反映出日後每任台灣總統和美國政府之間都存在的互信問題，而美國卡在「兩個中國」之間也很為難（鄒景雯，2001，311）。

簽證風波下，北京取消多項官方訪問美國的計畫，並指控華府推動李登輝的分裂主義行動，分明是要圍堵中國。柯林頓設法安撫中國，寫了一封信承諾不支持台灣獨立，但是中國不相信美國決心夠堅定、會制止台獨趨勢（Kan 2014a）。

中國在1995年夏季和秋季實施一系列軍事演習之後，華府派出航空母艦尼米茲號（USS *Nimitz*）及其戰鬥群穿過台灣海峽前往香港，展現它對台灣的安全承諾。中國在1996年初發動十

五萬人的大規模軍事演習，隨後又向靠近高雄和基隆的國際航道發射東風十五型飛彈，直接挑戰華府對台灣的防衛承諾。美國國防部長威廉・裴利（William Perry）告訴中國國務院外事辦公室主任劉華秋，針對台灣的這類舉動是對美國利益的威脅，暗示美方可能以武力做出反應。美國再次派出尼米茲號，又從日本加派獨立號航空母艦（USS *Independence*）戰鬥群，這下子中方不再發射飛彈，但是美中台關係再次劍拔弩張，這樣的狀況是1970年代以來首次出現（Tucker 2009, 223）。

國家發展會議

　　雖然總統有極大的憲法權力決定兩岸政策，李登輝理解他仍需拉攏民進黨，才能通過他所設想的修憲案。因為民進黨在當時仍然重要的國民大會掌握30%議席。但要怎麼做才是最佳策略？

　　李登輝首先諮詢最親信的幕僚的意見，其中包括國民黨大掌櫃、黨營事業投資管理委員會主任委員劉泰英，以及國策研究院院長田弘茂。[12]這個親信圈子人數極少，李登輝的許多政策一宣布時都讓行政院嚇一跳，因為內閣常常都很慢才得知他的決定。這一次，李登輝向幕僚們強調，相較於統一作為長期目標，政府政策須以奠基於台灣當前的利益為重，他把重點轉到兩岸關係這個問題上（Myers, Chao and Kuo 2002）。

　　國策研究院文教基金會的雙周刊登出了建議台灣降低對中國市場的依賴的文章，由於此刊物極有可能是從李登輝和親信幕僚談話中取材的，因此預告了接下來即將被稱為「戒急用忍」的政

策。[13]文章說，對中國更大的依賴，會使北京對台掌握過多的影
響力——由於中國政府對台灣採取強硬路線，這樣的局面尤其危
險。雖然經濟部、經建會和行政院長連戰全都力主兩岸經濟政策
更加開放，李登輝決定往相反方向走，再次只和親信幕僚討論而
不與相關部會或人士事先諮商，即宣布更加限制的政策。

　　1996年9月的「全國經營者大會」上，李登輝宣布台灣和中
國的經濟關係不應該過於急躁，應採用「戒急」、「用忍」原則
來因應兩岸關係。此後這個政策即被稱為「戒急用忍」，其實李
登輝完整的口號是「戒急用忍、行穩致遠」。這句話暗示他的目
的不只是限制，還要有效規範，由此盡可能提高台灣的長期優勢
（張銘斌，2014）。

　　起先，李登輝對前往中國投資抱持開放態度。他在第一任期
內展望台北可做為大中華經濟體的中心（Harding 1993）。直到
1995年，李登輝仍然冀望台灣可以做為跨國公司擴張、進入中
國的完美基地，採取的是經濟整合，而非孤立的策略。

　　但李登輝的立場逐漸轉變了。1994年，他提倡南向政策，
試著把投資引導離開中國，但對於採取行政措施逐行限制仍有所
遲疑。然而，中國試射飛彈後，李登輝決定他必須制止從經濟上
把兩岸結合在一起的過程，並在這樣的經濟限制政策上獲得廣泛
支持。

　　在全國經營者大會宣布戒急用忍政策後，李登輝需要有個合
適的論壇，讓各政黨及利益團體來支持他的決定，並發表他的憲
改議程。

　　討論兩岸政策可供選擇的官方論壇是國家統一委員會或國家
安全會議（簡稱國安會），不過這些政府機關沒有包括民進黨。

而民進黨依照它的台獨黨綱，也拒絕參加以統一為目標的任何委員會。此外，國統會和國安會主管的是兩岸關係和國家安全議題，也不適宜討論李登輝有意提出的大規模憲改議題。

李登輝因此在1996年決定召開國發會，這個跳脫既有體制架構的會議，可以包含政府內外組織，類似1990年的國是會議。當年那個相當成功的國是會議是李登輝第一次嘗試把不同的觀點集合於一堂，以用來重新建構政治制度。

雖然批評者將國發會比喻為李登輝用來讓國民黨及在野黨做橡皮圖章、為他的政策背書的工具，但國民黨、新黨和民進黨參加這樣一個全國論壇，都各自可以獲得一些好處（Chu 1999）。1995年立法委員選舉頗有斬獲的新黨，在中國第二輪試射飛彈後，不願被認為是偏向統一的；民進黨則承受不起就是因為它的台獨言論才引爆飛彈危機的罪名；國民黨則需要在下一屆立委選舉前鞏固好本身的陣腳。許多觀察家注意到，朝野黨派間的共識是有可能達成的，因為「各種危機使得菁英們有急迫感，覺得需要找出一條路走出國族認同的僵局，國是會議沒有要解決這個難題，但如果台灣想要成為穩定的民主政體，它就至關重要」（Huang, Lin and Higley 1998, 156）。參加會議的一百七十位代表來自產官學各界和各個政黨，包括台積電董事長張忠謀、宏碁電腦董事長施振榮，和好幾位頗受尊重的國營事業負責人。

新黨和民進黨這兩個日益壯大的政黨肯參加，是國發會成功的必要條件。新黨因為同意李登輝提議的兩岸政策而出席預備會議，但只開了一天會就退席，原因是不同意李登輝提議的修憲案，包括派任行政院長不需立法院行使同意權，並給予總統解散國會權力。[14]新黨認為李登輝意在擴充總統職權，特別是李登輝

決定廢除省政府——省長一職當然也就消失；同時，當時的民進黨因為主張台獨而支持廢省，在這個議題上與李登輝合作，這更讓新黨認為是一個危機。

　　民進黨自從1990年的國是會議後就參與全國性的政策會議，它在國發會召開之前開始探討黨的中國政策定位，但是派系對立阻礙了討論（Rigger 2001）。民進黨的極左派黨員震驚地發現，黨主席許信良對中國政策採取務實立場，而且願意與最支持統一的新黨和國民黨合作，共同制訂新的兩岸經濟政策。民進黨內由此產生的意見分歧相當深刻，甚至造成主張獨立的極端派，於1996年10月分裂出去另組建國黨，推舉1996年民進黨總統候選人彭明敏為主席（T. Wang 2000）。派系分裂持續干擾民進黨發展其中國政策的嘗試，但是部分極端派的脫黨，卻方便了民進黨溫和派在國發會期間和其他與會代表更親密合作。[15]

　　最後，國發會通過由李登輝提議的一些重大憲政改革方案，終於可以提請國民大會及立法院同意。在這些改革方案下，總統取得提名行政院長不需立法院同意的權力，另在某些條件下總統也可以解散立法院，不過立法院仍有權通過不信任案罷黜行政院長。立法委員總額由一百六十四席擴大為二百二十五席，任期也由三年改為四年；原本採取複數選區單記投票制（一個選區選出多席立委，每人投一票）的選舉制度，改為單一選區（每區一席）的區域立委，另外加上政黨依得票率比例分配全國不分區立委的（並立式）混合式兩票制。此外，經過一段激烈的公開辯論，國民大會在1997年5月同意爭議極大的「精省」案，實質上將台灣省政府降級。

　　國發會大部份聚焦於政治改造，關於兩岸問題的議程反而爭

議較少。在會期五天當中（1996年12月23至27日），共分成三個小組：憲政改革、經濟發展和兩岸政策。雖然與會代表們對國內政治改革意見深刻分歧，但大多數人都同意，為了防堵中國的威脅，台灣必須對兩岸經濟政策施加限制。李登輝的戒急用忍政策並未出現遭受反對的跡象，就連原則上支持統一和開放兩岸交流的新黨也並不反對。身為民選公職人員，新黨立委不能接受中國對台灣安全的進一步侵犯，也不能容忍北京攻訐台灣的民主體制，因為新黨立委的權力即源自於民主選舉。民進黨方面，大多數支持對中國進行更多限制的政策；會議期間，它樂於同意國民黨提議的細節，以便讓民進黨的修憲提案也能納入考量。國發會對於兩岸經濟政策宜增多限制的跨黨派共識，反映出台灣國家安全優先於其他任何經濟目標獲得一致的認同。

　　國民黨和民進黨領袖也在國族認同相關的重要議題上意見一致。國發會提出幾個指導未來五年兩岸關係的原則，並由政府接受。其中一個重要主題後來被稱為「台灣優先」，包括維護台灣主權，促進台灣人民福祉，堅持中國要相互尊重。基於這些前提條件，自由化和全球化的進程即可向前推進（MAC 1997）。

　　此外，會議宣布，中華民國是個主權獨立的國家，海峽兩岸是對等政治實體，台灣不是中華人民共和國的一部分，而且台灣應以爭取加入聯合國為長期目標。因為與會代表都反對台灣接受香港的「一國兩制」模式，所以會議對香港即將回歸中國的討論相當有限。[16]

　　民進黨和新黨都要求李登輝成立跨黨派委員會監督兩岸關係。國民黨反對這項提議，理由是總統應獨享決定兩岸政策的大權。對李登輝總統而言，國發會的共識已經非常能夠滿足選民對

於跨黨派協商的要求。不過，最後他還是同意成立一個諮詢委員會，以研究兩岸關係，以及憲政改革和國內經濟發展。諮詢委員會將包含各黨派及公民社會代表，做為國統會的替代方案——國統會的目標是在國民黨政府領導下策畫統一，而這已經是個不切實際且過時的觀念。

陸委會原本是做為執行涉及中國法令的協調單位，在國發會後取得更大的領導角色，包括評估及界定何者合乎台灣安全利益，以及設定兩岸關係的方向和步調。在陸委會領導下，經濟部開始依據台灣優先原則，擬訂限制西進投資、鼓勵南向投資的指導方針。新策略要管制在基礎建設和高科技領域的大型項目和策略性投資，但放寬屬於較不敏感領域的商務和技術交流。

1997年，經濟部發布一套台商赴中國投資的新規定，它後來成了對《兩岸人民關係條例》第三十五條的修正案。[17]所有的對中國投資仍然劃分為「准許」、「禁止」及「有待政府核准」三大類，但隨著大型基礎建設項目加入禁止之列，更多產業受到禁止。新的限令最明顯的是，禁止水壩、發電廠、公路等資金密集項目，並規定超過五千萬美元以上的大型項目全需取得政府審批核准。[18]公共基礎建設投資受到禁止，並非由於它們阻礙了台灣的經濟成長，而是因為它們支持了中國的經濟發展，與台灣利益不符（陸委會，1999）。還有一份很長的清單規定需要特別審查的項目，但是審核的標準卻沒有明訂。

不僅如此，投資的上限也被降低。一般公司可以到中國投資，但公司愈大，准許投資額占其資產淨值的百分比就愈低。民營企業的限額是20%至40%；公營事業是20%。它後來被稱為「四成資產淨值規定」。再者，除非特准，任何項目投資金額

不得逾五千萬美元。最後，某些特定產業和項目需要取得特准的話，必須符合十一項標準。最後這項規定使得申請程序十分繁瑣，尤其對大型企業或上市公司而言。

採行戒急用忍政策後的其他相關措施，包括未能及時申報投資的公司將會受罰，以及進一步限制在中國成立投資公司。經濟部投資審議委員會甚至派員查核少數幾家大型公司在中國的活動，例如台塑集團漳州計畫，做為對其他公司的警告（嚴重光，2014；張銘斌，2014）。因此之故，許多台灣企業開始延後或取消在中國投資基礎建設項目，以遵行禁令。一年之內，台商在福建的投資額下降三成。

大部分台商盼望此一政策只是對中國試射飛彈的暫時性反應，他們也受到副總統連戰在總統大選時所提出的承諾鼓舞；連戰宣示，這些限制並不是永久性的，需視中國對台政策而定。他強調，如果兩岸關係進一步改善，台灣投資人在中國的權益得到保障，限制的政策可以調整。[19] 連戰一番話意在安撫台商，但他們若知道這類決策有些要到2001年後才會反轉，而且許多項「禁止」類要維持到2010年通過ECFA之後才會廢止，他們勢必會相當失望。

李登輝大讚為期五天的國發會是「台灣史上最成功的一次」。[20] 這不足為奇，因為他已經達成了一切目標：他贏得限制赴中國投資的政策支持；允許民進黨在政府裡可以有其角色，也使李登輝確保了擴張總統權力並實施精省（包括廢除頗受民意支持的民選省長）所需的支持。[21]

民眾對國發會的反應

　　儘管國族認同的高度爭議，使得人們原先以為對中國的經濟政策必須在開放和限制兩個極端間做選擇，國發會宣布的加強限制政策其實獲得了民眾的高度共識及支持，至少在施行細則公布之前是如此。李登輝宣布戒急用忍政策的次日，各大報的頭版新聞皆給予贊同的報導，儘管這也有一部分反映國民黨繼續控制著媒體。《中國時報》頭版有篇文章標題是「因應當前兩岸關係 李登輝期國人戒急用忍」，副標題很冗長，大意是指「中共刻意採取『以民逼官』、『以商圍政』手段施壓　企圖提昇台灣社會焦慮感　我須審慎處理」。[22] 民進黨和新黨都發表聲明支持國發會的決議。

　　採行戒急用忍政策後，民調顯示民眾普遍關心與中國經濟整合深化這個議題（陸委會，1997、1998、1999）。1997年2月，支持比戒急用忍政策更緊縮限制的人有55%。支持禁止投資發電廠和半導體製造業等策略性投資者本來已經很高，更在1997年5月升高至將近70%，在1998年將近78%；支持限制五千萬美元以上大型投資案的民眾，在1998年及1999年都維持在60%以上（陸委會，1997、1998、1999）。

　　國民黨和民進黨在國發會上的共識（以及新黨對兩岸議題的共識），在民主轉型國家中非常不尋常。有學者們如此形容：「團結的政治菁英和鞏固的民主政府之崛起，在台灣格外地明顯與戲劇化……在他們……處理核心爭議，以及互相讓步並達成一致同意的憲法修訂及政治變革上……這兩個菁英會議的成就在亞洲各國無人堪可比擬」（Huang, Lin and Higley 1998, 163）。

國發會對兩岸政策的共識，其重要性怎麼高度評價都不過分，尤其是「依據『台灣優先』原則」訂定中國政策最難能可貴（T. Wang 2000, 175）。然而，回顧起來，國發會是政府最後一次能在兩岸經濟政策方面讓各方達成政治共識。事實上，會議才剛落幕，執行戒急用忍政策時隨即出現爭議。1996年的國發會在國民黨和民進黨背書下，成功地通過兩岸新政策，但是這種程度的跨黨派合作在日後就益發困難。

四大意見集群

　　國發會不尋常的成功另有一個跡象，就是戒急用忍政策出人意料地並未立即引發公開辯論。部分原因是會議的重點擺在國內政治改革，而非兩岸關係。即使討論到兩岸經濟政策，支持對中國限制的人也主宰了討論。

　　中國決定以飛彈試射和其他軍事演習對台灣施壓，造成民眾公開傾向對中國經濟設限。支持統一及獨立這兩個不同立場的死硬派，聯手反對中國動用武力，認為台灣應該設法更加掌控自己的政治與經濟命運。這是新黨唯一一次和民進黨聯手合作。《澳洲人報》（*Australian*）報導，儘管各方對台灣與中國長期的統獨立場有不同的意見，國發會發出團結一致的訊息：台灣不是中華人民共和國的一部分，而且台灣人反對「一國兩制」框架。[23]

　　然而，仔細分析國發會這段期間政府與非政府各方的聲明，其中透露出各式各樣的觀點，有些觀點對於限制台灣與中國的經濟關係十分懷疑。這些觀點雖然在會議結束後的當下相對未受關注，重要性卻在日後日益增加，因為當政府試圖執行它以為已獲

得穩固支持的戒急用忍政策時，卻遭遇比預期更大的反對。

嚴格限制

戒急用忍政策反映出的是我們稱做「嚴格限制派」的意見集群。不出所料，由於政策是由總統府制訂，主要支持者是政府相關部會，尤其是陸委會和經濟部，也得到中華經濟研究院等主要智庫的支持。他們的主要論據是政治性的，強調保衛台灣主權，以及在推動與中國更進一步的經濟相互依存之前，先為台灣爭取時間發展民主的重要性。

1997年4月，經濟部和中華經濟研究院舉辦一場產官學研討會，討論兩岸貿易和產業政策。會中，經濟部宣布「合理限制赴大陸投資、逐步開放兩岸貿易」。在可預見的未來，這仍是經濟部的立場。[24]經濟部代表形容，由於台灣仍享有貿易順差，投資是比貿易更棘手的問題，但他們也主張對前往中國投資設限的政策會帶來經濟利益，並促進國家安全。

張榮豐是中國經濟問題專家，李登輝時期擔任國統會的研究委員。他承認台灣和其他所有國家一樣，必須參與全球化，但由於經濟規模相對小於中國，也因為中國的政治目的，而需要有效的產業計畫。在當下，他認為隔離台灣是爭取時間發展法治與民主，並爭取國際承認的上策（張榮豐，2008）。

除了政府官員，李登輝也獲得若干知名學者支持其南向政策及戒急用忍政策。台灣經濟研究院陳博志稱讚國發會諮詢了眾多社會團體才訂出限制政策。[25]除了國民黨的劉泰英、國策研究院的田弘茂以外，李登輝最親信的顧問還包括美國布朗大學教授高英茂、在日本任教的戴國煇，其中許多人呼籲企業界要注重台灣

長期國家利益，從南向政策開始，支持李登輝的限制政策（詹火生等人，1994：83-88）。他們非常有影響力，經常被認為代表總統在傳話。[26]

宗教團體在台灣的民主發展歷程也一直扮演重要角色，李登輝是台灣基督長老教會的信徒，長老教會因戒急用忍政策涉及到主權問題而支持它。1991年，台灣基督長老教會發表公開聲明，宣稱台灣是個主權獨立的國家，台灣和中國是兩個國家。1994年12月，受北京監督控制的中國基督教協會發表聲明，宣稱「台灣是中國的一部分」時，台灣基督長老教會立刻予以駁斥：

> 台灣基督長老教會秉持信仰，認同台灣，並與台灣人民一起經歷被殖民統治的痛苦……人民是國家的主人；台灣人民根據過去的經驗和現存的事實，主張「台灣是台灣，中國是中國」，「台灣與中國是兩個不同的主權獨立國家」，正顯示台灣人民有權決定其國家的命運，而當台灣人民透過和平方式決定國家前途時，希望國際社會尊重之（PCT 1994）。

民進黨內的新潮流系擁護對經濟的嚴格限制，乃是基於他們相信經濟發展是促進國家安全的手段，戒急用忍則能透過降低對中國依賴而促進經濟成長。新潮流系和美麗島系是創立民進黨的兩大派系，新潮流系成員通常受過高等教育、嚴守紀律、意識型態強烈（Rigger 2001, 72-73）。新潮流系由於充滿左翼意識型態，又專注主權和社會福利議題，是民進黨外交政策辯論的幕

後推手。[27]1998年2月，民進黨召開為期三天的會議，各派系領導人聚焦於新潮流系強調追求經濟發展不依賴中國的「強本」政策，以及與之相對的美麗島系許信良主張增進與中國經濟往來的「西進」政策之間，試圖達成兩岸政策共識。[28]林濁水等新潮流系領導人循現實主義邏輯，認為台灣需要經由更深度整合進入國際經濟體系、降低對中國的依賴，以強化對抗北京的槓桿力量（參考資料同上，130-31）。新潮流系領導人認為兩岸經濟政策的開放只應該「逐漸增加動力」，因為它會鼓勵資金外流、阻礙成長及掏空台灣的產業實力，損害台灣的國家安全（柳金財，1998：217）。新潮流系主張暫緩和中國談判，因為美國對中國政策也處於「圍堵」模式。

　　企業領袖不論有多麼勉強，一般都默認李登輝的政策。宏碁施振榮和台積電張忠謀，偕同幾位學界代表在國發會前夕召集一項非政府的經濟會議，以便為李登輝即將提出的議案凝聚支持力道。[29]他們和各個產業公會團體都沒有強烈反對政府政策。雖然起先他們對這些議題意見不一，但許多公會不是被政府的論據說服，就是覺得反對政府政策太危險而噤聲。民主化才剛開始啟動，如同這個時期台灣的其他的非政府組織，公會團體才正要開始演進成為真正自主的利益團體，黨國強烈控制的傳統仍然很強大。如同日本及西歐一些小國家曾見的統合主義（corporatism）一樣，國民黨和國家機關仍然保持對重要的職業團體，如商會、工會、農民信用組合等的控制，影響他們推選領導人，也介入其活動（Tien and Cheng 1999, 46）。

　　力霸集團總裁王又曾是全國商業總會理事長，他發表了一篇「根留台灣、心在台灣」的演講，公開支持戒急用忍政策。王又

曾呼籲企業界珍惜台灣得來不易的民主和經濟發展，不要遷廠到海外，投資中國時也要謹慎。[30]在短短幾星期內，絕大部分工商團體都接受李登輝的議程。國發會過後，中華民國工商協進會、全國工業總會和全國商業總會等三大工商團體聯合舉行一項研討會，把聲勢推到極致，力促全國工商企業支持戒急用忍政策。

溫和限制

　　雖然絕大多數民進黨人支持戒急用忍政策，仍有少數人贊成與中國更進一步發展經濟關係，只要它還歸屬在「台灣優先」的原則下就行。這些民進黨要角認為，某種程度的開放其實可以增進台灣的實力，只要它由強大的政府以一貫的策略指導就行。挺諷刺的是，這一派主張最著名的發言人是民進黨主席許信良，他在1996年12月——即國發會召開前——的民進黨會議上提出他的觀點。他的觀點以「大膽西進」為主旨，並且在民進黨1998年的中國政策研討會上進一步討論。[31]支持許信良主張的黨員不多，但他的主張刺激全黨熱烈辯論。

　　許信良認為台北方面如果能夠就經濟到主權等綜合議題，與北京談判成功，台灣就可以避免陷入不利地位，因為國際社會已經愈來愈接受中國所謂擁有台灣主權的主張。他認為擴大和中國的經濟關係是強化台灣經濟和政治地位的一種方法，讓台灣做為中國與世界的引水道，並使台灣、中國企業和外國的跨國公司結盟，這可以阻止中國的擴張意圖。然後台灣的科技也可升級，維持住對中國的競爭優勢。他也看好台灣和中國加入世界貿易組織，希望它能防止北京利用台灣對中國的經濟依賴。由於新潮流系強烈反對，中國政策大辯論的結果沒有支持許信良的主張，但

同意達成部份妥協，兼取兩派口號，改成「強本西進」。許信良
繼續主張和中國直接通航、通郵，直到1998年11月被自己的黨
要求停止這樣的主張，指控他傷害民進黨在地方選舉的表現。他
後來辭職並退黨，於2000年競選總統，其副總統候選人搭檔是
新黨籍的朱惠良（許信良，2013）。

適度開放

雖然安全是四個意見集群都關切的議題，但適度開放派更加
重視成長和確保台灣在國際市場的地位。他們也沒有太強調其他
的經濟利益，如平等和穩定。

適度開放派不僅比起許信良等溫和限制派更希望與中國市場
來往，他們的動機也不同。許信良希望台灣利用中國充沛的勞動
力和巨大的市場，以強化台灣面對中國及世界時的談判地位。相
較之下，國民黨內的適度開放派，例如連戰和經濟部長江丙坤也
有這樣的觀點：如果管控得宜，與中國的經濟關係將是台灣經濟
發展的關鍵；但是他們強調的是成長和效率，尤其是民間部門方
面，而非增進台灣的安全或其國際地位。譬如，江丙坤在1994
年說，他支持直接通商、通航，但是當時這種觀點被視為太激
進，因此他被迫收回。[32]

台灣企業界，尤其是已在中國投資的大型企業，基於商業考
量大都反對戒急用忍政策。原本不往中國擴張、忍受政策犧牲的
企業，現在開始主張在中國市場取得一席之地將有助於台灣在全
球經濟的地位。在一個痛恨中國軍事活動、又長期習慣於支持政
府重大決策的政治環境裡，很少有企業領袖願意公開挑戰戒急用
忍。已在中國投資或有心繼續進一步投資的業者，遂暗中進行，

以期能迴避主管機關的注意。某些企業家個人——譬如半導體業者——開始悄悄赴中國探路進行策略性投資。其他願意冒風險的業者，從筆記型電腦組裝廠到製鞋業，利用境外資金，或者是各種方式繞過限制，把資金從台灣移向中國（柳金財，1998）。譬如全世界最大的製鞋廠寶成集團及其香港附屬公司裕元，躲過台灣禁止投資銀行業的規定，祕密取得特許，間接投資上海華一銀行；這件事直到1997年外界才知道。[33] 然而，到頭來，大多數的大型公司無法規避嚴格的管制，下文將談到的台塑集團個案即是例子。小型民營企業開始悄悄遷往中國，但是中國渴望得到的台灣大型策略性投資已經不可能了。

廣泛開放

支持廣泛開放的這一派人士通常以經濟理由維護他們的立場，引述自由貿易哲學，或強調台灣會得到的好處。但在提出減少限制與立刻開放市場主張時，他們的動機卻主要是政治性的，許多人認為他們對統一的偏好表露無疑。

某些媒體集團（其中許多與國民黨某些特定派系有關聯），開始批判他們所謂戒急用忍政策的危險。主張統一的新黨起先雖同意國發會有關兩岸政策的決定，這時卻結合《聯合報》發行人（代表國民黨的保守派），表示反對投資政策如此突然改變，認為它會妨礙台灣的成長。國民黨黨報《中央日報》則替戒急用忍辯護，解釋說李登輝仍有意達成統一，但在中華人民共和國使用武力恫嚇後，現在主張要漸進、小心。[34] 然而，到了1997年4月，懷疑者開始指控李登輝和支持他的國民黨黨內「主流派」對統一只是口惠而實不至。統派大部分是具有外省人背景的國民黨

老黨員，他們認為李登輝政府透過限制性的經濟政策破壞統一的進程。支持終極統一的《聯合報》特意凸顯新黨的說法，將戒急用忍指為「經濟的白色恐怖」。[35]

　　台灣的企業集團如寶成鞋業和食品業龍頭統一企業，都受限制而無法大舉在中國投資。但由於少有人公開跳出來與政府爭論（顧渝生，2007），民間企業對戒急用忍最強烈、最有組織的異議來自台北市美國商會（American Chamber of Commerce in Taipei, AmCham），它發表白皮書公開批評此一政策。[36]台北市美國商會的會員有很多是在台灣的跨國公司，大部分由台灣國民擔任出席代表，這些人的政治立場及政黨屬性從深藍到深綠都有，涵蓋所有不同黨派。台北市美國商會會員支持開放對中國貿易——也就是「自由貿易、法治，以及降低管制和任何保護主義」——不過他們對最合適的開放速度意見未必一致（Vuylsteke 2009）。台北市美國商會在台灣歷史悠久，與華府保持深刻關係，它向台灣歷任政府都爭取自由貿易。此外，它也遊說華府向台灣施壓，促其放寬兩岸經濟政策。

　　新黨是台北市美國商會最強大的國內政治盟友，還有一些無黨派立委，他們主張廣泛開放。新黨由於無法為自身提議的改革爭取到任何支持，而退出國發會，以示反對國民黨及民進黨聯手廢省。但是他們的親統立場在許多選民心目中產生深刻的不信任感，造成它在1998年1月的選舉得票率不到1%（新黨，「本黨歷史」）。

　　知名評論家李敖也就限制性經濟政策的長期影響提出警告。他同意許信良的觀點，即台灣應該在經濟上與中國盡量靠近，以便在日後與中國政治攤牌時占到上風（李清如，1999）。李敖認

為戒急用忍是辦不到的，形容它是「鴕鳥」政策，因為台灣政府只想躲避中國，但商人比政客聰明，早知道要先去市場卡位取得商機。李敖認為，兩岸關係是一種「消耗戰」，台灣等得愈久，影響力就會愈小。但因為他的著作充滿著大中國意識，所以這樣的立場得不到太多迴響。李敖也不諱言，統一是他支持經濟整合的原因。

　　總之，在這個階段，儘管廣泛開放派經常援引經濟理由主張開放，但驅使他們的主要仍是對終極統一的偏好。不可否認，這一意見集群裡有少數人，如台北市美國商會，純因商業考量而主張，也有人贊成開放是因為覺得這會強化台灣面對中國時的地位。但他們絕大多數人擔心李登輝正在拋棄統一的目標。雖然長期統一的目標在這個階段仍獲得相當大的支持，但因飛彈危機的影響，廣泛開放派普遍遭到關心台灣安全的人士懷疑。

產業個案研究：台塑集團及漳州計畫

　　為了爭取台灣企業界，中國政府極力拉攏台灣最大、最知名的公司——號稱「經營之神」的王永慶所主持的台塑集團。身為適度開放派的王永慶，1990年代在商業上大舉進軍中國時，與李登輝及許多民進黨領導人仍保持極佳的交情。

　　1917年出生在台北近郊的王永慶，十五歲時拿著父親給他等值新台幣兩百元的資金，在嘉義郡經營輾米廠。雖然國民黨在他日後的經商上似乎幫了忙，他早年和政府交往卻吃盡苦頭。[37]1947年二二八事件後，在政府控制所有民生基本物資的時期，王永慶因買賣稻米而被抓去關了二十八天。1954年，他創立當

時全世界最小的聚氯乙烯（polyvinylchloride, PVC）工廠——台灣塑膠公司，每天只能生產四噸PVC。二十年內，以上市公司台塑為主的集團在印尼、越南和美國等許多國家製造從石化產品到洗衣粉等各種物品。王永慶成為台灣第二大富翁之後，也樂善好施，創辦兩家大專院校和長庚醫院，後者是首批民營醫院之一。民間普遍認為他的事業受惠予政府政策提攜（瞿宛文，1997）。

　　王永慶在商業上勇於冒險——通常也頗有收穫，但中國的市場是前所未見的大挑戰。1989年天安門事件遭到鎮壓不過五個月，國際企業紛紛撤出中國，王永慶卻跑到北京見鄧小平，提議在廈門附近的海滄斥資七十億美元興建一座石化工廠。當時沒有太多跨國公司要在中國進一步投資，中國領導人對他的提議感到甚為窩心，在1992年願意提撥一大塊土地。然而，就在全案即將在1993年3月簽字定案之前，李登輝向王永慶施壓，希望他停止投資，同時給予他極大的獎勵在麥寮開辦台灣的第六套輕油裂解廠計畫（Sixth Naphtha Cracking Project，簡稱「六輕計畫」），並威脅說如果他堅持要到中國投資，要切斷他在台灣事業的融資。王永慶屈服了，決定取消海滄計畫。和王永慶會談過的中國官員，包括國務院總理李鵬和中國人民銀行行長朱鎔基都很失望。王永慶到美國住了兩年躲避鋒頭和壓力，後來捐款一千五百萬美元在海滄建學校和醫院，把事情緩和下來。[38]

　　但是，把事業王國擴張到中國的誘惑並未消失。1996年5月，王永慶又決定投資一個大規模計畫，這次要在福建第四大城市漳州后石村設立發電廠，據說經歷了兩年談判才定案。這項計畫是投資三十五億美元，興建及營運一家發電量三千六百兆瓦

（megawatt）的電廠。第一步先投資十七億美元興建兩組六百兆瓦的發電機、港口和煤炭倉儲設施，預計在1999年開始發電，最後將蓋出六組發電機，以固定價格向福建省供電十年，也供給台塑在當地石化基地的電力。另四組發電機將在2001年之前安裝妥當。發電廠是依「興建─營運─轉移」模式（build-operate-transfer，也稱BOT）運作，效期二十三年；相較於當時其他類似的政府承購協議的計畫，這個期限不但更長許多，條件也更優厚。[39]

正當李登輝思索如何推出更嚴格的赴中國投資審核程序時，經濟部投審會已在1996年8月13日初步核准王永慶的計畫，這是有史以來台灣人在中國最大的投資計畫。李登輝表明他有意更加嚴格設限後，輪到經濟部官員，包括張昌邦次長等要傷腦筋如何轉寰。8月16日，王永慶和投審會私下達成和解，王永慶撤回他的投資申請案。[40]事情似乎擺平了，李登輝政府再度占了上風。香港英文《南華早報》描述中國的反應，批評王永慶兩度食言撤回投資：

　　對台商前來投資的信心以前就曾破碎過。沒有人忘掉台塑集團王永慶──台灣最富有的人士之一──在1990年承諾投資六十億美元、興建一座石化工廠，兩年後卻因台灣政府的命令而撤資，計畫宣告失敗。有位地方官員很不客氣地說：「王永慶在本地的名聲臭不可當。」這樣的報導是在王永慶奉李登輝總統之命，再次從鄰近的漳州退出另一項三十五億美元大型火力發電廠計畫之前的事情。[41]

然而，爭議並未停止。王永慶直接挑戰政府不准投資基礎建設項目的禁令，他在1997年3月台塑集團年度運動大會上證實，漳州電廠計畫早已開工，而他希望台灣政府會改變立場，轉為支持對中國投資。王永慶不肯透露他的資金來源。大家只知道，初步投資沒有來自台塑集團任何受到政府法令管制的關係企業。[42]

王永慶會公開求情是因為第二期工程將需要極大資金，他可能再也沒有辦法以檯面下的手法找出資金。即使他公開撤回投資申請案，王永慶表示漳州計畫將會繼續下去，這等於刮了李登輝政府一記耳光。報紙嘲笑政府，各方猜測王永慶如何利用他在海外的許多關係企業調集資金前往中國，在台灣當局不知不覺下繞過限制。[43]王永慶明白表示，台塑希望遵守政府規定，但是如果政府不支持，台塑集團還是會繼續走下去，完成此一計畫。台灣政府這下子慌張了，派經濟部長王志剛緊急和王永慶會面。政府名義上的工具是課以相當小的罰鍰（最高新台幣一千五百萬元），但王永慶在壓力下終究再次順從。[44]

台北政府又宣布接下來在審查新的投資方案時，將會採取計點制度，依據所需資金金額、計畫是由資產或借債支應，以及資金來自台灣或國外等因素計算。每個計畫都會得到點數，視點數決定核准的機率。透過第三國或海外分支公司管道的投資仍需申請核准，並同樣受到國內公司赴中國投資不得超過其資產淨值20%的上限限制。由於漳州電廠案投資的重大規模，這項宣布等於宣判了王永慶赴中國投資計畫的死刑。

王永慶起先抗命不服從政府，民眾因此大為憤怒，也導致是否開放對中國經濟關係的相關議題，重啟公眾的辯論。1997年3月30日《中國時報》社論反映出許多企業界人士同情王永慶，

呈現出適度開放派的立場。它主張政府的角色應該是維護企業的
競爭力：

> 無論是實成集團或台塑集團都深知政府的禁令與政策方
> 向，但卻又都不惜挑戰此一違反企業自由經營的規範，個中
> 因素除了利潤的考量之外，必有其企業長程發展的深層思考。
> 　中國大陸潛在的龐大市場，對於全球各主要產業、廠商
> 而言，都具有可觀的吸引力。由於兩岸政治上的糾葛，我們
> 對於政府部門對兩岸經貿抱持戒慎恐懼的心態可以理解。然
> 而，自由化與國際化政策的推動與落實是台灣重建吸引力的
> 必要條件。與其懲罰台塑、實成或未來更多的廠商，何如加
> 速建設台灣成為更具潛能與經濟誘因的有機體。屆時，台灣
> 在亞太地區的競爭優勢即自然浮現，所謂對大陸經濟的過度
> 依賴或資金外移的憂慮自然煙消雲散。[45]

　　但是嚴格限制派仍然占上風。許振明教授在1997年4月1日
的《中國時報》上批判台塑計畫，也抨擊台灣大型企業到中國投
資，主張要加緊管制台灣與中國的經濟關係：

> 基本上大家都了解大型企業轉投資大陸有相當大利潤，
> 然而基於本國經濟自主考量，作為人民代理人之政府若不加
> 管理，台灣很快就淪為香港地位，毫無談判籌碼。……惟
> 有隨著大陸政治民主發展及經濟生活改善，我們才能安心放
> 手與大陸結合，也才能放心要求政府實施「自由放任」措
> 施。[46]

　　民進黨支持嚴格限制，也公開批評王永慶不遵守李登輝政策的立場，認為台塑集團傷害政府整體的兩岸政策。立法委員李進勇說：「大陸對我方充滿敵意，政府應本於撲殺口蹄疫的決心，對台塑施展鐵腕，絕不可妥協」。另一位民進黨立委簡錫堦認為，台塑集團是為了它在台灣的計畫和政府討價還價。建國黨立委陳文輝指出，王永慶的案子是民營企業的標竿；如果政府在這個案子鬆手，其他企業都會跟進。[47]

　　反之，代表廣泛開放派的新黨，其批評則指向政府政策，並對違反規定的企業表示同情。一位新黨立委認為台塑、中國和外資聯手的此一計畫是「三贏」。日後當選台北市長的立委郝龍斌也說，限制政策不合理，迫使企業界偷跑投資。新黨發言人譴責政府干涉台塑計畫，尤其是公營行庫威脅抽回給台塑的放款，違反國際化和自由化的原則。[48]1997年5月，王永慶承認，由於政府不准，他必須放棄漳州計畫，不過他仍然盼望政策會改變。[49]他也終於承認，70%的資金來自台塑集團及其子公司，他在海外的其他公司投資其餘的30%。

　　在此一緊張對峙的氣氛中，李登輝於1997年10月6日頒給王永慶二等大綬景星勳章，表彰他長期以來對台灣工業與經濟發展的貢獻——藉此綁住他就範。1998年3月，王永慶無奈宣布將漳州計畫移轉給外國合夥人，以便台塑集團遵守政府規定。[50]王永慶6月間親赴中國，與李鵬總理見面，說明鑒於李登輝的限制政策，必須取消計畫。10月間，他透露漳州計畫所有權的確已移轉給原本只出資40%的外國合夥人——但是台塑保留選擇權，假若政策改變，可以買回持股。[51]

　　即使王永慶後來暫時退居美國紐澤西，期間保持低調，但他

仍然保持樂觀，表示只要李登輝卸任總統，他就要恢復赴中國投資的計畫。後來他甚至還說，除了力行民主之外，他不認為李登輝對台灣有什麼貢獻而言。[52]他也表示希望預定在1998年舉行的下一輪辜汪會談能夠改變狀況，支持他的投資。

李登輝與王永慶的不和在2000年總統大選時浮上檯面且無可轉圜，王永慶再次公開表示，希望見到下屆總統終止對策略性產業的投資做限制。陳水扁一當選總統後，立刻指派王永慶為2001年經發會副主任委員，但是王永慶因為對中國基礎建設投資繼續受到限制而又失望了。2001年，後來奉李登輝為精神領袖、成立「台灣團結聯盟」的建國黨候選人們都痛斥王永慶在中國投資虧損累累。當年稍後，李登輝在為台聯黨候選人助選時，怪罪王永慶反對戒急用忍政策造成台灣經濟困頓。[53]

此一個案研究顯示，即使各政黨對戒急用忍有高度共識，執行上卻相當困難。構成台灣經濟骨幹的企業全都希望有更多機會赴中國投資，而非設限。有些公司，尤其是小型的民營公司，都偷偷地違反政府禁令而投資中國，即使是短暫所為。李登輝的個人魅力有助於促成民間支持戒急用忍，他對國民黨官僚的控制也促成了有效控制台商的管理機制得以發展。可是，即使戒急用忍政策成功地阻止台塑集團擴張進入中國，社會各界對於經濟政策執行層面的分歧幾乎在國發會後立刻就浮現。嚴格限制派主宰了此第一階段，但是他們的勝利並不長久；戒急用忍政策一開始執行時，開放派就重新站上舞台。

對於執行戒急用忍政策的歧見，與趨向兩極化的國族認同——尤其是統獨立場的辯論——密切相關。限制派將支持西進中國與「出賣台灣」和促統連結在一起，而鮮少考慮投資是否在長

期下來有利於台灣或投資的財團。另一方面，統派人士則認為戒急用忍是在促進台灣獨立，紛紛指責李登輝表面上支持統一但並不真誠。

結論

1996年總統大選過後，國民黨仍然控制政府，但是主張獨立的民進黨，由於選舉獲勝和民眾支持，已經開始在公共政策上發揮影響力。李登輝總統以南向政策導引投資離開中國，旋即又推出戒急用忍政策，公然禁止某些赴中國投資項目。中國在1995和1996年試射飛彈，是重要因素，可以解釋李登輝為何決定限制台商到中國投資，以及為何政策普受支持。李登輝在1996年召開國發會為他的論據建立支持——與嚴格限制派的立場一致——即為了保護台灣的安全必須限制到中國投資。在這種備受威脅的環境下，經濟和軍事的安全勝過其他所有的國家利益，助長了政府採取高度限縮的兩岸經濟政策。

北京政府採取它所認為制止台獨情緒上升的必需措施，可是此一政策適得其反。它不了解大多數台灣人在尋找他們的國族認同，而不是支持立刻脫離中國。有關統獨立場的民調顯示，仍有相當多人支持統一，也有相當多人反對獨立。但是北京弄巧成拙的策略——展示軍事力量企圖影響台灣的選舉與民意——在絕大多數台灣人心目中製造出明顯的反中情緒，造成異常地高度團結支持政府限制台商赴中國投資的政策。同樣重要的是，民調顯示，試射飛彈造成台灣人認同的上升，而這將產生更深遠的影響。

在國內，還有另外三個因素降低了對極端限制兩岸經濟政策的反對聲浪。第一，在台灣內部政治議程上，兩岸經濟政策議題的重要性沒有當時在討論的憲政改革大，因此比較不受矚目。第二，台灣和中國之間的經濟整合仍處於早期階段，不像後來的階段有那麼高的相互依賴程度。這一點，再加上台灣經濟狀況相對健康——它相當平穩地度過1997年的亞洲金融危機——使得限制的兩岸經濟政策在風險及成本負擔上都無足輕重，因為就大部分公司而言，投資中國仍非不可或缺。第三，李登輝個人的權威壓抑住異議，有利於執行新的限制措施。

在這樣的脈絡下，因為經濟因素贊成保護主義的人，和因為反對統一而贊成保護主義的人，他們的利益匯流成一股無人能擋的政治力量。然而，即使政府機關、企業界和學界似乎都同意國家安全是台灣首要的利益，對於運用經濟政策達成安全的最佳方法為何，意見卻分歧不一。這個階段是兩岸經濟關係要採取「限制抑或開放」此一長期辯論的開端。嚴格限制派在這第一階段占上風，並迅速控制住政府議程，立法禁止進一步開放。

這一階段有關戒急用忍政策和「台灣優先」原則的討論，透露出主張台灣國族認同和兩岸經濟政策高度限制之間存在密切關聯。經濟安全和軍事安全是人們最首要的考量，而其他重要的國家利益例如平等、穩定和經濟成長等目標，都很少被拿來做考慮。而在另一個極端，自稱純屬中國人或者主要是中國人而非台灣人的人士，他們仍堅持，加速及擴大與中國經濟整合不僅是促進經濟成長的方法，也是聲張中國認同的方法。

然而，由於各政黨利用國族認同議題尋求選舉優勢，國族認同辯論的狀況已經起了變化。1998年，李登輝形容外省人馬英

九是「新台灣人」,以爭取台灣人把票投給競選台北市長的馬英九。[54]李登輝所說的「新台灣人」,包含了所有住在台灣、認同台灣的人,而不是根據族裔和血緣來界定(Clark 2007, 508)。1998年台北市長選舉在很大程度上聚焦於陳水扁(本省人)和馬英九(外省人)這兩個候選人的省籍上。下一章顯示,由於認同辯論仍然無解,國族認同和兩岸經濟政策的這些分歧又持續了好幾年。但隨著經貿限制的代價變得更加明顯,下一個階段將會出現完全不同的兩岸經濟政策。

4

積極開放、有效管理

2001 年經濟發展諮詢委員會議

　　「新台灣人」與「中國人」是不同的概念，但並不互相
排斥。

　　　　　　——馬英九，台北市長當選人（1998年12月）[1]

　　2000年3月，陳水扁在台灣第一次競爭激烈的總統大選中，
以39.3%得票率驚險當選總統，只勝過獨立參選的候選人宋楚瑜
（得票率36.8%）二點五個百分點；國民黨候選人連戰則因「泛
藍」陣營選票被宋楚瑜瓜分而落居第三（得票率23.1%），國民
黨五十多年的統治到此告一段落。做為第一個非國民黨籍的總統
在此時就任，時機實在艱險，面對的挑戰遠遠大於先前任何一位
總統，尤其是支持基礎相當不穩固。陳水扁面臨朝小野大、由反
對黨控制的國會，獲得的選票不過半，華府和北京又忌憚民進黨
素來傾向獨立的立場而緊盯著他。再者，民主化賦予公民社會更
多權利，環保及勞工團體等社運團體使得政府的角色大受限縮。
為了強化相對弱勢的支持基礎，陳水扁決定拉攏中間選民，而非
迎合極端擁護獨立的人士；因此他的政府一開始就承諾經濟自由
化。

　　兩岸關係第二階段與第一階段的不同，在於有關台灣的兩岸
經濟政策的討論現在聚焦於更廣泛的國家利益；國族認同的內涵
也得到進一步界定。採行戒急用忍政策期間，關切的重點是國家
安全。反之，到了2001年，經濟成長成為了最高目標，但社會
公平性也變得更加重要，國家安全考量也仍發揮重大作用。政府
要如何才能同時促進成長、推動社會平等，又控管與中國整合的
安全風險？可想而知，這些事都不易取得共識。雖然支持開放與
自由化的人士，仍然把他們對台灣兩岸經濟政策的偏好與國族認

同定義連結起來，但社會上顯然已有更多人支持以適度開放和溫和限制做為基礎，在持續成長、安全和平等之間達成平衡的一套政策。

由於國民黨仍然掌控立法院，2001年12月的立委選舉很快將要到來，陳水扁至少需要爭取國民黨某些人士的支持，才能取得必要的國會同意、管理官僚機構，及訂出兩岸關係的藍圖。為了爭取泛藍在野黨、企業界，甚至國際方面的廣大支持，陳水扁很早就決定，放寬前總統李登輝的戒急用忍政策將是最有效的做法。

台灣國族認同的變化

對於台灣國族認同的矛盾心理在這個階段仍舊持續。「台灣人」和「中國人」認同仍然高度競爭，但台灣人認同取得大幅成長。從1996年第一階段末尾以來，聲稱（排他性的）台灣人認同的受訪人百分比幾乎倍增至42%，即使仍未成為最多數的選擇，但也已相當顯著。相形之下，（排他性的）中國人認同百分比逐步下降到只剩11%。「既是台灣人，也是中國人」的雙重認同還是最高選擇（圖4-1）。這幾種認同隨時間而出現的消長狀況是：許多原本認為自己純屬中國人認同者現在採取雙重認同，而某些曾具雙重認同的人現在認同自己純為「台灣人」。中國人認同比例下降的趨勢是由於出生在大陸、自認是中國人的老一輩逐漸去世，而出生在台灣的年輕世代主要採取台灣人認同或雙重認同（Shen and Wu 2008; Wu 2012）。因此，雖然雙重認同仍占最大比例，但台灣人認同群體成長非常快，中國人認同群體則持

圖4-1　台灣民眾台灣人／中國人認同分佈（1997至2001年）

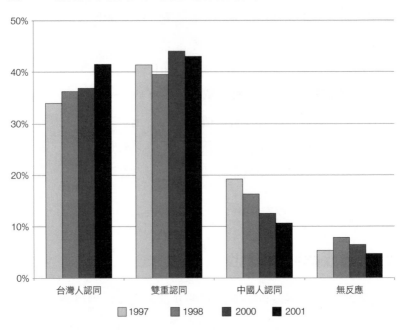

資料來源：國立政治大學選舉研究中心重要政治態度分佈

續減少。

　　然而，民眾對未來國家地位的統獨偏好大體上還未有定論。
到了2001年，超過半數受訪人支持無限期維持現狀，或推遲到
日後再決定。支持立刻或終極統一的人仍多過支持立刻或終極獨
立的人，後者仍然是少數派。總的來說，支持維持政治自主的人
（即包括贊成維持現狀的兩種人，以及支持獨立的兩種人）則小
幅上升（圖4-2）。

　　中央研究院針對條件式的統獨立場之調查，顯示民意已傾向
支持（法理）獨立，但仍有接近半數可以接受在適當條件下的

圖4-2　台灣民眾統獨立場趨勢分佈（1997至2001年）

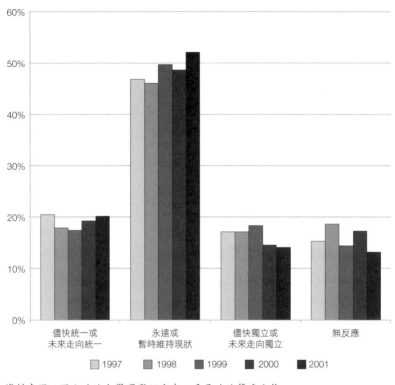

資料來源：國立政治大學選舉研究中心重要政治態度分佈

統一。在2000年，超過半數受訪人表示如果中華人民共和國接受、不使用武力報復，他們會支持台灣宣布獨立，相形之下，五分之一表示反對。將近半數支持在中國達到民主與繁榮的狀況下與大陸統一；反對者為四分之一（中央研究院人文社會科學研究中心調查研究專題中心，2011）。雖然國族認同已逐漸轉向台灣人認同為主，但尚無清楚跡象顯示統獨立場轉向支持獨立。

　　台灣社會不再以安全為首要關注，開始探索如何創造更大的

經濟成長，同時維持社會平等。對於極端經濟政策的支持度轉弱，向兩個中間的意見集群趨近。適度開放派和廣泛開放派都認為戒急用忍政策傷害台灣的企業，他們強烈擁護與中國進一步經濟整合的政策。同時，強烈偏好獨立的嚴格限制派，尤其當陳水扁總統也主張開放時，強烈偏好獨立的嚴格限制派的影響力就更比不上溫和限制派了。這個階段經濟政策達成的妥協結果主要反映出適度開放派意見集群的立場，實現了一定程度的開放政策；但溫和限制派仍然發揮影響力，讓開放的範圍和程度都有所限制。

台灣的政治經濟和外在環境

經濟

　　2000年展現的經濟前景十分看好。全世界似乎已進入「新經濟」，企業從實體逐漸向虛擬的平台發展。在網際網路相關事業推波助瀾下，華爾街在2000年春天締造歷史新高，台灣股市也迭創新高。

　　然而，2001年3月，由於美國聯邦準備銀行決定降低資本流動性，全球新經濟受到打擊，結束了聯準會理事主席艾倫・葛林斯班（Alan Greenspan）所謂「不理性的繁榮」的年代。[2]台灣經濟相當大比例來自資訊、通信等科技產業的出口，因此成長率立刻在2001年第二季下跌，這是1974年以來第一次出現，同時失業率攀升到近五十年來最高的水平（DGBAS 2013）。

　　相形之下，即使全球經濟表現下滑，中國的經濟維持二十多

年來每年平均成長率超過10%的勢頭。外匯存底突破二千億美元大關，它也成為亞洲最大的外人直接投資目的地，光是2001年就從全世界各大跨國企業集團吸引到超過四百億美元的投資（NBSC 2002; UNCTAD 2001）。相對於台灣，中國在世界經濟的地位已經起了重大改變。現在，它是台灣前三大貿易夥伴之一，要是加上透過香港的轉口貿易，在2002年就會超越前兩名的美國與日本（BOFT 2014）。台灣對兩岸經濟關係的官方態度仍是限制性的戒急用忍政策，它造成兩岸投資顯著的下降，尤其是一些具規模的大型項目。即使企業界的投資在南向政策激勵下已有部分離開中國轉向東南亞，這個政策在1997年亞洲金融危機之後，也因為東南亞對台灣企業的吸引力大降而暫告中止。因此之故，企業界開始比起以往更聚焦在中國，每年赴大陸投資占台灣對外直接投資總額的三分之一。陳水扁理解到台灣經濟亟需重振，開始暗示某些重大政策會有改變。6月間，他在紐約訪問時，開始推動與跨國企業的全球聯盟，鼓勵它們到台灣投資，再和台灣夥伴一起進軍中國。他和前總統李登輝一樣，致力推銷台灣是個區域中心，把亞太營運中心的概念推銷給有心在亞太地區──包括中國──營運的跨國企業。但這就產生一個疑問：陳水扁從李登輝繼承了戒急用忍政策，台灣將如何在限制與中國貿易之下扮演此一角色？

政治環境：分歧的政府

國民黨將政權轉移給民進黨，這是台灣史上第一次的政黨輪替，而和平轉移的過程也清楚表現出台灣在民主鞏固方面的進步。但民進黨初次執政，面臨許多挑戰。最大的問題來自「分立

政府」：民進黨控制的行政部門和國民黨控制的立法院之間存在分歧，在陳水扁八年總統任內從未停止。台灣的憲政體制可被歸類成「半總統制」，行政院長由總統任命，領導整個內閣，其主要職掌是擬訂法案，創造民眾對政策議題的共識，頒布和執行法律。總統和行政院分別都有相當程度的行政裁量權，尤其在兩岸政策方面。不過，在1997年修憲之後，立法委員雖然已不需對行政院長和其他內閣人事案實行同意權，但仍可以否決行政院的預算案。此外，立委可以修訂或廢止法律（Fell 2011, 52-53）。總統及立法院多數席位分屬不同政黨的時候，每一方都有阻止另一方實行法案或政策的權力，但卻常常沒有誘因合作解決問題，這就有很大機會造成「僵局」（J.Wang 2000）。為了處理台灣的經濟問題，陳水扁受到的壓力在於要和國民黨立委及屬於溫和派的民進黨立委達成協議。陳水扁認為，在各工商企業都熱衷前往中國投資的情形下，逐步解除先前對於兩岸經濟政策方面的各種限制將是爭取支持的理想方法。

　　陳水扁試圖建立廣大政治基礎的第一步，就是成立他所謂的「全民政府」，由國民黨資深黨員、前空軍將領唐飛出任行政院長，領導一個多黨派的內閣。然而，這並未解決行政、立法兩部門的分歧。事實上，就在陳水扁任期第一年內，政治分歧立刻環繞著台灣的核四發電廠計畫升高為治理危機。核四發電廠於1994年開工興建，而陳水扁在標榜「綠色」執政的總統大選期間極力反核。陳水扁總統指示經濟部檢討核四計畫，並透過電視直播辯論核四未來。泛藍在野黨──包括國民黨、新黨和新成立的親民黨──聯合起來反對停建核四。反之，民進黨主席林義雄及台灣環保聯盟等環保團體則決心阻止核四完工（Chao and

Myers 1998, 289）。結果，2000年10月27日，陳水扁總統未經立法院通過，突然決定停建核四。不到四個月，主司釋憲的大法官會議推翻他的決定，裁定依據憲法，如此重大政策改變需經立法院核准通過。此一危機導致唐飛辭職，民進黨員張俊雄奉命組閣。張俊雄必須與國民黨籍的立法院長王金平協商如何復工，以及討論如何處理立委對陳水扁進行不信任投票的提案（Hsu 2005）。然而，民調顯示，55%民眾反對不信任投票，並對陳水扁及民進黨表示同情（TVBS民調中心，2000年12月25日）。因此，陳水扁度過危機，但此一事件充分展現台灣政治的兩極對立，而環保及能源議題成為國民黨為首的在野勢力和新任總統各自號召支持者的重點。

兩岸關係的變化

核四案與立法院對抗之後，經濟景氣仍無起色，陳水扁省悟他必須主動重振台灣經濟，並建立更強大的政治基礎。他認為在兩岸關係上突破可以一石二鳥達成這兩個目標。他在5月20日的就職演說〈台灣站起來〉已經表示，雙方應該能夠有創意的處理未來「一中」的議題；他也宣布，儘管民進黨一直以來有其立場，他不會宣布獨立，也不會放棄統一選項。這個政策意在讓華府及北京放心，被稱為「四不一沒有」：

> 只要中共無意對台動武，本人保證在任期之內，不會宣布獨立，不會更改國號，不會推動「兩國論」入憲，不會推動改變現狀的統獨公投，也沒有廢除國統綱領與國統會的問題。[3]

陳水扁也做出若干明確的政策變動向中國示好。2000年3月，他研擬將金門、馬祖與大陸地區貨品及人員移動（即所謂小三通）的限制放寬，並在他上任後於2001年1月部分啟動小三通。這是走向兩岸建立全面直接通商、通郵和通航（所謂大三通）的第一步。更加重要的是，陳水扁在2001年1月接著表示要修訂戒急用忍政策、放寬赴大陸投資之限制，走向所謂的「積極開放、有效管理」的方向——亦即「積極開放」政策（Office of the President 2000b）。不久之後，陳水扁又以歐盟為根據，提出兩岸關係新架構，這是個十分激進的建議，因為內容涉及大幅度政治統合，也包括承認台灣的主權。[4]

陳水扁的第二個政策目標——促進台灣經濟復甦和長期成長——則在一項閉門會議中探討。2001年1月，行政院長張俊雄召開全國經濟發展會議，要為經濟政策創造更大的共識。全國經濟發展會議主要聚焦在改善台灣經濟環境，但它也檢討核准赴大陸投資的類別，以及審核的機制。這是陳水扁早先公布的反轉限制性政策的第一步。[5]

北京的對台政策

中國1995至1996年的飛彈試射和軍事演習，不僅無法為1996年台灣總統大選的統派候選人爭取到顯著支持，還導致李登輝力求台灣經濟更加獨立自主。李登輝在最後一任任期內推動通過一系列修憲案，將中華民國治權局限於台澎金馬，同時承認北京治權及於中國其他地區，因此減弱終極統一的基礎（Bush 2005, 87-88）。甚且，李登輝1999年接受「德國之聲」廣播電台專訪時挑戰了中國的決心，把兩岸關係定性為「特殊國與國關

係」（後來通稱「兩國論」），暗示中國與台灣是兩個不同國家，或至少是地位平等的兩個政府。[6]

　　雖然這次北京沒有動用武力，它仍祭出一系列威脅和報復措施。它決定凍結海基會和海協會的兩會會談，發表一份意圖壓迫台灣展開統一談判的白皮書，並警告台灣人民不要投票給民進黨。中國國務院總理朱鎔基甚至舉行記者會，威脅說如果民進黨候選人當選，兩岸就會爆發戰爭，這個舉動或許實際上又增加了民眾對陳水扁的支持，即使幅度有限（Dittmer 2008）。

　　中國極度不信任陳水扁，竭盡所能試圖阻撓他當選，但卻不成功。陳水扁就職後，中國繼續採行強硬路線。北京在陳水扁勝選後，宣布會保持耐心，採取「聽其言、觀其行」的態度。但它拒絕恢復海基會和海協會兩會對話，或與民進黨人有任何公開接觸，並繼續進行軍事演習。[7]不僅如此，北京更持續在國際上將台灣邊緣化。2001年10月，中國阻止台灣所有官員出席在上海舉行的亞太經濟合作組織領袖峰會。雖然經建會主委陳博志和經濟部長林信義與中國對應部門首長共同出席了峰會之前的部長級會議，但會中沒有任何突破。中國阻止林信義以領袖代表身分出席峰會（譯按：陳水扁原先指派李登輝時期的副總統李元簇為領袖代表，中國拒不接受；最後關頭，台灣改派林信義為領袖代表，就地出席峰會，中國亦加以阻撓，這是台灣首度缺席亞太經濟合作組織領袖峰會），又阻止台灣代表在記者會上發言。[8]台灣人對林信義在上海所受到的對待十分不滿。[9]

　　這些發展導致北京逐漸發現，對台強硬政策再度製造反效果。李登輝在2000年卸任後，中國就重新思索如何與新當選的陳水扁打交道。它從積極恫嚇、「促統」的策略，改為比較溫和

的做法，以「防獨」為目標。然而，由於北京極度不信任身為台獨政黨——民進黨領導人的陳水扁，中國政策上的具體改變甚小。

雖然北京起初不願和他接觸，陳水扁仍決心推動兩岸修好，即使只是為了爭取台灣企業界對他提供必要的政治支持，並與李登輝的政治、經濟政策保持距離。他期待因為他開放兩岸經濟政策，北京的態度會軟化。

華府的對台政策

國內及國際行為者都向陳水扁施壓，要他對中國採取更加溫和的政策，華府的對台政策即是一大壓力。飛彈危機期間，柯林頓總統兩度派遣海軍艦隊到西太平洋，展現美國在軍事上支持台灣，但是由於華府普遍認為李登輝是個「麻煩製造者」，因為他增加美、中之間爆發軍事對抗的風險，美、台之間互不信任上升。北京利用美方這種畏事心態，尋求與華府改善關係——提議與美國建立它所謂的「戰略夥伴關係」——但要求美方澄清其對台政策做為先決條件。

柯林頓政府在1997年和1998年宣示「三不」——不支持台灣獨立，不承認兩個中國，不支持台灣加入只限主權國家加入的國際組織——對李登輝1999年的「特殊的國與國關係」談話表示反對，並重申美國本身的「一中」政策（Kan 2014b）。這一切都意在顯示，不論是美國對中國貿易及人權紀錄的關切，或是支持台灣獨立的勢力崛起，都不足以改變美國對台政策的框架。事實上，白宮擔心陳水扁還遠勝於防備李登輝。它要求先過目陳水扁的就職演說稿，以確保他不會宣布走向台獨的任何挑釁行

為，也鼓勵他對中國表現一些尋求和解的姿態。

　　為了回應陳水扁更加從善如流的立場，2001年，新上任的小布希總統（George W. Bush）讓台灣從柯林頓總統第二任期明顯親北京的政策稍為得到喘息空間，提議增加對台軍售，包括原先視為攻擊性質而禁售的若干武器。他也允許陳水扁在訪問拉丁美洲邦交國之前或之後，可在美國城市過境訪問。或許最重要的是，小布希重新保證美國對台灣安全的承諾，他在第一次記者會上宣布「盡一切力量保衛台灣」──他的助手很快就把這段話解釋為，美國會盡一切力量「協助台灣自衛」。雖然小布希總統談話的修正版沒有原版那樣樂意伸出援手，但這兩個版本都沒有設定條件說美國的承諾不適用在台灣宣布獨立的狀態下（Tucker 2009, 260-61）。

　　然而，美國遭受九一一攻擊之後，旋即專注在「全球反恐戰爭」上，它在雙邊關係或多邊國際組織中都需要與中國合作，從而降低了美台關係從根本上改善的可能性。因此，美國對兩岸關係的態度基本上沒有什麼改變：它鼓勵兩岸改善關係，反對民進黨新政府有任何挑釁行動，也盼望中國和台灣都加入世界貿易組織之後會導致直接通商、穩定兩岸關係（Morrison 2003）。李登輝1999年有關台灣和大陸是「特殊國與國關係」的說法，其實台灣人民頗能共鳴，認為這只是對現狀的客觀敘述。柯林頓駁斥兩國論以便穩定美國與北京的關係，而這也使中國的威脅性看來更加強烈。但中國加大對台灣施壓，以及美國迎合北京的需要之下，都沒有使李登輝從戒急用忍或兩國論政策退讓。令人有些意外的是，民進黨傳統上致力於推動獨立，陳水扁卻反而願意退讓，改採較開放的兩岸關係。

經濟發展諮詢委員會議

2001年5月8日，陳水扁提議召開包括產官學界各方代表出席的一項會議——經濟發展諮詢委員會議（經發會）——討論他的兩大政策目標：經濟發展與改善兩岸關係。與李登輝1996年召開的國家發展會議不同，經濟發展諮詢委員會議是個「體制外」的機制，因為它包含公民團體以及政府機關和政黨。構想是集所有相關意見領袖於一堂，方便陳水扁推出關鍵提案、取得他們支持。由於國家面臨經濟與政治困難，民調顯示六成以上民眾支持召開此一會議。民眾和政治人物一樣，對會議抱著極高期許。[10]

2001年8月24日起為期三天的經發會開幕前，包括四大政黨和六大工商團體——中華民國工商協進會、全國工業總會、全國商業總會、中華民國中小企業協會、台灣省工業協進會、台灣區電機電子工業同業公會（簡稱電電公會）——等與會代表，舉行了五場分組討論預備會議。[11]兩岸經貿關係組有三位召集人：台灣經濟研究院院長吳榮義、宏碁電腦創辦人施振榮和陸委會主委蔡英文。除了閉門會議外，也在全台各地舉辦公共論壇，蒐集民意。施振榮在台中主持中區座談會，吳榮義在高雄主持南區座談會，蔡英文也主持東區座談會。

陳水扁承諾尊重分組座談會達成的一切決定，即使它們在法律上對他並無約束力。除了研訂有效的經濟政策之外，他希望會議能展現出相互競爭的政黨在他的政府底下也能合作，以強化他的政治基礎。會議閉幕時，陳水扁認為它證明了：

　　涵蓋朝野黨派、勞資雙方、學界智庫等多元不同的意見，儘管有各自的堅持，儘管有截然不同的立場，只要敞開心胸，化異求同，最後仍然可以凝聚最大的共識，也讓阿扁對於從經發會邁向聯合政府更有信心（Office of the President 2001）。

　　經濟發展諮詢委員會議的結論導致陳水扁開始修訂四十三項相關法律及精簡政府體制。[12] 這似乎是他的政府的一項突破，它在頭一年幾乎無法制訂任何政策。為了確保經發會結論能夠執行，立法院各黨派（包含四大政黨）領袖另外召集峰會協商。[13]

　　除了對若干國內重要議題達成結論外，經發會也給了新政府綠燈，同意它終止李登輝的戒急用忍政策，換上陳水扁的積極開放政策。兩岸組各政黨代表都渴望就開放大陸經濟政策獲致協議。當選舉日期接近，每個政黨都想把訂定改善經濟措施的功勞往身上攬。他們雖然對兩岸政策純經濟部分達成共識，卻刻意避免有爭議的政治議題。譬如，九二共識受到熱切討論，但它的意義基本上沒有結論，而「一中」的定義也莫衷一是（陸委會，2001a，2001b）。

　　經濟發展諮詢委員會議的結論包括：放寬戒急用忍、放鬆對兩岸資金流通的限制，以及允許中國觀光客來台灣旅遊。透過各種談判和妥協，積極開放政策的細節在辜振甫領導下溝通討論，行政院則於11月頒布實施細則，決定開放通商、通郵、通信等直接三通，也決定試辦中國觀光客來台旅遊。[14] 不幸的是，這些措施大部分又再拖了好幾年，原因是北京不肯合作，特別是金融自由化方面；不過至少開放的計畫總算已開始，在多年後也終於

實現。

　　關於台灣人在中國投資，政府也宣布幾項重要倡議。第一，把原本的「准許」、「禁止」和「申請核准」等三類，簡化為「禁止」和「一般」兩類。除了「禁止」類，大部分產業都准許赴中國投資，只要報備即可。第二，投資申請程序，尤其是低於二千萬美元的項目，將會更精簡；投資可以直接進行，不必再轉經第三地。五千萬美元以上的大型投資原本禁止，現在可以個案審查。其他措施包括允許原先非法赴中國投資的台商補辦登記，不予處罰。最重要的是，（個人及公司）投資上限，以及上市公司准許投資的資產淨值（或資本，以較高者為準）上限比例，由20%提升為40%。然而，半導體產業的積體電路代工製造和上游的石化工廠，仍被視為台灣的戰略性工業，想取消對其限制仍然有相當大的爭議。預期到台灣加入世貿組織會被要求做些變動，政府宣布開放大陸人民到台灣投資不動產及參加「合格境外機構投資者」（Qualified Foreign Institutional Investor, QFII）基金，而台灣的金融機構也獲准經由分公司或子公司赴中國投資（陸委會，2001c）。

　　經發會之所以意義重大，不僅是因為它支持兩岸政策更開放，也因為民進黨有能力說服黨內同志與國民黨為首的在野政黨組成聯合陣線，一起支持開放政策。[15]相較於第一階段時國民黨和總統強勢領導，很少人能在1996年的國發會反對李登輝，陳水扁領導的卻是一個初次執政的政黨，面對著強大又有雄厚實力的國民黨。很少人預期陳水扁能在其黨內凝聚共識，更別提能和反對黨達成共識。民進黨執政的頭兩年，一直受困於國內政治，但在經發會期間它能夠站穩立場，沒有向黨內嚴格限制派過度讓

步（Chao 2002）。因此它可說是陳水扁顛簸難行的總統任內一項了不起的成就：澳洲蒙納許大學（Monash University）教授家博（Bruce Jacobs）指出，「直到台灣的政治人物和政治體制變得成熟之前，這種把國家利益明確擺在優先地位的體制外會議，對一個仍未成熟且充滿政治分歧的民主政府來說，是一個回應自身所面臨眾多挑戰的可行之道。」[16]

不幸的是，政策的執行面仍有許多嚴重的困難。兩岸經濟政策可以區分為兩種：一種是台灣政府可以單方面決定的政策，另一種是需要中國同意或合作的政策；北京對陳水扁的新政策會有什麼反應，此時還不清楚（Wang 2002）。此外，經發會的決議五花八門——有些是技術性、有些是戰術性，還有些是戰略性——需要各個機關協調去立法及執行。問題幾乎立刻就出現，尤其是涉及到某些敏感、複雜的產業，如半導體業。研擬出一套前後連貫的政策以管理半導體業赴中國投資，又耗費了好幾個月時間。

民眾對經濟發展諮詢委員會議的反應

前文提到，經發會與會代表就許多議題（包括兩岸經濟政策）達到出乎意料的共識程度，即使很多人本來懷疑民進黨的政治動機和領導能力。陳水扁政府也很想評估民眾的反應，它採取了許多新方法，包括舉辦公聽會、電視辯論會和民意調查。

經發會一落幕，政府立刻進行民意調查。將近80%受訪者表示知道這項會議，但他們的評估卻落差很大：大約三分之一表示「滿意」或「很滿意」達成共識的結論，三分之一「不確定」

或「不知道」，約四分之一表示不滿意。相較之下，過半數的63%受訪者支持陳水扁成立全民政府的提議（陸委會民調，2001年8月29-31日）。

在這項民調，以及同時由民間主辦的民調中，支持放寬赴中國投資限制的民意一直都在50%以上（陸委會民調，2001年）。有一項民調的80%受訪者贊成反轉戒急用忍的政策方向，認為這樣做對台灣有利。但當調查人員就個案、就金額詢問取消台商赴中國投資既有的特定限制時，保留的態度開始浮現。2001年8月政府主辦的調查顯示，三分之一受訪者不支持放寬台商赴大陸投資的規定；到了11月，持此意見的人群比例升至43%（陸委會民調，2001年8月29-31日及11月13-15日）。

同樣的，台灣人支持促進兩岸互動的原則，但是卻不見得支持具體的開放措施。例如三分之二受訪人支持在台灣加入世貿組織後開放三通。民眾也對允許陸客來台觀光旅遊抱持開放心態，三分之二表示支持；許多人認為開放觀光可以增進就業與所得。但允許赴中國投資就得到較低的支持，因為一般認為這將從台灣搶走就業機會和資金（陸委會民調，2001年）。例如陸委會2002年委辦的民調，顯示將近一半民眾認為限制赴大陸投資應該更加嚴格，而只有四分之一認為應該更加寬鬆。涉及到高科技產業時，這個現象更明顯；高達70%的受訪者支持繼續或加強限制（陸委會民調，2002年）。

但是，民眾對經發會以及民進黨兩岸經濟新政策的反應，最重要的考驗或許是2001年底的地方及立委選舉。立法委員二百二十五個席次，民進黨贏了八十七席，比國民黨還多。但是民進黨和台聯黨的泛綠陣營在立法院只掌握一百席，泛藍的國民黨、

親民黨和新黨總共握有一百一十五席。有些人認為，民進黨成為最大黨的訊息很清楚，代表民進黨政府的路線正確，尤其是兩岸關係這方面。但其他的分析家不同意，他們認為雖然民進黨的表現比預期來得好，但民意其實沒有太大改變，泛綠政黨未取得立院多數。積極開放的新政策有達到陳水扁替民進黨建立更強大政治基礎的目標嗎？人們對積極開放政策的支持，在真正落實到敏感產業且面對各種歧見時，是否還能持續維持？

四大意見集群

　　本研究所討論的四個階段彼此之間有一個重大差異，即民眾參與制訂兩岸經濟政策的時間點。民眾參與可以發生在法律通過或決議達成之前、期間或之後。在這個階段如同第三章所討論的第一階段，民眾參與主要發生在新政策宣布之後。這是因為總統對兩岸政策握有廣大權限，在達成或宣布其決定前不需要取得民眾支持。甚且，歷經先前的威權體制，智庫及利益團體此時仍未全面興起；許多團體，如教師工會，直到這個階段才成為獨立的法人團體。在當時的政治體制下，有數十年歷史的既有團體，從智庫到工會、職業公會，一度都與國民黨政府有關聯，甚至受它控制；如今這些團體正要以附屬或獨立的身分與民進黨合作。在這個階段，政府與這些非政府組織之間開始浮現明顯的分歧，與第一階段民主化初期不同，當時的非政府組織一般都服從政府的方針。

嚴格限制

可以預料得到，屬於嚴格限制派這個意見集群的人士反對積極開放，即使許多人是陳水扁或民進黨的支持者。如同第一階段，他們的極端立場反映他們對國族認同定義和對經濟政策偏好之間的強大關聯。他們和批評開放政策的其他人士之差異，在於他們反對的理由：他們最關切台灣的經濟和軍事安全，憂慮放鬆戒急用忍會增加對中國的依賴，進而威脅到台灣的安全。他們對其他經濟利益，如社會平等、市場穩定或經濟成長，不是那麼關切。

相較於李登輝推出戒急用忍政策的經驗，當年他輕鬆得到政府上下的支持，陳水扁政府裡卻有許多人反對積極開放，從內圈幕僚到官僚及軍方都有。反彈始自副總統呂秀蓮，她明白地反對放寬投資規定，呼籲「當家、掌權的人，要拿出面對歷史的勇氣與良心」來制訂政策。[17]民進黨主席林義雄也對陳水扁在核四問題上立場反覆，以及決定放寬兩岸經濟的限制感到非常失望。林義雄的影響力很重要，他的支持是陳水扁在2000年當選總統的原因之一。他提出要求能夠「慎重考慮保護主權」的不同策略（林義雄，2009）。

負責執行寬鬆政策的陸委會有許多官員也傾向於嚴格控制，而非放鬆。當時擔任陸委會主委機要工作的邱垂正說明，主權及安全是他的最高考量。「從來沒有兩個敵對的國家像台灣和中國這樣密切交往、又沒有任何正規的體制架構去做規範。我們必須考慮的，一則是安全與經濟孰重，再則是特殊利益與一般福祉孰重。民進黨最重視主權，唯有以主權為基礎，台灣才能在經濟、

社會和政治上發展。」（邱垂正，2008）

　　銀行界出身的黃天麟是陳水扁與李登輝的國策顧問。他認為「要在經濟全球化的結構下建立國家安全」幾乎不可能。他形容經發會產生的「西進」熱是「幻想」而必須拋棄；他也提出警告，「放寬赴大陸投資的限制將導致台灣經濟的空洞化和邊緣化」。[18]他認為台灣必須多角化經營，變得在全球更有競爭力，否則就有過分倚賴中國的風險。他建議陳水扁訂下出口到中國不超過整體的30%、赴中國投資累積總額不超過50%的上限（黃天麟，2007，2008）。

　　軍方雖然主要都是國民黨傳承下來的幹部，它的立場很有意思：雖然軍方仍贊成以統一為長期目標，它首要的短期和中期利益仍是安全。參謀總長湯曜明在2001年九三軍人節似乎對開放做出了警告，他說：「中國大陸近年來用『以商圍政、以民逼官』的各種策略，來壓制台灣的經濟發展。」這是軍方對於開放將對台灣經濟安全構成風險的代表性觀點。[19]

　　還有不少人，包括泛綠媒體也反對陳水扁的動作。英文《台北時報》（《自由時報》姊妹報）社長李長貴，曾任立法委員，就表示很關切開放會對台灣安全會產生影響。他寫道，無論是經濟上、政治上或軍事上，開放對台灣都不會有太大收穫，而中國的政治目標對台灣生存構成威脅：「民主國家的政治目標是照顧經濟發展和人民福祉。反之，共產國家的目標是發展國防體系和維持社會秩序……遲早，台灣會被中國併吞。」[20]

　　台聯黨成立之前，主張獨立的建國黨是最強力支持嚴格限制的政黨。建國黨在2001年夏天討論積極開放期間，也專注在維持台灣的安全。建國黨主席何文杞指控放棄戒急用忍「使台商在

大陸暴露在更大風險下，因為這個國家完全不尊重法治……很少人真正在當地經商賺到錢……這些人從來沒把錢匯回台灣，而（台灣）本地銀行和親友卻最先借給他們資本。」[21]何文杞把兩岸直航等同於向中國投降，因為中國把台灣當做是它的一個省。

　　前總統李登輝為了保衛他的戒急用忍政策，於2001年9月成立台灣團結聯盟，在12月立委選舉之前為其候選人大力助選，後來台聯黨在二百二十五席中搶下十三席。李登輝在演講中直指陳水扁政府「完全不懂台灣經濟問題出在哪裡」，聲稱戒急用忍有效地保護了台灣，使其免於因繼續向中國開放而遭逢安全危險。[22]

　　社會上的專業團體也反對開放市場給競爭者，雖然有些人的政治動機大過其他因素。

　　這裡頭出現明顯的分歧，有些團體注重主權和安全，他們支持嚴格限制的政策，還有些團體則主要關切市場穩定和經濟分配正義（或者簡單而言，他們要保住工作），他們傾向於支持溫和限制，而非嚴格限制。舉例來說，台灣教授協會和台灣工程師協會都很努力反對積極開放政策，他們都是強烈地支持台獨（台灣教授協會，「台灣教授協會」成立宣言），基於對統獨立場偏好而反對開放（許文輔，2008）。

溫和限制

　　溫和限制派認為與中國貿易及投資不設限會危害台灣利益，而與嚴格限制派聯手組成強大集團，反對實施積極開放政策。這個限制派同盟證明了比支持陳水扁政策的開放派同盟來得強大；

我們將會看到，它成功地迫使陳水扁在反轉限制立場轉向開放時
受到很多局限。然而，相較於嚴格限制派只注重安全這一點，支
持溫和限制的人士有好幾個目標，包括社會公平和市場穩定，而
在2001年特別注重失業問題。他們盼望台灣把策略性的重要產
業留在國內，以便台灣維持長期成長和保護就業。英文《台北
時報》言論版刊出一篇文章，反映出這種焦慮，它說：「台灣的
經濟問題已因……其製造業基地移往中國，以及伴隨著它的資
金和管理人才大量外移而惡化……鼓勵台灣高科技產業移往中
國，只會製造生意上的競爭者及增加台灣的失業……國家整體
經濟將會削弱，變得愈來愈依賴中國。」[23]

　　許多屬於溫和限制派的政府領導人認為，台灣應該允許擴大
赴中國投資，但要選擇性地搭配適合的政策，以免失去策略性的
重要產業。當時的行政院經建會副主委何美玥是具有三十多年工
業計畫經驗的資深官員，她認為，「台灣優先」的概念應該是進
一步開放的前提。她說，自由化可以是台灣在某些特定產業維持
全球領先地位的手段。但這些產業必須堅定地立足台灣，以避免
取消限制後失去競爭力和就業機會（何美玥，2008）。

　　溫和限制派的長期趨向和另兩個主張開放的意見集群不同，
後兩者認為透過某種程度的開放，將立即產生經濟成長。何美玥
接受台灣必須依賴自由市場才能成長這個原則，但是她相信政府
政策應該對關鍵產業設下若干限制，以維持台灣的競爭力。民進
黨也關心勞動階級，聲稱這是它和國民黨不同的地方，因為國民
黨只側重某些公司及產業等特定團體的福祉。依照何美玥的看
法，自由化不能一體適用去解決台灣最迫切的一些問題，如失
業、實質工資下降和貧富差距惡化等。何美玥說，經建會試圖運

用積極開放協助小型企業，它們已經輸給大型競爭對手，許多人只好遷到中國以降低製造成本：

> 台灣1994年開始管制對中國大陸的經濟關係，取代過去純禁止的政策時，國民黨非常關切會失去關鍵產業。全球化的確造成壓力，台灣企業不得不被吸引向大陸。到了2001年，相當大比例的中小企業已遷到大陸，而政府繼續限制大型投資。民進黨希望將大部分的赴大陸投資合法化以改善情勢，因此在2001年採行積極開放政策。然而，對半導體產業還是必須限制，因為台灣必須保持它的資本密集科技產業（何美玥，2008）。

回顧起來，何美玥說，許多台灣人把台灣的經濟問題怪罪到積極開放政策頭上，卻忽略了一個事實，推出這一政策的時間點，也是全球網際網路泡沫破裂及台灣加入世貿組織的時候。何美玥解釋說，由於人們「大舉前往中國」，民眾對於開放政策多半感到氣憤，於是迫使政府又改變路線，支持保護主義（參考資料同上）。

經濟學家們也相當支持溫和限制。張榮豐此時已經出任國家安全會議副秘書長，他依然認為台灣應該格外防範對中貿易，採納保護機制確保社會平等和市場穩定。然而，台灣現在已是世貿組織會員國，不能在世貿組織允許的範圍之外設限。唯有當國家鞏固其民主體制和傳統，自由市場經濟才最有助於效率、成長和繁榮。到那個時候，貿易壁壘才能減少（張榮豐，2008）。

台灣經濟研究院研究員龔明鑫也有同樣的論述支持溫和限

制：一個國家唯有在它夠有彈性時，才能開放其經濟，在它能夠完全自由化之前，必須以工業計畫指導其經濟。然而，雖然類似戒急用忍的高度限縮政策或許適合過去的環境，台灣現在更適合溫和程度的限制，尤其是它已經加入世貿組織，而且企業界許多人士更傾向於進一步開放（龔明鑫，2007）。

　　在這個階段，由於台灣經濟趨緩，失業問題變得特別嚴峻。[24]三百多個非政府組織在2001年9月舉行一場媒體活動，對放寬赴中國投資設限後的長期經濟後果表示關切，包括失業及環保方面的衝擊。[25]全國三分之二公立學校教師是教師工會「中華民國全國教師會」的會員，它變得愈來愈具自主性，不受其原本國民黨領導階層的控制。工會高聲疾呼，試圖確保積極開放政策不會允許大陸教師來台授課。發起人楊益風回想他在經發會期間代表中華民國全國教師會的角色時說，為了成長或許需要有某程度的開放，但是決不能犧牲教師的權益。「民進黨和國民黨一樣，需要充分開放經濟以確保更大的出口市場，因為沒有任何政黨能眼睜睜看著台灣在全球化時代邊緣化。但開放不應該太廣泛，而威脅它的權力基礎，如教師們對它的支持。」（楊益風，2008）

　　最後，行政程序及法規的穩定性也受到關注。好幾個政府部會，尤其是經濟部、經建會和陸委會某些部門都希望審慎處理，不要太快、太激烈改變經濟政策。他們因此主張，執行經發會的新原則不應涉及到修訂太多法令。關於赴中國投資，他們認為政府只需釐清既有的申請程序，公布什麼產業和項目會准許就行。[26]

　　陸委會副主委鄧振中明確表達溫和限制派的意見：唯有中國

願意與台灣正式談判，兩岸經濟關係才可能改善。由於北京沒有表露願意談判的跡象，台灣政府應該很小心執行片面開放。[27]陸委會資深官員楊家駿也說明為什麼他覺得政策放寬必須漸進，即使最終目標已經過大家同意：「兩岸政策只能向前、不能倒退。兩岸政策通常是回應民眾負面反應後的結果，因此我們陸委會必須很小心，不能輕易提出任何朝向開放的改變，以免日後必須反轉它，因此帶來失望。」（楊家駿，2008）

幾位關心台灣身為主權獨立民主國家長期生存能力的學者，也希望政策能體現共識和持續性，而認為溫和限制將是最適當的做法。林文程為這個立場寫了一個貼切的結論：「我們盼望〔對經發會決議的〕交涉談判能超越黨派私利，以對後代負責的態度切實地進行，替台灣安全和繁榮奠定基礎，並在朝野各黨的中國政策之間凝聚共識。」[28]許多人接受開放有助於促進成長，但希望經發會能在程序上維持某些限制，以利建立持久的政治共識。

適度開放

由於台灣歷來都是以開放市場及出口導向的經濟，支持適度開放的人士可能是這個階段聲音最大、最有影響力的一群人。這個強大的團體由財政上的保守派、自由派經濟學家以及其他重要公共知識分子領導，本省籍、外省籍都有。台灣歷史最悠久、最重要的媒體集團「中時集團」（旗下有《中國時報》、《工商時報》等媒體）即屬於這個意見集群，另外大多數國民黨立委、某些民進黨務實派，以及絕大多數出口導向企業也都屬於這個意見集群。

適度開放派出於務實的考量，反對既有的限制程度：台灣需

要中國市場，赴中國投資無可避免。前任經建會主委江丙坤是經發會的設計師。他認為兩岸政策必須是強化台灣經濟的長期計畫之一環（江丙坤，2009）。他偏好開放兩岸直航，以及建立亞太營運中心，使台灣脫離經濟低迷。他相信大多數的台灣企業——尤其是製造業和科技產業，需要中國市場或生產基地以維繫競爭力。因此他建議民進黨達成「朝野合作」，在「放寬兩岸貿易障礙上取得突破」。他認為資金流向大陸對台灣其實是無害的，只要台灣繼續發展高科技產業及其他先進尖端工業就可以。他強調政府規劃的重要性，認為應以產業政策來讓民間部門可以進行產業升級的重要性。他最大的擔憂是：「如果中國在科技水準方面趕上台灣，台灣可能無法和它競爭。」[29]國家政策研究基金會對經濟成長也提出相似的論據，認為產業離開台灣是因為對三通設限，國家的主要目標不應該只限於追求安全，也要注重經濟成長。[30]

如同與教師及其他專業人士的關係類似，政府也日益失去了對企業界的控制，包括那些已遷往中國的台商。各級工商團體，如原本受國民黨主宰的中華民國工商協進會，認為政府有必要對經濟活動下指導棋，並向特定產業提供有益的協助。然而，它們以成長為最高優先價值，熱切支持積極開放。同樣地，全國工業總會蔡宏明認為，需要以更加開放、更多市場機會來創造成長。除非台灣本身想辦法去提升對外資的吸引力，不然的話，資金外流將會持續發生；而台灣向大陸開放是必要的，與國內經濟的刺激計畫一樣重要（蔡宏明，2008）。

赴中國投資的台商主張適度開放和廣泛開放的都有。在這個時間點，大部分台灣企業已擴張至大陸，或完全離開台灣，但不

是全都鼓吹相同程度的放寬貿易和資金控制：有些產業因更加開放可比別的產業獲得更大利益。除了台商本身之外，還有相當多的台灣專業經理人和工人奉派到大陸替台灣公司工作，即所謂「台幹」。有些人是被雇主派去，也有些人是自願前往大陸。他們一般都支持某種程度的開放，但他們的統獨立場和國族認同並不一致，與他們支持經濟自由化沒有相互關聯（Lee 2014）。

許多知名台商支持積極開放，也出席經發會。然而，許多台商和台幹也看到對兩岸經濟關係維持某種限制的價值；他們喜歡保留「台灣人外殼」，即「台胞」的特殊地位，以享受稅賦及其他優待。[31]王永慶的台塑集團就是一個例子，它們根在台灣，與政府密切合作發展積極開放的政策。王永慶的主要論述是，如果台商成功了，可以把利潤回饋台灣。[32]台商通常遊說、希望台灣政府取消對他們赴大陸投資的具體限制，或是得到更多的投資獎勵和補貼，他們一直在制度內努力，試圖影響政策和法規的改變。但他們也小心地表示支持維持對赴中國投資的一定限制措施，以免民眾懷疑他們享有既得利益、不顧台灣的國家利益（Cheng 2005）。

廣泛開放

雖然人數不是最多，廣泛開放派是最團結的一個意見集群，大半都是對兩岸政策持相似觀點的外省人。這一集群中有些人主張與中國經濟統合，或甚至直接政治統一，認為完全開放是往此一方向前進的重要一步。在這個階段發表的許多有關兩岸經濟政策的分析和專書，由這個意見集群的成員撰述：包括學者邵宗海（2003）主張以北京的「一國兩制」模式兩岸統一；張亞

中（2000）主張透過邦聯制進行統一。許多人是外省籍的知識分子、作家和藝術家，但這個時期也有不少本省人提議擴大中國經濟市場。譬如，李登輝總統時期的國民黨籍行政院長蕭萬長卸任後，於2001年提倡「兩岸共同市場」，提出「歐盟模式」來支持加深與中國的經濟統合（Siew 2001）。

支持廣泛開放的其他重要角色是那些已經完全離開台灣、將營運中心遷往大陸的台商。許多參與創辦「中芯國際集成電路製造有限公司」（Semiconductor Manufacturing International Corp, SMIC）的人就是這一類型廣泛開放派的代表（詳見以下個案研究）。中芯國際的許多創辦人認為，在中國參與這樣一個策略性重要公司的工作，是使命，而非僅是一份工作。[33]

廣泛開放派集結在新黨和親民黨四周，利用這些新興政黨高調的領導人在經發會期間推動開放。此外，幾個大媒體集團，包括《中央日報》、《聯合報》及其姊妹報《經濟日報》仍然主張廣泛開放，具有相當大的影響力。

倍受愛戴的前任台灣省長、現任親民黨主席宋楚瑜把親民黨的政綱置於廣泛開放台灣經濟政策的基礎上，因為他從現實的角度估算這樣可以為他的黨多爭取選票。這個策略證明很成功，親民黨在2001年底的立委選舉一舉奪得四十六席，躍居第三大政黨。以中國放棄使用武力、兩岸互惠平等，以及台灣民意為前提，宋楚瑜主張兩岸展開三階段整合進程，首先是經濟和功能性的交流，第二是社會互動，並以政治整合為終極目標（親民黨，「政策綱領」）。

雖然新黨絕大多數黨員在2000年總統大選時支持宋楚瑜，相較於親民黨，新黨更強調統一，他們認為廣泛開放可以推進

統一。2003年，新黨通過黨章強調它的政治使命，把黨的目標
界定為清廉制衡、公義均富、族群和諧及國家統一（新黨，「黨
章」）。

新黨主張建立「大中華經濟區」，希望協助台商擴張進入中
國市場。就新黨黨員而言，「國家」的範圍一直都是整個中國大
陸，不只是台灣；他們的統獨立場和中國認同反映此一觀點（參
考資料同上）。新黨主張與大陸貿易和投資不設限的理論根據是
為了促進台灣的經濟成長。然而，這個立場也和中國認同及與中
國統一有密切關聯，而隨著時間進展，兩者在台灣的支持者已日
益減少。儘管在上個階段的選舉中，新黨得到相當多的選票，如
今它卻因此無法吸引許多本省籍黨員；此時它的黨員主要是保守
的前國民黨黨員，大半是對國民黨本土化失望的外省人。由於政
綱更加遠離民心，它在2001年立委選舉只贏得金門縣的一個席
位。

產業個案研究：半導體產業大辯論

陳水扁總統召開經濟發展諮詢委員會議，希望從意見分歧的
政府和兩極化的民眾中凝聚共識，而新興的利益團體也看到比前
一階段更好的機會可以影響結果。受到半導體產業的壓力，陳水
扁把半導體產業放進考慮開放的名單之中。聘請台積電董事長張
忠謀為經發會主要委員之一，在一開始時展現了陳水扁同情該公
司希望在中國擴大商機的跡象。但最後，陳水扁對這個重要策略
性工業更為開放的政策引來各個不同立場利益團體的反對，包括
非技術工人、中階工程師和智庫，在會議閉幕後又激烈爭辯了半

年多。

　　為什麼開放半導體產業赴中國投資的決定會如此爭議呢？這個產業對台灣的重要性可分象徵面和實質面來說。以這個產業極高的進入門檻而言，台灣和南韓一樣，花了二十多年功夫培養它，而且成績十分亮麗（Fuller 2005）。台灣創造出晶圓代工產業──晶圓廠商不替自身做品牌設計和製造，而替其他許多公司代工製造積體電路──在2001年已成為晶圓代工的龍頭老大，產值幾乎占全球的80%。在1990年代末期，政府相信半導體生產不同於筆記型電腦等硬體生產的產業，不會外移以追求更大市場或降低勞動成本。雖然中國對半導體晶圓的需求成長占世界的過半數，台灣認為它可以從國內的晶圓代工滿足其需求。當時半導體產業外移的經濟壓力也沒有那麼強大，因為勞動力占成本的比重並不大。產業成功的先決條件是研發與製造，它們需要有豐富產業經驗及具高度才華的工程師和經理人，而非以勞動成本為優先考量。而且，美國當時對高科技出口到中國也實施管制（USGAO 2002）。當時的假定是台灣無須遷廠即可維持相對優勢，中國及其他地區的競爭者不至於構成威脅。

　　再者，遷移也需要時間和資本。以今天的供應鏈關係來講，初期的進入門檻和後來變更供應商的成本都很高。即使是一座中型的晶圓代工工廠，開辦成本動輒超過十億美元。除了政府資助和民間認股之外，也需要向國際資本市場尋求資源，當時認為以中國這樣一個新興經濟體很難從國外吸引到融資。此外，晶圓的銷售及行銷要依賴與供應商的長期關係。比方說，生產專門訂製的晶圓不像更換手機零組件一樣，它需要好幾年的前置作業準備，使得代工廠很難更換供應商（Addison 2001）。要在中

國大陸興建全新的晶圓代工廠，必須重新創建整個供應鏈，這在1990年代似乎是不可能的大挑戰。

由於中國對有心投資晶圓生產的外國企業投資限制十分嚴格，中國似乎特別不可能加入半導體產業的競爭行列。雖然北京曾試圖引導外資和國有企業合夥，但它根本沒有能力發展本身的積體電路產業。除了它對晶片的需求極大，以及廉價勞動力充沛之外，半導體產業近期內在中國的前景並不看好。這是台灣的半導體產業會遷往中國的風險有限的另一個原因（Yang and Hung 2003, 690）。

半導體產業移往中國的歷史

民進黨2000年上台執政時，大型半導體公司和政府繼續淡化赴中國投資的重要性。位於新竹的台積電是全世界最大的晶圓代工廠，它宣布今後五至十年仍將專注於以台灣為生產基地。可是小型業者外移的壓力愈來愈大。儘管政府設限，台灣設計業者已開始在中國各大城市營運，以便與當地半導體公司合作或是供貨給跨國公司。

雖然絕大多數台灣人不太了解半導體產業，他們仍把台積電和聯華電子視為這個經濟發展階段台灣最重要的策略性工業。許多人認為台灣紡織、製鞋和玩具業者從1980年代末期，以及電腦及電腦零組件業者1990年代相繼遷往中國之後，逐漸失去在該產業的領導地位，因為政府沒有設限。而且先前幾個產業的狀況不是把某部分製造工作外包給大陸廠商而已，而是整個公司和產業全部出走，使得台灣經濟的獲利持續下降，且外移者很少再回流台灣（Fuller 2005）。失去這些產業使得台灣民眾反對對半

導體業者更加放寬限制（龔明鑫，2006）。

2000年初，兩家涉及台灣資金和人才的晶圓代工廠透過境外資金在中國出現之後，台灣業者和投資人開始提高警覺。第一家是宏力半導體製造公司（Grace Semiconductor, GSMC），它是由王永慶之子王文洋和中國國家主席江澤民之子江綿恆共同創辦。雖然專門技術或業界領導地位還不夠強大，但有一流的政治關係，宏力半導體很快就取得土地和大量資金，也獲得大篇幅報導，不過，它的代工生意一直沒做起來（朱炎，2006）。

在台灣及美國受教育，曾任職德州儀器公司（Texas Instruments）和世大積體電路股份有限公司的張汝京，則從台灣及美國投資人取得種子資金，在中國開辦「中芯國際集成電路製造有限公司」。中芯國際上海工廠2001年11月動土的新聞是個大震撼，尤其中芯國際很快就在上海開始量產，而且讓台灣競爭者更震驚的是，它立刻挖走好幾家中國出口業者成為顧客，從台灣業者手中搶走部分出口市場（張汝京，2008）。當下台灣半導體業要求反轉戒急用忍政策的壓力大增，因為這個限制讓台灣領先業者無法赴中國進行策略投資，以致無法抵銷來自中芯國際等中國公司的競爭。

這個階段很重要的一項差異是，中國政府改變原先限制重重的政策，開始採用獎勵措施吸引台商進入中國的工業園區，提供廉價融資、保障取得土地、水電、工程人才和其他基本資源，還大幅給予稅賦優待、保護智慧財產權（Klaus 2003）。2000年頒布的新政策降低了成本，也提升台商遷廠的吸引力（Hu and Jefferson 2003）。

市場在推、中國政府在拉，尤其在中國加入世貿組織之後，

中國變成一個愈來愈有吸引力的製造基地和市場。此外，網際網路泡沫破裂，使得美國相對而言不再像過去那麼吸引人。台灣半導體業的領導大廠開始重新評估遷往中國的成本與效益。到了2001年底，中芯國際籌募到超過三十億美元的資金和貸款，又搶到美、歐、日本等許多大客戶，它成為半導體業界歷史上最快達到獲利的大型晶圓代工廠，之後也在美國及香港交易所成功掛牌上市。台積電和聯華電子決定不能再延遲赴中國投資，但它們需要政府正式核准才能在中國設廠。

大辯論

台積電和它的競爭勁敵聯華電子極力遊說，要求政府放寬晶圓代工業赴中國投資的限制。台積電董事長張忠謀推翻自己原先不到中國投資的決定後，開始極力推動政策改變。2001年10月，台積電在上海設立聯絡辦事處，探討擴張到中國的可能性。聯華電子在公司沒有取得政府核准放行之前，就委由兩名中階經理人以私人名義前往中國投資。同時，為晶圓代工廠提供服務的台灣主要封裝測試大廠日月光半導體製造股份有限公司也申請准予到中國興建晶片組裝廠，希望年底之前即可動土興建。為了確保未來生意，它也以境外基金投資五千萬美元給中芯國際。

雖然陳水扁傾向放寬對半導體產業的限制，經發會也就積極開放的一般原則達成共識，但是經發會的決議沒有明白列出半導體產業。現在，台積電和聯華電子極力爭取准予到大陸投資，以期能和中芯國際競爭，使得這個議題浮上政策議程之首。從2001年9月起，公開評估開放半導體產業赴大陸投資的成本效益，導致民眾抗議，以及促成2002年3月的電視辯論。嚴格限制

派和溫和限制派的反對，對民進黨政府決定開放兩岸經濟關係構成第一次挑戰。某些限制派高唱軍事安全是他們最大的顧慮，但是也有人認為可能會失去技術、資金和製造資源，甚至就業機會。這些問題的嚴重性更因「群聚效應」而擴大，因為供應商和顧客全都會同時往中國遷移（Leng and Ho 2004）。有鑑於中國保護智慧財產權的不力，批評者還說，有鑑於中國保護智慧財產權的不力，即使只是稍微開放半導體產業投資大陸，中國都可能奪走台灣在該行業的設計和製造的領袖地位。

　　國內反對任何開放措施的聲音既多元又強烈，其中有些利益團體過去從來不曾為這個議題表態。由於各政黨只就放寬投資限制的一般原則達成協議，細節留待會後再討論。在起草執行辦法時，台灣工程師協會和台灣教授協會結合李登輝和台聯黨組織起一個運動，反對開放半導體產業赴大陸投資，強調可能造成大量失業及危害台灣的經濟安全（許文輔，2008）。

　　2002年3月9日，雙方通過電視直播辯論（台灣智庫，2002）。開放派由台灣半導體產業協會陳文咸和半導體業高階主管盧超群、黃崇仁為代表。他們要求民眾對台灣半導體產業要有信心，聲稱即使開放，也只會把低階技術移到中國。限制派由台經院院長吳榮義、台灣科技大學教授劉進興和成功大學衛星資訊研究中心教授羅正方為代表。他們回應說，即使允許最後一代八吋晶圓代工廠遷移到中國，也會啟動整個產業加速外移，影響十萬個就業機會，從根本上弱化台灣經濟。[34]

　　台灣教授協會、台灣工程師協會和他們的盟友全國失業勞工聯盟舉行聯合記者會，聲稱放寬晶圓廠到大陸投資的限制，等於是台灣經濟的「致命一擊」。台灣教授協會陳儀深表示，如果放

鬆管制會癱瘓台灣的經濟，加重失業，將第一流的技術移轉到中國，台灣就會失去競爭優勢。[35]電視辯論會當天，抗議者走上台北街頭大遊行，高呼口號「根留台灣」。[36]某些反對者關心失業問題──台灣工程師的薪水已經很低，而許多台灣工程師並不願遷到中國上班。還有些反對的人是因關心台灣的國家前途而來，例如學界領袖，他們不會在這一產業的政策轉變之下直接危害，但也不會因而受惠。

這個議題的討論過程，大致上被呈現為一個零和賽局。有些學者宣稱，如果允許晶圓廠移到中國，這個產業會喪失五分之一的工作機會，產業規模也會縮小近三分之一。更重要的是，移到中國的工廠是最先進的，不僅非技術工人會外移，有專業技能的工程師也會外移。台灣代工製造的下滑就會蔓延到上、下游相關產業，如積體電路設計公司和測試封裝廠。台灣將會失去技術、資本、製造資源、營業收入和就業機會。這些學者的結論是：「海峽兩岸的積體電路產業正在進行零和競爭。這並非雙方都可蒙其利的互補與勞力分工。」[37]他們的研究著重在就業和經濟安全方面，而且結論非常有說服力。

台灣政府部門在半導體這個議題上也分裂為開放派和限制派兩個陣營。經濟部站在業者這一邊，強調開放是促進成長──這是該部門最重視的利益──的手段，而陸委會和國安會大部分官員則以台灣安全長期受到威脅為主要理由，主張繼續限制（Yang and Hung 2003, 686）。有些部會內部對這個議題意見分歧，尤其是陸委會（楊家駿，2008）。雖然初步的討論範圍局限在業界人士和政府官員，對此議題的關注很快就擴及社會大眾，大家開始把這視為經濟安全的問題。全國教師會以及海外的北美

台灣人教授協會，響應台灣工程師協會，跳出來與台灣半導體產業協會、台北市電腦公會和中華民國工商協進會論戰。台灣的主要智庫意見也不一：台灣經濟研究院和台灣智庫反對開放，而中華經濟研究院則意見分歧（Cheng 2005, 120）。

業者並未預期半導體產業會在經發會後被特地列入考慮，他們很認真地為其立場辯護。張忠謀宣布台積電決定申請赴大陸投資，堅稱台商若被禁止接受中國政府給予的獎勵措施，將會失去競爭力（張忠謀，2009）。即使業界並不完全同意張忠謀的意見，它仍支持台積電的觀點──台灣業者應該開始擴張進入中國，起初或許可以腳步稍慢。[38] 在這段期間，聯華電子試圖把它決定將舊設備移到中國的決定描述為有利於台灣經濟，以便平息民眾對「掏空」台灣效應的焦慮。

電電公會是台灣最大的產業公會之一，對於經濟發展委員會議決定放寬投資規定非常振奮，發表許多文件向民眾說明允許投資的好處。[39] 它的理由是，台灣和中國都已加入世貿組織，任何投資貿易的限制都只能是暫時的。至於為什麼移往中國能使這些公司對台灣更有貢獻，電電公會列出成本降低、進入新市場和公司在部署資源時更有彈性等說法。

國民黨智庫國家政策研究基金會也動員一個小組為半導體產業赴中國投資辯護。有一篇文章力促台灣政府允許業者將八吋晶圓代工廠移往中國，它聲稱台灣業者在技術鏈上的進步極為快速，需要把低階製造移向中國才能確保競爭力。[40] 他們認為台灣在保有專利權數量上已是全球領先地位；把最後一代晶圓代工廠移到中國是半導體產業進行全球整合很自然的一個環節，何況中國將在2010年以前成為全球半導體產業的最大生產者：「我們希

望政府可以深切體認廠商維持並擴大市場占有率的重要，也呼籲
政府在規劃產業進行全球生產布局的實際作為上，應該給予廠商
足夠的揮灑空間。經濟法則才是產業策略運用的主導力量；如果
用意識型態來加以限制，全世界各國的經驗已經明確告訴我們，
經濟能量將會受到削弱。」[41]

電視辯論會和民眾抗議之後幾個星期，行政院長游錫堃表示
他贊成晶圓代工業者在特定限制條件下可以赴中國投資，但他沒
有宣布細節。次月，行政院宣布取消部分禁令，但還是沒有公布
任何細節（陸委會，2002）。民眾還是持保留意見；民調顯示只
有四分之一受訪者同意解除晶圓代工業投資之限制。其他人不是
完全反對放寬，就是不知其詳、無法表示意見（陸委會民調，
2002）。

政府宣布部分開放政策後，仍須訂出細節，這份工作持續
到2002年夏天。最後，它決定不再限制已核准投資案的人員移
動，但必須等待通過《國家科技保護法》（National Technology
Protection Law），這類似於美國的科技出口管制辦法（Leng and
Ho 2004, 741）。政府指出它一向都對戰略貨品的進出口實施管
制，聲稱這不只是保護台灣的智慧財產，也是遵循《瓦聖那協
定》（Wassenaar Arrangement）——這是美國四十多個盟國彼此
之間的一項自願協議，內容是不出口先進的及軍民兩用科技到中
國大陸去（BOFT 2012;Wassenaar Arrangement n. d.）。日本、韓
國和台灣這三個半導體業大國全都自願地加入並遵守此一協議。

2002年8月，政府終於宣布放寬對半導體產業赴中國投資的
限制，以及相關的申請規定。2005年之前，台灣只有三項矽晶
圓製造計畫申請獲准赴中國投資；獲准的最高層次移轉是八吋以

下，使用0.25微米製程技術；在最新的十二吋計畫於台灣未達到「經濟規模」之前，任何八吋晶圓不得在中國生產；所有的關鍵研發能力必須留在台灣。一個月後，台積電提出申請初期投資八億九千八百萬美元，在上海興建一座晶圓代工廠。然而，政府卻遲遲不願立刻做出決定，因為限制派仍對政策改變很失望，而給政府很多壓力。最後，政府迫使台積電把計畫分為兩階段。2003年2月26日，台積電僅獲准投資原先預算的6%至7%，以達成其代工廠有限度的「軟性開放」（USTBC 2007, Second Quarter）。其他的資金要再過一年才得移轉。

　　總之，半導體產業新的投資政策之爭，從2001年經發會初期諮商過程，到2003年台積電第一期投資計畫獲准，足足花了一年半時間。政府開始時以為它得到民意支持，可在兩岸投資政策上進行大規模開放，但很快就發現它在半導體產業（以及石化業）的積極開放政策上需要設限，以舒緩反對的民意：

　　　　政府面臨兩難……既要開放赴中國投資的規定，卻又不能犧牲台灣而促進中國的經濟。許多企業領袖急欲到中國設廠以維持競爭優勢和降低成本。其他許多人則關心放寬半導體業投資的禁令將會更加傷害台灣已經萎靡的經濟，平添中國對台灣的政治影響力。2002年3月……台灣政府終於提出……一個想達成兩全其美的辦法。由於這個純經濟問題是以政治手段來解決，半導體業投資的問題並沒有實際被解決（Yang and Hung 2003, 696）。

面對從嚴格限制派到廣泛開放派有組織動員的利益，政府的

妥協方案滿足不了任何一方。這和李登輝片面採行戒急用忍政策形成鮮明對比，當時他未經過任何公開諮詢程序就宣布決策，卻持續不變地執行了五年。

結論

民進黨人2000年首度當選總統時，對經濟成長遲滯的焦慮壓倒對安全的憂慮。受到2001年全球經濟下挫的打擊，復因九一一攻擊事件後的經濟影響，民進黨感受到恢復經濟成長的巨大壓力。台灣和亞洲其他出口導向的國家一樣，因中國的開放及加入世貿組織而被其市場強烈吸引，批評李登輝戒急用忍政策的聲音隨之增加。相形之下，失業、遷廠中國、市場不安定，以及成長率下降對台灣打擊甚大，增強了民眾支持限制措施。民進黨內的派系對立，以及行政、立法部門分別由民進黨及國民黨控制的分立政府之下，使得兩岸經濟政策的爭議更加尖銳。

台灣的第一位民進黨籍總統陳水扁有三個主要目標：向中國及美國保證他的政府對兩岸關係的意向；振興台灣的經濟；以及在總統大選險勝之後建立強大的民意基礎。陳水扁上任頭幾年對中國示好，甚至似乎願意回到九二共識以安撫北京要求重新承諾「一中」原則，也再次向美國保證他不會推動獨立。陳水扁在經發會上提議大幅放寬台商赴大陸投資的限制，有意以積極開放政策向北京表現友善姿態同時處理台灣日益嚴重的經濟問題。他也受到來自台商和其他利益團體的壓力，可能相信在這個議題上讓步會有助於建立他的政治基礎。然而，對陳水扁而言很不幸的是，倉促推出的積極開放政策不僅讓獨派的基本教義者驚慌，也

讓許多他希望爭取的中間派緊張。由於陳水扁對公眾諮詢不足，又誤判民意，明確執行細則的訂定在激辯中延宕數月。這個政策也無法大幅改善台灣和中、美兩大強國的關係。北京還是懷疑陳水扁另有所圖，對他的示好沒有積極回應，兩岸之間的不信任持續加深。華府繼續憂慮兩岸關係的未來，而台北開始對它所認為的華府默許北京孤立台灣感到惱怒。

接下來的辯論仍很激烈，反映出一個國族認同相持不下的社會。兩極化的認同觀點一直持續，造成在兩岸政策的兩個極端──廣泛開放（積極開放）和嚴格限制（戒急用忍）之間的選擇，將政策偏好和統獨立場明確掛勾在一起。此外，支持這些截然相反意見集群的人士似乎認為，戒急用忍政策的命運會直接影響到他們各自的國族認同。自認為是台灣人的人們支持某種版本的限制；自認為是中國人的人則支持某種程度的開放。這個辯論在執行中和在決策階段同樣都很明顯。

由於全球經濟下滑，經濟成長和經濟安全現在在人們心目中的重要性，大過台灣傳統軍事安全的地位。所有四個意見集群都一致認為必須恢復高度經濟成長，但是對於該如何做卻有根本不同的政策主張。

起先，開放派主導討論，說服政府取消兩岸經濟關係的限制，反轉戒急用忍政策，並採取寬鬆的積極開放政策以達成經濟成長。有些人具有強烈的中國認同而主張統一，也有些人純粹是生意人，尤其是半導體業者，他們認為戒急用忍政策讓台灣失去很多搶佔商業市場的機會，讓出了空間使得新競爭者在中國崛起。但是開放派在說服廣大民眾方面沒有那麼成功，沒能讓他們信服經濟成長是唯一值得追求的國家利益，民眾也不認為積極開

放是促進台灣國家利益最好的辦法。限制派的回應是，積極開放會傷害其他經濟利益，包括長期成長、就業和台灣的科技優勢。除此之外，廣大群眾也認為半導體產業象徵台灣的國家經濟實力和科技領導地位，因此傾向於採取保護主義措施。最後，限制派發現他們對政府政策的反對獲得普遍支持。他們很快就改進其組織，反對政府提議的政策的每個細節。

　　有關半導體產業開放政策的討論非常兩極化，把國族認同和政策選擇牽扯在一起。它凸顯出台灣所有相互競爭的經濟利益：成長、穩定、平等和安全。半導體產業認為它必須遷往中國才能對新興的中國對手維持競爭力，但其他人擔心，如果台灣失去半導體產業，他們就會失去經濟成就的某些最重要象徵，更嚴重的是，還會失去就業機會和智慧財產，傷害到社會平等和安全。陳水扁政府沒有辦法說服民進黨員或一般大眾接受其政策會有好處。到最後，民眾的反彈迫使政府把政策從廣泛開放調整為有限度的開放。它所採納的政策是符合兩個溫和意見集群優先目標之折衷方案。

　　下一章將會說明，半導體產業開放政策的爭議，在八年內持續困擾著陳水扁政府。只有在台灣開始鞏固其國族認同時，關於兩岸經濟政策的討論──包括對半導體產業的政策──才能開始有更清晰的目標、更理性的討論，以及較不極端的選項。在下一個階段，國族認同的鞏固將對兩岸經濟政策辯論的性質產生深刻的影響。

5

積極管理、有效開放

2006年台灣經濟永續發展會議

　　　　台灣人的認同絕對已經達成共識了，但和先前不同的
是，在經濟利益和政治利益方面卻開始走向分歧。
——侯貞雄，中華民國全國工業總會前任理事長（2009年4月）[1]

　　經過一整個任期，以及驚險過關當選連任，2006年的陳水
扁總統卻陷入了政治醜聞、派系鬥爭及經濟表現極差的風暴。儘
管台灣民眾對於國家第一次以民主和平的方式政黨輪替有極高的
期許，但他們對於分立政府、無法應對國際及國內問題非常失
望。同時，經歷九一一事件和網際網路泡沫破滅所引起的經濟趨
緩之後，全球經濟——尤其是美國經濟——已開始恢復元氣。全
球金融市場開始復甦，且在本章描述的階段當中持續維持熱絡。
可是，台灣在所有的經濟指標上都落在東亞四小龍其他三地（韓
國，新加坡，香港）之後。台灣的失業率惡化，競爭力已相對落
後於中國，外商公司紛紛移出台灣。而在國際上，中美關係進入
恢復合作的階段，而美國與台灣的關係卻仍然緊繃。儘管陳水扁
努力安撫北京，北京仍然不信任他的意圖，繼續想方設法防堵台
灣獨立，持續孤立台灣，並升高壓力促進終極統一。

　　在這個第三階段，台灣的國族認同和其經濟政策之間的關係
出現根本轉變。政策審查過程觸及到社會平等、穩定、經濟成長
和安全等議題，但已不再廣泛提及前兩階段引發熱烈討論的國族
認同問題。這是因為現在最強大的國族認同，是同時身為台灣人
和中國人的雙重認同；支持立刻宣布法理獨立或積極追求統一的
人已經很少，或甚至不獲支持。國族認同鞏固之下，有關經濟政
策的觀點範疇開始向中間匯流，政策選擇變得不再那麼極端，但
對於什麼才是最合適的政策仍有不小歧見。大多數台灣人都屬於

溫和限制派和適度開放派，這兩派的歧異仍然深刻，但辯論大體上已是根據經濟考量，而非國族認同。在這個階段，溫和限制派論述贏得的支持多過其他意見集群。與中國維持開放的經濟關係，但遵守政府訂定的限制，似乎比其他任何選項更能有效保障台灣新近確立的國族認同，同時促進台灣的經濟利益。

由於北京、華府或國際社會對「積極開放」的政策都沒有太多積極回應，陳水扁現在提出一個對中國更加限制的政策，通稱為「積極管理、有效開放」，以便迎合最死忠支持他的人士。相形之下，企業界和其他利益團體比以前更努力爭取民眾支持解除投資限制，及打造「三通」——雖然中國不願與台灣政府合作開放經濟關係，使得這些努力多半不可能達成。因為受困於一連串醜聞，公信力大幅下跌，同時也面臨企業界的強大遊說，陳水扁於是召開另一場會議，力圖向更多人爭取支持他提出的中止或是至少反轉對中國開放的提案。

台灣國族認同的改變

1992年以來，在民調中清楚展現的變化是，排他性的台灣人認同意識上升，而排他性的中國人認同下降，這已證明了是長久的趨勢。這一階段兩岸關係標誌著雙重認同和台灣人認同的成長，並且強烈偏好維持國家地位自主性，2006年的民調顯示，抱持這兩種認同的比例超過89%。在2002到2006年間，雙重認同大多數時候占最高比例，幾乎超過半數，但台灣人認同始終緊追在後。2002年，自認為純屬「中國人」的比例跌到不足10%，而在2005年，排他性的台灣人認同首次躍居最多數。不

僅如此，選擇不作答的人也跌到只占個位數，顯示台灣的民主化
已經使受訪人覺得這種問題不再那麼敏感，或是原本未決定的人
終於願意做出抉擇（圖5-1）。

在上一個階段還有一個持續的趨勢，就是大家逐漸不再以
「族裔」做為認同的定義。到了這個階段，走向雙重認同和台灣
人認同的趨勢，不僅來自本省人拋棄原本的雙重認同，轉向純台
灣人的認同，也出自外省人從中國人認同轉變成雙重認同。1992
年，73%的外省人自稱只是中國人。這個比例在2000年跌到
26%，2005年再下降到10%，而同年有將近75%的外省人受訪者

圖5-1　台灣民眾台灣人／中國人認同分佈（2002至2006年）

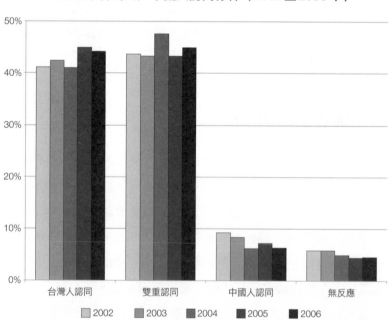

資料來源：國立政治大學選舉研究中心重要政治態度分佈

表示他們具有雙重認同意識（Shen and Wu 2008, 127-28, 135）。多年下來，出生在中國大陸的人口比例縮小，加上台灣人意識更包容的定義與論述發展出來，使得出生在台灣的外省人能夠認為自己至少有一部分是台灣人，有時甚至可以接受是純粹的台灣人，而不再認為是中國人。有些學者也注意到，中國人認同下降是受到中國堅持「一中」原則的影響，許多自認為「中國人」的人，發現以中華民國的框架之下統一已經不可能，若要統一就得接受北京的主權，因而開始放棄中國人認同。

伴隨著自我認同意識改變，對於台灣和中國終極關係的態度也出現變化。偏向「無限期維持現狀」或「以後再決定」，以及對最後結果沒有清晰偏好的百分比，成長為超過半數。支持立刻獨立或以後獨立的比例也上升到將近20%，支持立刻統一或以後統一的比例則持續下降。選擇不回答的百分比也穩定下降到個位數字（圖5-2）。總而言之，愈來愈多人——78%——支持維持政治自主，不論是透過正式獨立或是維持現狀的方式。

中央研究院的調查以另兩個方法證實了傾向維持政治自主的趨勢。關於條件式的統獨立場之調查顯示，從1995至2005年，支持統一的比例明顯下降，只有37%表示贊成統一，即使中國已變得民主、繁榮；相形之下，1995年支持的比例有54%。41%受訪者說他們反對統一，即使中國政經局勢變好，而1995年反對統一的比例只有22%。支持宣布獨立的人沒有明顯增加，只有以維持現狀保持自主的人在上升（中央研究院人文社會科學研究中心調查研究專題中心，2011）。

台灣人對於對中經濟政策的意見仍然深刻分歧，但是辯論的性質變了。雖然政策選擇仍然深刻分歧，嚴格限制派和廣泛開放

圖5-2　台灣民眾統獨立場趨勢分佈（2002至2006年）

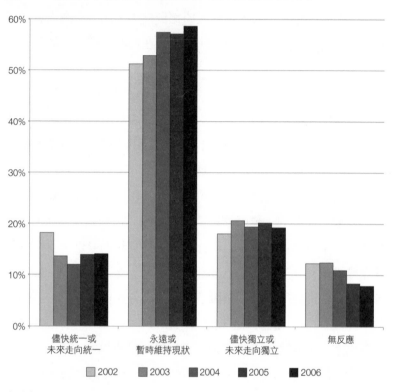

資料來源：國立政治大學選舉研究中心重要政治態度分佈

派都更進一步降為少數意見。由於中國政府基本上無視陳水扁政府，而陳水扁試圖開放所有產業的努力又遭到民眾反對，因此溫和限制派看來在國內外都更為得志。最明顯的是，在這個階段有關經濟政策的觀點明顯移向中間，與廣泛開放派和嚴格限制派有關聯的統獨意識型態立場，在決策及執行階段就被比較溫和的意見排除在外。

台灣的政治經濟和外在環境

經濟

　　台灣很難從2001年的全球經濟衰退中復甦，因其受困於分立政府、政策不連貫，勞力成本相較於競爭對手又急遽增加。由於石油價格上漲，出口需求下滑，2004年雖有短暫的經濟復甦，2005年和2006年又減速趨緩。失業率從1994年的1.6%攀升到2001年的4.6%，然後直到2006年都維持在4%以上。2006年，台灣加權指數仍比1997年以前的高峰低了三十個百分點，相較於其他亞洲小龍經濟體，更是黯淡無光；港、星、韓三地股市都在該年締造新高紀錄。除此之外，銀行呆帳上升，公司紛紛辦理減資，從台灣出走。公營銀行放款占全體銀行放款總額的一半，它們民營化的進程一再延宕。[2]

　　儘管積極開放政策的目的之一是吸引外國投資人運用台灣做為進軍中國市場的基地，由於台灣競爭力下降，投資人的整體信心黯淡無光。2002年，吸引進來的外人直接投資大跌六十四個百分點（經濟部投資審議委員會，歷年統計年報，2002）。歐洲在台商務協會（European Chamber of Commerce Taiwan）和台北市美國商會都以兩岸關係惡劣為主要理由，對台灣競爭力下降發出警訊；洛桑國際管理學院（International Institute for Management Development, IMD）把台灣的全球競爭力排名從十一名下降到十八名。[3]政府赤字日益上升限制住刺激經濟的能力（C. Chen 2005）。從積極面看，2003年才興建的中部科學園區吸引八十三家公司進駐，雇用員工一萬一千人，總投資金額高達新

台幣一兆六千億元（Office of the President 2006c）。不幸的是，即使如此，仍遏止不了科技業投資外流到中國。

2001年宣布積極開放政策後，台灣對中國的經濟關係更加深化。中國在2005年取代美國，成為台灣最大的貿易夥伴，雙邊貿易總額占台灣整體貿易額將近17%（BOFT 2014）。做為中國最大的國外投資國之一，台灣在2006年底時投資中國將近五百五十億美元，占台灣當年對外直接投資總額64%，數字相當驚人（表1-1），同時大約有一百萬台灣人在中國大陸居住和工作（Hickey 2007, 13）。

總之，在台灣經濟疲軟之際，它的貿易和投資也變得愈來愈依賴中國。仔細評估與檢討對中政策的任務遠比以前更加急迫，但卻被缺乏足夠民意支持的政府所忽略。

政治環境：弱勢政府

2004年總統大選前一天發生「兩顆子彈」槍擊事件，使得選情逆轉，陳水扁勝選連任——但領先差距只有0.2個百分點。驚險連任成功後，民眾對陳水扁政府的支持度繼續下降。2004年立委選舉，泛綠陣營在二百二十五席中只贏得一百零一席。2005年地方選舉，二十三席縣市長，國民黨贏得十六個，也控制了絕大多數鄉鎮市[4]。到了2006年，有一項民調顯示，對陳水扁政府的滿意度跌到只剩13%（TVBS民調中心，2006年1月2日）。

由於政府年度預算需經由立法院審核通過，泛藍陣營控制的立法院實質上挾持了行政院和陳水扁。最明顯的事例就是藍綠雙方對台灣的國防預算，以及陸委會和其他機關的預算意見分

歧。[5]多年來，國民黨政府要求美國出售先進武器給台灣，而小布希政府新上台即於2001年4月通過一百五十億美元的軍售案。可是，過去原本極力推動軍售的泛藍陣營現在卻決心封殺它。國民黨和親民黨藉口台灣財政困難及需要改善兩岸關係，反對向美國購買武器，還指控泛綠陣營想要以先進武器系統支持正式宣布獨立。陳水扁政府必須修正向國會提出的要求逾三十次，才終於在2006年就武器採購案獲得部分許可（MAC 2006, 88）。

　　2006年5月開始，陳水扁也身陷醜聞風暴。首先，女婿涉嫌捲入股市內線交易。然後，第一夫人吳淑珍被控侵吞國務機要費。吳淑珍曾經被揭露干預重大國政，她又在2004年涉入以子女名義開戶買賣股票的醜聞；現在又曝光，她在2002年收受太平洋崇光百貨公司禮券，協助影響政府對該公司所有權轉移的決定。[6]最嚴重的是，陳水扁本人在2006年7月被控以假發票申報開銷達新台幣一千零二十萬元。陳水扁在其總統任期屆滿前享有免受起訴權，但民眾普遍相信政府貪瀆的傳聞。從6月至10月，國民黨及其支持者三度發動罷免都未成功，但是第一夫人在11月遭到侵占公款罪名起訴。陳水扁拒絕辭職，政府陷入癱瘓。

　　台灣第一家庭身陷醜聞風暴的同時，行政院長謝長廷的部屬也在2005年8月被揭露涉及高雄捷運興建案的貪瀆。此一醜聞讓各界對陳水扁的中國政策抗議加劇，以及一再加深對其整體領導能力的疑慮。民進黨領導人呼籲改革，甚至脫黨。[7]一群與民進黨親近的學者對陳水扁完全失去信心，於2006年7月聯署要求他辭職（范雲，2009）。2006年8月，普受尊敬的民進黨前主席施明德發起「紅衫軍倒扁」反貪腐行動，要求陳水扁下台。其他具政治野心的民進黨政治人物，例如謝長廷，以及2006年1月繼任

行政院長的蘇貞昌等人，很擔心陳水扁成為政治負債，妨礙日後他們參選總統的前景。兩派人馬裂痕開始擴大：一派是陳水扁的死忠支持者，他們認為對陳水扁的種種抨擊是對台灣最有權勢的本省人之迫害；另一派是其他泛綠選民，他們希望見到對如今有嚴重貪瀆之虞的陳水扁進行獨立的司法調查。

儘管民進黨內分裂，2006年底的台北市和高雄市兩直轄市市長選舉，國民黨和民進黨各自在其傳統堅強據點贏得選戰：國民黨的郝龍斌拿下台北市長，民進黨的陳菊當選高雄市長。但民進黨贏得高雄市的得票差距之小卻是前所未見（差距僅0.14%）。雖然民進黨控制南部地區，使它站穩腳步成為台灣兩大政黨之一，現在它卻在內部陷入分裂的危機──有可能會步上新黨和親民黨先後在1993年和2000年自國民黨分裂，使國民黨遭受重創的後塵。

兩岸關係的變化

由於支持度大降，陳水扁決定拉攏最支持他的深綠選民，提議限制對兩岸經濟關係的控制。拉攏深綠的代價非常高；譬如，他們要求陳水扁進行「正名」運動，把國號由「中華民國」改為「台灣共和國」，對北京和華府而言，這將是極端挑釁的舉動。[8]

陳水扁在第一屆任期之初，試圖讓北京和華府安心，對中國採取出奇溫和的路線，暗示他願意回到九二共識，也可以討論建立「一個中國」，即使不是依據北京的「一中」原則。當然，他對兩岸經濟政策也採取積極開放的態度。但是北京無視或駁斥這些倡議，他的民意支持度又拉不起來；2002年8月，陳水扁轉向對北京深具刺激性的說法，指稱台灣和大陸的關係是「一邊一

國」。接下來他在2003年5月推動台灣加入世界衛生組織的全民公投；又把「和平公投」納入2004年總統大選進行表決——北京對此甚為忌憚，因為它們將成為先例，日後可能就台灣政治前途進行公民投票。最後，陳水扁在2006年元旦文告宣示政府的目標是「主權、民主、和平和對等」四大原則，並宣布政府將對台灣人赴中國投資加強限制。陳水扁提出「積極管理、有效開放」的概念——也就是日後所謂的「積極管理」政策，它強調管理（即限制），而非開放（自由化）。這恰好反轉了他原先的「積極開放、有效管理」政策（Office of the President 2006a）。他強調和敵對的中國加深依賴的風險愈來愈高，以此為新經濟政策辯護：

> 目前中國解放軍……在對岸部署七百八十四枚彈道飛彈瞄準台灣……最終要併吞台灣的企圖從來沒有放棄……國家安全的核心價值在於「保國安民」，經濟發展的終極目標應該是「繁榮均富」……具體而言，政府的角色必須「積極」負起「管理」的責任，才能「有效」降低「開放」的風險……全球化絕對不等於「中國化」，台灣不可能「鎖國」，但是也不能把經濟的命脈和所有的籌碼都「鎖在中國」（Office of the President 2006b）。

然後在2006年2月27日，陳水扁宣布，《國統綱領》「不再適用」，國統會「停止運作」，一反他在2000年的承諾。這具有重大象徵意義，因為它意味統一不再是國家目標，《國統綱領》中明訂的走向統一具體步驟將不再遵行。可想而知，這些行動造

成北京憤怒的反應，也引起華府的關切。

北京的對台政策

陳水扁改變路線的原因之一是，儘管他主動示好，中國在這個階段仍堅持強硬路線。雖然它接受台灣以「台澎金馬個別關稅領域」的名義在2002年加入世界貿易組織，但是它的態度很快就變得明朗，中國仍堅持以「一中」原則與台灣雙邊交涉所有的貿易衝突，而不採用世貿組織的爭端解決機制（Cho 2005）。更有甚者，它也不願意看到台灣與世貿組織其他會員國簽署自由貿易協定。

北京在其他國際組織，如世界銀行和國際貨幣基金，也繼續孤立台灣。2005年，聯合國大會連續第十三年在中國壓力下，拒絕考慮台灣加入聯合國。2006年，台灣的邦交國由二十七個降為二十四個，格瑞那達、塞內加爾和查德改為承認北京。最誇張且令人意想不到的是，即使在「嚴重急性呼吸道症候群」（Severe Acute Respiratory Syndrome，簡稱SARS）的疫情爆發後，在美國和日本支持台灣參加的情形下，世界衛生組織2004年仍拒絕台灣以觀察員身分出席會議。民進黨力圖加入國際組織，卻不敵中國限縮台灣加入或參與國際組織的策略（Li 2006）。

這個階段中國對台政策最重要的一項發展，是在2005年3月14日中國全國人民代表大會通過的《反分裂國家法》。這項法律有一部分是為了反制華府的《台灣關係法》，其中明訂台灣若走向獨立，或和平統一的可能性不復存在時，中國政府依法要動用武力。[9]這可不是虛聲恫嚇，美國國防部和台灣國防部都提出警

告，中國現在部署更多、更準確的飛彈瞄準台灣，使全島陷於更大的危險（Hickey 2007）。《反分裂國家法》，加上中國彈道飛彈能力更強大，造成3月26日台北街頭上演大規模的反中國大遊行，估計有一百萬人參加。北京的動作又弄巧成拙，使台灣各黨各派又團結起來，呼應反對中國的民意。[10]雖然各個政黨的統獨立場意見仍不一致，但是它們全都認同一個最基本的原則：台灣人應該自主決定未來命運，不受到中國實際動武或威脅動武所改變。

除了威脅要動用武力和剝奪台灣國際空間之外，中國也試圖透過向台灣各個泛藍團體和個人示好，來圍堵民進黨；其中許多人雖然早前抗議北京的《反分裂國家法》，卻還是很快地接受了中國的橄欖枝。2005年3月，國民黨副主席江丙坤率團以政黨的名義訪問中國，並會見中國共產黨的核心政要（政治局常委賈慶林），這是國民黨遷台後首次以黨的名義訪問中國，被中國媒體稱為「破冰之旅」。然後4月間，國民黨主席連戰到北京會見中國共產黨總書記胡錦濤，這是國共雙方領導人六十年來首度會面。

稍後舉行的兩岸經貿論壇，吸引台灣主要工商團體前往中國。2005年5月，親民黨主席宋楚瑜訪問中國；新黨主席郁慕明也在同年7月訪問中國。這三位泛藍政黨主席全都支持九二共識和「一中」原則。

最重要的是，北京透過所謂的「水果攻勢」，推動台灣農產品進口，拉攏台灣主要的經濟利益團體。2005年，北京取消台灣十八項農產品進口關稅；2006年第一次國共經貿論壇上，北京再給予十五項農產品優惠待遇。雖然這項政策沒有在經濟上產

生廣泛的影響，它是北京整體策略重要的一環，並同時進行拉攏國民黨、邊緣化民進黨的行動（Wei 2013）。後來，北京又舉行好幾次兩岸農產品開放論壇，邀請台灣的農會代表出席。水果攻勢是為了拉攏台灣南部農民而精心設計，他們傳統上是民進黨堅強的支持者。

北京向泛藍陣營招手，又試圖動搖民進黨的政治根基，更增強陳水扁對中國要採取強硬路線的決心。終止《國統綱領》和國統會之後，陳水扁說明：「兩岸經貿採『積極管理、有效開放』不是『去中國化』，而是堅持台灣的主體性，避免台灣成為中國的附庸或者邊陲，也就是要避免『去台灣化』，因為『去台灣化』的結果，台灣就不見了，我們將一無所有。」[11] 這兩項決定顯然都是針對《反分裂國家法》和北京企圖在台灣爭取支持者所做出的回應。接著陳水扁又在《華爾街日報》（*The Wall Street Journal*）發表文章，譴責他所認為的北京持續挑釁的動作。[12]

但是，中國再次壓制陳水扁的各項作為。在正式就積極管理政策提出抗議後，[13] 它展現它的國際影響力，說服美國、歐盟、俄羅斯、德國、日本、韓國、新加坡等國家出面譴責陳水扁廢止《國統綱領》和國統會的不當（Hickey 2007, 117）。北京又發動一波運動，向全中國台商施壓，要求他們與親台獨勢力切割。

總之，儘管陳水扁總統在第一任期間推動經濟開放，中國仍然從根本地懷疑他的意圖。因此，它不僅沒有與台北恢復對話，還通過一道法律威脅要對台灣動武，又繼續封殺台灣的國際空間。但總體而言，中國對民進黨政府的強硬政策，以及籠絡特定利益團體的做法，再度證明是弄巧成拙、製造反效果；它們增強保護主義情緒，使台灣民眾傾向支持溫和限制，也讓陳水扁感覺

受到藐視而改變政策路線。

華府的對台政策

小布希總統在2001年有意昭告世界，他預備與台灣發展更親密的關係，讓台灣享有比柯林頓時期更好的待遇。這樣的新政策透過宣布軍售以及重申美國承諾協助台灣自衛，表露無遺。陳水扁在2003年10月，獲美方點頭過境紐約，去接受一項人權獎，這是台美關係上又一次重大突破。但是好景不長。小布希政府對於民進黨的經驗稚嫩和投機作風愈來愈不放心，關鍵的轉折點是華府發現它制止不了陳水扁在2004年發動美方視為挑釁的「和平公投」。因此，藉著中國國務院總理溫家寶2003年12月訪問華府的機會，小布希在記者會上站在溫家寶身邊說，美國反對中國或台灣任何一方以片面行動改變台海兩岸現狀──多數人認為這段話是打臉陳水扁（Tucker 2005, 204）。

不僅如此，台北也無法安撫美國的情緒。陳水扁的執政團隊重內輕外（inward-looking）。它不僅缺乏和美國的聯絡管道和經驗，也沒辦法有效運用國民黨數十年來在美國建立的一流遊說網絡。陳水扁因為溝通不良，以及華府認為他的兩岸政策魯莽，虛耗掉他的資本。

美方特別不高興陳水扁2006年元旦文告中一段有爭議的話，它反映出他預備更改兩岸經濟政策，以及有意舉行公民投票制訂新憲法。美方讀了他的文告初稿，要求他修正說法，陳水扁不予理會。[14]當他廢除《國統綱領》和國統會時，華府開始緊張，深怕陳水扁會改變台海現狀。此外，高度分歧的國內政治──可能對於美國保衛台灣安全的承諾也有些過度自信──使得

陳水扁政府一連多年無法在立法院內爭取通過軍事採購案,和華府日益惡化的關係因此更加複雜(Chase 2008)。2006年5月,陳水扁出訪,想要過境美國,這次卻拿不到簽證。華府試圖說服他放寬兩岸經濟的限制政策,表示這將有助於爭取支持台美簽訂自由貿易協定。雖然台灣政府和台灣的主要貿易夥伴都在爭取此一自由貿易協定,陳水扁卻公開回絕這些建議。[15]

北京拉攏台灣的在野黨領袖,華府也一樣。國民黨主席馬英九2006年訪問美國,受到國務院高階官員羅伯・佐立克(Robert Zoellick)和約翰・波頓(John Bolton)熱切接待。他們爭取馬英九支持通過軍事採購預算,也希望了解這位可能出任台灣下一任總統的政治領袖之意向。

整體而言,這是美中台三方關係很不平順的一段時期。陳水扁和北京、華府的關係都很糟,美、中都和他的政治對手公開來往(Tucker 2009, 271)。儘管國際壓力甚大,對陳水扁而言,重建國內政治支持卻是遠比修補國際關係來得重要;他為此全力推動限制兩岸經濟的政策。

台灣經濟永續發展會議

2006年3月,陳水扁宣布即將在6月召開「台灣經濟永續發展會議」,由行政院長蘇貞昌、國民黨籍的立法院長王金平和中華經濟研究院董事長蕭萬長為共同召集人。台灣經濟永續發展會議和上一個階段的經濟發展諮詢委員會議不一樣,它完全是以國內議題為導向,試圖納入全面的內政議程,要為人口老化、物價上升等福利相關問題,尋求長期、結構性的解決方案(Office of the President 2006b）。有意爭取民進黨2008年總統候選人提名的行政院長蘇貞昌，希望推動放寬投資限制及允許兩岸增加包機直航，他所設想的議程設定和陳水扁不同。根據兩黨人士的說法，陳水扁雖然傾向於和深綠站在一起，他及其內閣閣員在台灣經濟永續發展會議期間，還是真心希望各利益團體找出共同立場，因為他在企業界仍然缺乏強大的基礎，在決定兩岸政策之前需要它們的背書支持（吳釗燮，2014；嚴重光，2014）。

因此，陳水扁起先願意納入若干開放的元素，譬如放寬對中國進口貨品的限制，以及準備建立金融清算機制等，以便安撫企業界。可是，到後來，陳水扁沒有採取新的開放政策或限制政策，只決定在少數幾項重要產業更嚴格執行既有規定。2006年3月，行政院宣布兩千萬美元以上的重大投資案，以及涉及敏感科技的投資案，將會受到更嚴格審查。計畫從事這類投資的公司，也必須同時擴大在台灣的投資，向跨部會專案小組說明他們計畫投資的理由，並允許審查其中國子公司的帳冊。另外也增訂一些規定，讓中國觀光客更難到台灣旅行。[16]企業界因此大怒。許多觀察家質疑政府是否有能力徹底執行這些規定，尤其，北京若不同意的話，政府有什麼資源和能力到中國查帳？不僅如此，陳水扁還面臨了截然相反的幾種巨大壓力：一方面是民進黨和民眾要求他對中國更強硬；另一方面是企業界、國民黨和華府要求他更開放。

在社會層面上，自台灣移入中國的人口激增。超過一百萬名台商和台幹在中國居住和工作，很有可能對台灣政府帶來強大的影響力。此外，愈來愈多台灣居民有家屬在中國居住和工作，他們也會前往中國旅行。雖然2005年起，兩岸開始班次不多、僅

限於重要假日的包機直航，2006年又擴大班次，可是沒有直航或是定期包機，使數百萬人往返相當不便。因此，台灣經濟永續發展會議上提出的政策議題，對相當多數的台灣人民而言，已直接涉及個人的生活層面，而不僅止於理論上的討論而已。

企業界努力遊說，希望放寬投資上限不得逾越資產淨值40%的規定。[17]他們希望政府能著重陳水扁新政策的「有效開放」面，也希望這能讓政府在許多含糊不清的政策方面做出有利的解釋，而不是企業界領袖強力反對的開倒車加深限制。[18]然而，許多台灣人支持從嚴執行既有規定，尤其是此時傳出一則報導，有三十七家上市公司在中國投資已超過上限。[19]

2001年政策放寬後，關心主權及安全的泛綠立法委員就在等候機會反轉和中國經濟統合的路線。[20]陳水扁的副總統呂秀蓮深怕他可能向國民黨及民進黨的開放派讓步，真的執行起「有效開放」，她提出警告，反對更加開放：「如果我們把我們的……生存和工業發展押注在中國之上，台灣的主權將會陷入嚴重危險。」[21]台灣經濟永續發展會議還在籌備階段，提案包括放寬規定和加深限制，台聯黨就抨擊放寬投資規定的建議是「走向與中國經濟終極統一的道路」。[22]台聯黨精神領袖李登輝反對進行任何向中國進一步開放的討論。[23]台聯黨在立法院有十二席立委，對陳水扁政府有極大的影響力，它把最重要的開放方案擋下，使其排不上議程。根據陸委會主委吳釗燮的說法，陳水扁的兩岸政策遭到台聯黨劫持。[24]

台灣經濟永續發展會議的籌備小組比起經濟發展諮詢委員會議涵蓋面更廣，延攬科學家、學者、企業領袖、政治運動者和環保人士參加，有意利用這次會議討論台灣經濟的結構性問題。5

月至7月之間，政府在全台各地召開籌備會和公聽會蒐集各方意見，這段期間超過一百七十五名領袖人物討論議程，並給大會五個分組提出議案。然而，和經發會不同的是，當時經發會對兩岸議題達成若干共識，但現在出席台灣經濟永續發展會議的人士，卻無法對兩岸經濟政策找出太多共同立場。[25]大會召開前幾天，行政院長蘇貞昌還在和六大工商團體會商，試圖說服他們不要因為反對積極管理而退出會議，但他這麼做，卻被人貼上「親中」的標籤。公聽會引發各方對於傳聞中放寬兩岸貨運及客運包機，以及放寬40%投資上限等議題的廣泛關切。面臨強大的反對壓力，會議籌備處在最後一刻宣布，這兩個議題不列入正式議程，使得企業界大失所望。

台灣經濟永續發展會議上千人參加的分組會議就國內政策達成五百一十六項結論，著重在提振投資、創造就業、縮小城鄉差距，以及促進財富平均分配。接下來，蘇貞昌把草擬必要法令的責任交付給內閣各相關部會。[26]可是，兩岸政策方面卻沒有達成明確的結論。

前文已經說過，陳水扁希望拉攏深綠勢力，但也試圖避免觸怒企業界，他在台灣經濟永續發展會議舉行之前就已經決定，要放棄提出進一步開放或再加深限制，而是澄清以及嚴格執行既有規定。他只想以經續會做為平台，為此一政策爭取支持。最後，大會經過又一輪討論後，支持他的立場。大會的結論是，台灣經濟愈來愈依賴中國大陸，是經濟風險的源頭，應該加強經貿關係的風險管理機制；確切而言，前往中國的重大投資必須更小心地管制，尤其是科技業，以維持台灣的競爭力。

「全球佈局與兩岸經貿分組」由東森媒體集團總裁王令麟主

持，討論台灣是否應該透過自由貿易協定或其他機制，加速投資研發，並推動與其他經濟體的策略性合作（MAC 2006a）。行政院副院長蔡英文是內閣出席會議的主要代表，她也同意聽取開放兩岸政策的若干動議，包括檢討及重新調整40%資產淨值投資上限的規定。然而，當分組會議一併討論允許台灣銀行業赴中國設立子行、促進海空貨運，並要求中國承認台灣的專業證照等動議時，台聯黨代表和幾位學者退席抗議。[27]

這個分組倒是在需要提升台灣競爭力、強化台灣經濟基礎和降低對中國依存度等方面達成共識。然而，在兩岸關係方面，所有引起爭議的貿易及投資項目，都沒有列入政府承諾要立法的「共識清單」，改放到「其他意見」，只做為向政府提出的建議。更重要的是，分組對企業投資上限這個議題正反意見旗鼓相當；在激烈辯論中，十九位代表主張放寬，十八位反對。[28]唯一對片面放寬管制達成共識的是財金組，它建議允許國內（非政府）投信資基金及全權委託投資基金，將部分資產投資於中國的股市及證券。[29]其他少數幾項「有效開放」措施也獲得支持，譬如開始談判允許中國遊客來台觀光、建立定期包機飛航等，但由於北京不肯配合，這項政策從未實現。

陳水扁在台灣經濟永續發展會議之後重申結論：台灣在中國的投資已經太多，不是太少；和中國的經濟關係需要多加管理，不是減少管理。[30]他認為對中國增加投資會加劇「M型社會」的分裂發展，也就是中產階級萎縮，分別被底層階級和高層階級吸納（大前研一，2006）。到了12月，經立法院研議，政府宣布了某些略為加重限制的規定。需要再經審查的「重大投資」被界定為：個人或公司超過一億美元以上的任何新投資；或是現有投資

已經超過二億美元，而今又要再增加六千萬美元以上的案子。對於核心產業及科技業的投資也需要官方核准。[31]

　　有位熟悉內情的人士日後回憶說，儘管在台灣經濟永續發展會議上有爭執，重點也從積極開放改為有效管理，2006年的政策轉變只影響到被列入禁止進口清單的少數農產品；個案審查的投資計畫也只是稍加嚴格規定。這位熟悉內情的人士又說，「國民黨指控民進黨對兩岸貿易和投資實施更多限制，使台灣與世界孤立，其實只是虛幌一招，因為實際上並沒有多大變化。」（張銘斌，2014）

民眾對台灣經濟永續發展會議的反應

　　台灣經濟永續發展會議並沒有引起台灣人民的關注，有些民調指出高達75%的民眾並不知道有這場會議。（陸委會民調，2006年7月18-19日）。知道的人則對於它是否有能力達成任何共識，或陳水扁是否有能力執行其建議期望甚低。民眾對於會議所討論的某些特定議題，如兩岸直航、投資限制和金融自由化有強烈意見，但他們著重的是依賴中國經濟對台灣國家利益的危害，採取的是基於工具性價值的現實利益考量，並沒有把國族認同和經濟政策混在一起討論。

　　2006年一整年的民調顯示，對兩岸政策的民意仍強烈分歧，但逐漸往中間靠攏，一方面支持一定程度管理之下的適度開放政策，而非完全限制或無條件地開放，同時是以國家利益為優先，權衡相互競爭的利益目標（陸委會民調，2006年）。譬如，70%的民眾認為兩岸直航應該有限制，只有16%認為要無條件

開放（陸委會民調，2006年12月15-17日）。這個時候，認為直航對個人有利的人不到三分之一，同時有將近一半認為它們會威脅到台灣的安全（陸委會民調，2006年1月11-13日，7月18-19日）。將近74%表示他們關心台灣在中國的外人直接投資占台灣整體海外投資的七成這件事。當被明確問到對台商赴中國投資設限這個問題時，支持現行政策的不到2%，27%希望減少限制，但卻有將近55%希望增加限制（陸委會民調，2006年3月31日至4月2日）。被問到目前對赴中國投資規定的上限是否太高或太低這個問題時，只有5%認為適當，34%認為太低，51%認為太高，反映出民眾對於投資政策嚴重地而且均勻分布地意見分歧（陸委會民調，2006年1月3-5日）。對兩岸交流步伐的意見也同樣分歧：只有36%認為步伐適宜，26%認為太快，25%認為太慢（陸委會民調，2006年9月15-17日）。

　　大部分工商團體對於台灣經濟永續發展會議未能往更放寬的方向達成任何突破，深感失望。不過，主要的工商團體，尤其是全國商業總會、全國工業總會、中華民國工商協進會和全國中小企業協會在行政院長蘇貞昌請求之下，努力遵守政府路線，發表聯合聲明承認大會的成就，也支持它的目標。[32]

　　簡而言之，雖然對於台灣國族認同的兩個層面——在未來國家統獨立場上要維持現狀，但台灣人認同意識也變得更廣泛——出現比以往更大的共識，對兩岸政策的偏好卻仍然分歧。人們對於具體的兩岸經濟政策的意見顯然更加多樣化，而在國族認同或台灣未來對中國關係的議題上，民眾的共識較大。

四大意見集群

民進黨掌握政權之前，泛綠支持者有共同的目標：讓台灣成為民主國家、以選票讓國民黨下台，以及維持台灣獨立自主、不受中國控制。可是，民進黨人一旦執政，泛綠勢力開始陷入分歧，有人著重國家安全，也有人著重經濟成長。陳水扁2006年1月宣示「積極管理」之後，民進黨立刻陷入1998年兩岸政策大辯論以來，黨內最大的分裂。

黨內四大派系各自都有自己的政策主張。正義連線主張從中國完全孤立，因此擁護嚴格限制。福利國連線原則上著重國內經濟改革，但願意支持兩岸經濟關係有限度的開放。綠色友誼連線希望取消境外資金匯回稅（repatriation tax），並提高赴中國投資上限。新潮流系相信台灣可以對中國更加開放，建立三通，讓台灣成為希望前進中國投資的企業中心。[33]換句話說，民進黨內的意見從嚴格限制到適度開放派都有。由於派系對立與內鬥嚴重，民進黨在當年稍後決議解散派系。[34]

台商圈的意見也相當分歧，在這段期間陷入不尋常的沉默。台商之所以意見不一致是因為他們的生意現在絕大部分都是在中國，可是他們仍然根留台灣，希望把家小留在台灣。絕大多數台商希望經濟成長，但不願犧牲台灣的安全。因此，台商整體而言可能對陳水扁更加限制的經濟政策也有不同程度的支持。他們的生意和家庭情況導致許多人支持廣泛開放或適度開放，但某些人支持溫和限制或甚至嚴格限制，因為可能他們心向政治自主，也擔憂經濟上再和中國統合會出現政治的「外溢效應」（Lee 2014），也就是逐漸開啟統一進程。

許多台商，尤其是中國各地的台商協會會長，發表公開聲明批評陳水扁政府，部分原因是為了避免北京政府懲罰他們。[35]然而，私底下，台商抱怨北京不斷騷擾他們，要逼他們公開反對台獨。譬如，重慶台商協會會長說，負責執行對台政策的台辦官員對台商的政治關係進行調查，包括查核他們是否有捐款給民進黨（Wang 2006）。

對台商這種鋪天蓋地的政治壓力最明顯的案例就是奇美實業公司，這家業界龍頭之一的塑膠製造公司的中國工廠遭到中方徹底查稅，逼得公司創辦人許文龍提早退休。許文龍被迫出面支持《反分裂國家法》，聲明支持「一中」原則，公開撤回原先支持台灣獨立的立場，讓台商圈許多人大感意外，對他遭受政治壓力深表同情。[36]

嚴格限制

在這個階段，此一意見集群的支持者包括泛綠政黨和支持台獨團體內的某些派系，以及智庫、學者、媒體成員、產業公會和勞工團體。然而，這個時期也透露出嚴格限制派的影響力明顯弱於以往。

台聯黨立委在台灣經濟永續發展會議退席抗議，阻止進一步開放之後，他們偕同李登輝和某些勞工團體要求增加對中國貿易和投資的限制。一份立場傾向台聯黨的報紙指控在中國過度投資「已經侵蝕台灣產業發展的根本，對國家安全造成重大傷害」。[37]李登輝也指控這場會議是希望更加開放的公司所唆使的「大騙局」。他們的抗議造成陳水扁政府企圖對半導體產業再施加限制，下文會再說明。[38]

李登輝和台聯黨聯手，很快就成為嚴格限制派最重要的人物之一，也是政府背上芒刺——和他擔任總統時的溫和立場迥然不同（Kagan 2007）。從李登輝的觀點來看，向中國開放——或他所謂台灣的「中國熱」——是台灣經濟問題的根本原因：

> 台灣——而不是中國——應該是國家永續發展的戰略焦點。我們應該建立一個以台灣為中心的新戰略，向全世界開放……過去，台灣只是參與全球經濟的製造工廠，提供價廉物美的產品給國際市場。它透過把雞蛋分散在其他許多國家而走向全球化……應該拋棄掉在中國複製台灣的做法，改為建設今天及未來的台灣。[39]

李登輝竭盡全力強調國家安全和主權的重要性，抨擊台灣經濟永續發展會議的結論「被財團綁架」，沒有共識做為根據。他一再強調「全球化不等於中國化」。[40]

親綠媒體也支持從積極開放改為積極管理。2006年，《自由時報》已成為台灣閱報率最高的日報，反映民眾日益支持它傾向台獨的立場。[41]它的英文姊妹報《台北時報》在陳水扁新年文告之後，於言論版刊載一篇文章，它認為原本的開放政策「導致資金外流……中國也不感謝……陳水扁決定以台灣優先是正確的政策，應該得到支持」。[42]知名政論家、電視製作人魚夫（本名林奎佑）認為，民進黨被新潮流系等「叛徒」挾持，已經變得太過親中（魚夫，2009）。

某些嚴格限制派認為開放之後潛在的政治後果和經濟後果一樣都需要慎重考慮。譬如，由一百多個公共團體聯合組成、傾向

獨立的台灣社，就非常支持陳水扁的積極管理政策。[43]他們認為經濟開放傷害中下階層勞工，而且更重要的是，他們關切中國對台灣經濟和軍事安全的威脅。事實上，台灣社底下的台灣北社似乎對陳水扁政府的貪瀆醜聞展現寬容態度，只要民進黨能保持台灣不被中國併吞就好，他們明白指出：「我們必須先確保本土政府的穩定，才能要求它清廉有效。」[44]

政府則和以前政策轉變時期一樣，動員親善的學者及智庫出面支持。台灣智庫被公認是陳水扁的重要智囊，它就兼跨嚴格限制派和溫和限制派兩個意見集群。它的負責人——經濟學者陳博志提醒民眾，如果不加管制，台灣的半導體產業將會和十年前的筆記型電腦業一樣被淘汰。事實上，台灣對中國經濟的依賴「已經大大超過其他國家的依賴程度……我們應該擔心失業問題、企業外移，以及經濟制裁的威脅……沒有一種經濟理論會說自由放任政策可以實現最好的經濟發展」（P. Chen 2005）。

嚴格限制派對於陳水扁原先積極開放政策長期經濟結果的評估，與其他意見集群的見解不同。前任立法委員林濁水指出，如果台灣經濟永續發展會議像從前的國民黨一樣，嘗試把台灣打造為服務業中心，製造業就會出走。他認為，台灣的人口多過香港、新加坡等其他服務業導向的經濟體，少了活絡的製造業台灣將無法維持經濟繁榮。[45]

其他人認為陳水扁做得還不夠，沒有讓台灣的經濟和中國保持足夠的距離。銀行家出身的黃天麟是陳水扁的國策顧問，他認為依賴中國的成長無法永續。黃天麟譏諷地說，積極開放是「部分西進論者、學者、官員及中國台商之『傑作』……（積極開放）對台灣之傷害已歷歷在前」。[46]他認為放寬40%資產淨值投資上

限的規定，會造成國內投資下降，而且兩岸直航會使不動產投資移往中國，終結台灣的房地產榮景（黃天麟，2008）。他憂心再繼續開放下去，會使台灣在中國帶來的政經海嘯當中滅亡：「政府若不改變政策……隨著兩岸經濟統合持續，國族認同的混亂將變本加厲。」[47]

失業率逐漸在全島成為爆炸性的議題。2000 年 5 月起才能合法籌設的獨立勞工團體，大多認為階級利益和國家安全利益密不可分。他們支持台灣獨立，不認為和中國統合會有經濟利益。除了台灣官方承認的「中華民國全國總工會」之外，還有其他許多新成立的工會，如「全國產業總工會」（Pan 2007）。全國產業總工會抱怨，陳水扁的政策沒有解決台灣國內的問題，如失業率居高不下、勞工權利萎縮，以及實質工資下降等。工會把政府的施政表現分數打得很低。[48]他們最擔心的是中國工人移民到台灣，以更低薪資搶走已經所剩不多的職缺，他們也擔心貧富不均加重。全國產業總工會前任會員、後來成為社會學者的林宗弘宣稱，全球化和兩岸商務的成長代表著「台灣工商力量的鞏固、勞工階級的邊緣化，以及中產階級的沒落」。[49]他把台灣失業危機和貧富不均歸咎於積極開放。林宗弘認為，「兩岸貿易是階級利益的問題，不是……政治認同的問題」，又說「罪魁禍首是生產製造移到中國」。[50]

來自勞工團體的這些經濟論據也獲得專業團體的共鳴。台灣教授協會和台灣工程師協會繼續支持加緊控制，堅稱允許中國勞工來台或是技術外流到中國都沒有好處。台灣工程師協會副會長許文輔主張政府必須起訴聯華電子等廠商，以儆效尤。聯華電子是台灣第二大晶圓代工廠，但卻迴避政府的投資規定，偷渡到中

國投資（許文輔，2008）。他認為中國人正在「迫害」台商，以便從他們那裡竊取技術，威脅台灣的經濟。他很驚訝中國會採取強硬手段；如果奇美這樣的大廠在中國都會被騷擾，聯華電子和台積電恐怕也逃不掉同樣的命運。更何況，這個科技產業終究會西進，因為他們的供應商和顧客早已經群聚遷往中國。[51]

　　台灣其他重要利益團體對北京以水果攻勢之類的手段拉攏他們支持，其實都表示相當程度的疑慮。台灣農業產學聯盟理事長吳明敏抨擊中國向台灣灑下大量農業優惠，以「拉攏農業意見領袖、『去政府化』、利誘台商和農技專才，增加台灣對中國的依賴度等，終極目標則是『以農促統』」（Wu 2006）。他認為這些優惠誤導了農民的生產策略而不可信賴，因為中方隨時都可以片面撤銷優惠。

溫和限制

　　溫和限制派認為，政府對兩岸經濟關係若有規劃良善的管理辦法，可以是刺激台灣經濟成長和競爭力的一股正面力量，而非障礙。他們的立場是政府應該規範關鍵產業的重大投資，力求平衡一切重大的經濟利益。相較於嚴格限制派，他們認為加強執行既有規定，比起對於赴中國投資施加更嚴格限制，可能會是更好的解決之道。

　　某些與政府密切配合擬訂兩岸規範的企業領袖認為，適當的管理架構是有必要的。東和鋼鐵公司董事長侯貞雄曾任全國工業總會理事長，他是兩岸交涉的一個主要中間人，曾在2005年應北京之邀，和幾位台灣各界的領袖一同前往中國訪問。談到他2003至2006年擔任全國工業總會理事長期間的觀察，他說，台

灣國族認同新產生的共識對此一辯論有相當重要的影響：

> 　　兩岸經濟政策有兩個極端：一邊是「搶搭中國大陸這班
> 車的全球化」，另一邊是獨派人士拒絕所有的互動。這些經
> 濟政策立場過去和我們如何看待對中國大陸的關係密切相
> 關，但現在情況轉變了。現在，我們對認同──我稱之為
> 「way of life」，也就是我們的自由和生活方式的選擇──有
> 了一致的看法。因此，我們對商業議題的觀點，如今可以和
> 政治觀點區分開來（侯貞雄，2009）。

　　侯貞雄不僅相信兩岸經濟活動應當有效的管理，也主張在
制訂和執行這些規範時，北京和台北官方的對話必不可少。由
於「上帝很遙遠，中國近在眼前」，侯貞雄覺得台灣政府應該和
北京坐下來談，設法協助台灣企業面對在中國日益激烈的競爭，
才能生存。在1990年代，中國需要台商協助，但情勢已經反轉
了，現在是台灣在經濟上需要中國的程度，大於中國對台灣的需
要。可是台灣也必須保衛它所選擇的「生活方式」及核心價值
（參考資料同上）。

　　經建會主委何美玥雖然大體上支持允許晶圓代工廠赴中國投
資的決策，但也認為開放半導體或石化業等產業需要更周密規劃
和規範，因為這樣的移動一向都會涉及到許多上、下游產業，影
響層面很廣（何美玥，2008）。其他許多政府官員和政策倡議者
支持溫和限制，以防台灣在世界經濟中遭到邊緣化。中央研究院
發表一份分析，支持能夠鼓勵更多台商回到台灣的政策，尤其面
臨中國的勞力成本提高。[52]此時擔任陸委會副主委的童振源也指

出，2001年放寬投資的規定導致資金、人才和技術外流，這些後果全都嚴重傷害台灣的發展。[53]

中華經濟研究院和台灣經濟研究院這兩個台灣首要智庫，都對台灣的競爭力進行過類似分析，它們有許多經濟學者擁護政府以明智的干預手段來規範兩岸經濟關係。張榮豐擔任李登輝和陳水扁的智囊多年之後回到中經院，他批評政府未能考量台灣要如何善加運用與中國建立經濟關係的優勢。張榮豐認為台灣不能只考慮兩個極端方案，而是需要長期的經濟戰略，不能夠依賴只為討好特定利益團體的戰略。[54]他認為政府限制漳州發電廠之類的投資案，把大企業留在台灣，立下正確的先例（張榮豐，2008）。台經院的龔明鑫同樣也認為，政府必須更積極，不能以自由市場為名義棄守規範管理的角色（龔明鑫，2007）。

貧富不均和就業問題愈來愈受到關切，好幾個智庫支持以溫和限制促進社會平等。譬如，台灣智庫幾位分析師發表文章，要求政府考量開放政策可能引起的失業問題：

> 政府必須面對因此波衝擊所導致的失業浪潮。台灣在全球分工的價值鏈若未能有效提升，⋯⋯台灣因產業外移所遺留下的結構性失業，並不會因三通直航而得以改善，反而在低階技術人力，特別是對女性、低教育勞力和高齡就業者所受到的就業衝擊，更必須在開放三通直航政策時，提出配套政策措施予以因應。⋯⋯同時潛在所引發的失業人口將在五萬人左右（羅正方，2003）。

中華民國全國教師會的楊益風認為，民進黨政府採行更加限

制的政策，使台灣有機會把一些產業留在國內，減緩它們外移：

> 李登輝和陳水扁都曉得，禁止赴大陸投資可以有效地停止資金及人才外流，也讓資金回流台灣。今天就是如此：資金正在回流到台灣。此外，中華民國全國教師會反對目前的全球經濟結構，它讓每個人不得不在跑步機上奔波，逼迫每個人增加競爭力（楊益風，2008）。

適度開放

適度開放派接受某些政府規範是必要的，以矯正市場失靈，並促進政治及社會和諧，但卻又擔心規範管理會犧牲掉效率和競爭力；因此他們偏好兩岸經濟政策更加開放。

雖然大部分工商團體還遵守官方路線，卻很不情願，部分成員甚至公開表達他們的保留意見。全國商業總會有些會員說，即使社會不同意，政府仍應為所當為——也就是更加開放兩岸經濟關係。全國工業總會在台灣經濟永續發展會議上促請政府取消40%資產淨值投資上限的規定，引發激烈辯論。全國工業總會代表甚至還撂下重話：大部分企業反正都能找出漏洞前往中國投資。[55]電電公會執行長羅懷家代表四千多家廠商提出警告，表示規範管理已使企業經營成本大為上升。[56]政府沒辦法得到這些國民黨設立的半官方性質工商團體的支持，更不用說其這些團體旗下的會員（企業）了，因為大部分會員與民進黨關係並不融洽。[57]

即使相信強勢政府的國民黨前技術官僚，也高聲批評政府的

限制政策，部分原因是2008年總統大選將近，要藉此鼓舞企業界支持國民黨。但主張開放的人若想維持社會其他部門的政治支持，他們必須採取溫和立場。譬如，國民黨副總統候選人蕭萬長在2001年提倡兩岸共同市場，是個廣泛開放派，現在改採適度開放派立場，贊成政府對台商要有部份的限制，而非全面開放。不過，他還是贊成對中國增加開放，而非降低開放，也主張解除40%資產淨值投資上限。[58]

國民黨副主席江丙坤到美國等幾個國家為深化兩岸經濟關係的主張辯護。他認為經濟現實擺明在眼前，台灣必須與中國攜手，以保持台灣廠商在全球貿易的市場占有率。他把台灣經濟問題歸咎在戒急用忍以來的種種限制政策，認為李登輝和陳水扁沒有負起政府指導經濟、支持赴中國投資廠商——尤其是中小企業——的責任（江丙坤，2009）。國民黨籍的全國工業總會副秘書長蔡宏明呼應江丙坤的觀點，認為兩岸整合並未製造台灣的經濟問題；反而是遠離中國、不以經濟成長為優先才使台灣走到今天的困境（蔡宏明，2008）。

許多工商領袖，尤其是張忠謀，主張以更開放的政策促進經濟成長（張忠謀，2009）。2006年8月，張忠謀在著名的企業領袖組織「三三會」重申他在台灣經濟永續發展會議的發言，堅決反對對半導體業的新限制措施。他說：「開放（對大陸半導體產業投資）對本地業者不會構成威脅，因為0.18微米製程技術在中國晶片業者已經成熟，良率很高。我希望政府會放寬此一限制。」[59]他向與會人士保證，台灣恐怕是僅次於美國，對出口關鍵科技管制最嚴格的國家。他也認為，中國市場愈來愈大，不容忽視，而且有限度的政策開放可以為台灣企業創造更大的市場。

廣泛開放

　　嚴格限制派把他們的注意力幾乎全擺在保衛台灣的安全上面，而廣泛開放派最關心的是推動經濟成長，認為更加開放是必要手段。然而，整體而言，伴隨著接受新興的台灣認同的人日益增多，愈來愈多民眾擔心與中國加深整合，會危害與台灣認同密不可分的政治自主性。因此，廣泛開放派成為愈來愈不被接受的立場。台灣認同是以共同價值和體制為基礎，那些不願面對這個逐漸形成的共識的人們，在公共辯論中失去了關注量。

　　廣泛開放派有一個主要論據，即如果政府不放寬限制，更多企業會完全離開台灣，把一切營運遷往中國大陸，以善加運用當地機會。的確，以製造米果著稱的台灣企業旺旺集團就把它的總部移到中國，並極力批評台灣政府對投資限制。某些媒體集團也支持廣泛開放，譬如，《中央日報》2006年有一篇社論認為台灣無可避免地會屈服於中國的力量。它認為，陳水扁的政策使得中國不再對他抱有幻想，因此通過《反分裂國家法》。社論呼籲陳水扁不要再和北京對抗：「陳水扁如果只悟出中共是搞統戰，卻悟不出台灣的出路，那還能算是徹悟嗎！」[60]

　　台北市美國商會執行長魏理廷（Richard Vuylsteke）和台灣高階官員有直接接觸。他繼續代表著那些希望政府更加廣泛開放、但又不願與政府直接對抗的廠商。他指出，「許多公司分設一個部門集中從事中國生意，在香港交易所掛牌上市。有些公司乾脆從台灣股市下市。其結果就是台灣金融市場力量逐漸削弱（Vuylsteke 2009; AmCham 2006）。他抨擊台聯黨阻撓台灣經濟永續發展會議通過與中國增進經濟關係。[61]

　　雖然支持廣泛開放的大多數人是基於經濟和商務原因，某些政黨和智庫仍然毫不掩飾地把擴大開放的論據放在認同意識上；他們的成員主要仍自認為是「中國人」，主張台灣和中國加深統合會對中國有利，進而推動終極統一。國民黨老黨員和新黨、親民黨黨員都努力推動經濟統合，不僅強調與中國密切合作的實質好處，也指出與中國分離的台灣國族認同相當危險。國民黨榮譽主席連戰2005年訪問北京，重申中國民族主義，並抨擊台獨極端勢力，並成為鼓吹與中國共產黨合作的主要人物。他主張：「我相信北京的觀念在朝著積極的方向轉變。經歷二十年持續不斷的經濟成長，以及相當程度的改革開放之後，中華人民共和國已經踏進新時期。」[62]他說：「台灣可以提供資金、科技給中國，協助國際行銷。中國供應原料、廉價勞工和巨大的市場給台灣。這是互補的關係……旨在與中國統合為共同市場。」另外，他也提出警告，推動排除中國的「這個台灣意識」很危險；台灣應該努力維持現狀，這對華府也是最理想的狀況。[63]連戰領導的國家政策研究基金會倡議降低台灣企業赴中國投資的限制，允許中國遊客來台觀光，並建立人民幣交易的境外資本市場。

　　宋楚瑜領導的親民黨起草一份政綱，主張依賴中國及其廣大市場解決台灣經濟的困窘。親民黨認為，中國需求日益上升，台灣企業可從兩岸機會獲益，最後會回流到台灣。在一項反陳水扁的集會中，宋楚瑜說，陳水扁的限制政策傷害台灣，赴中國投資已替台灣人賺了五百億美元（親民黨，「親民新聞館」，2006年3月19日、2008年12月1日）。更重要的是，宋楚瑜採取很強烈的中國認同立場。他譴責陳水扁廢除國統會和《國統綱領》，指責他是違背人民意志的「台獨分子」。他也強調台灣不應該向國

際社會求助來解決國際地位問題。他在2005年拜會中國的兩岸
事務首席談判代表陳雲林時，把這個觀點表現得最為清楚，送給
陳雲林一幅法書：「炎黃子孫不忘本，兩岸兄弟一家親」（親民
黨，「親民新聞館」，2008年11月5日）。

　　新黨的宗旨明白寫在黨的「八項主張」中，它對未來國家統
獨立場的偏好一向比其他泛藍政黨清晰。它開宗明義就宣示：
「主張民族大義，反對台灣獨立：民族思想根於天性，民族主義
是人類生存發展的精神武器；保族為群，則是知識分子不可推卸
的天職。新黨主張，中華民族應固守原有之疆域，守死不去，一
寸山河一寸血，不容異族染指，亦不容分裂國土……堅決反對
台灣獨立，割裂民族臍帶，自絕於十億同胞。」（新黨，「基本
理念」）。新黨網頁上的部落格出現一篇文章，主張所有的台灣
人都應該為統一而戰，這既是最根本的原則問題，更因現實上來
看，中國的龐大資源將可以強化台灣。[64] 雖然許多新黨立法委員
候選人在2004年以後為了爭取勝選，重新登記為國民黨員，新
黨在陳水扁深陷貪瀆醜聞時一度重新振作，好幾位黨員在縣市級
選舉中獲勝，包括2006年贏得四席台北市議員。

　　儘管四大意見集群爭奪影響力，在台灣經濟永續發展會議期
間表現得尤為顯著，但在赴中國投資的規定緊縮且更嚴格執行之
後，它們彼此的分歧更加深刻、更加無法調和。再者，政策執行
的層面與制訂時一樣意見相當分歧，最明顯的例子就是關於半導
體業移往中國的管理規範持續爭論不休。

產業個案研究：
對半導體業是否開放繼續辯論不休

　　實施積極管理期間，溫和限制派和適度開放派之間對台灣半導體業政策的意見仍有巨大歧異。雖然現在的討論已經站在經濟利益考量，而非以國族認同為基礎，台灣人民仍然不能就如何規範管理此一策略性產業，以及如何執行法規這些方面達成共識。

　　為了展現它很認真執行新的積極管理政策，陳水扁政府不遺餘力地以半導體產業做為加大力道執法的樣板。我們在第二階段已經看到，由於半導體產業對台灣經濟的戰略重要性，關於此一產業的政策引起各方強烈關注。陳水扁不太願意得罪開放派，尤其是企業界，但是他也必須安撫死忠支持他的限制派。自2002年以來，半導體產業受到一條暫時政策的規範，它規定前往中國投資的晶圓代工廠不得超過三家，而且只能用0.25微米製程生產八吋晶圓，不得生產當時最先進的十二吋晶圓。這個規定到2005年12月效期屆滿。

　　同時，台積電2002年原本要到上海投資的計畫被擋下，但是政府在2004年5月允許它匯出三億七千一百萬美元到台積電上海廠，全案八億九千八百萬美元的餘額則需在中國當地舉債支應。上海廠在2004年10月開始量產之後，張忠謀又申請准許這個八吋晶圓廠可用更先進的0.18微米製程，特別是因為台灣已經採用0.09微米技術。台灣政府擱置到2006年7月，台灣經濟永續發展會議已經閉幕才考慮它。張忠謀後來說，如果台積電在2004年就獲准轉移更先進的技術，它的中國對手——上海的中芯國際——就不會發展得那麼快（張忠謀，2009）。2006年12

月，經濟部終於核准興建兩座採用0.25微米技術的八吋晶圓代工廠，這是台灣首次在中國的組裝投資（陸委會，2006b）。相較於採用0.18微米技術的最新十二吋晶圓廠，這個技術已經過時，但此一核准仍部分扭轉了2002年實施的限制。

　　2007年，台積電終於獲准可以採用0.18微米製程，但這時中國本身培養的晶圓代工廠，如中芯國際，已經普遍採用這些製程。具備大量的外國資金和國家資金，又有訓練良好的本地工程師，中國已經不需台積電或聯華電子投資，就能夠開始從事設計、測試、組裝和非尖端晶片的生產（Chen and Woetzel 2002）。縱使台灣的半導體業者曾經認為，若無他們參與，中國出現不了獨立的晶圓代工廠，然而事與願違，中國成功地獨立創造此一產業（張汝京，2008）。中國慢慢地站穩它做為全世界最大晶片量產國的地位，不再只是低價組裝工作的場地。

　　台積電上海廠投資案在2004年獲准之後，台灣其他半導體公司也立即提出申請案，但它們遭逢相同的推延。記憶晶片製造商茂德科技在2004年5月宣布申請投資九億美元建廠，可以讓台灣母公司收到豐厚的權利金。力晶科技也在2004年12月宣布它有意申請。兩家公司花了兩年多時間才獲准投資，但是許可來得太晚，它們最後都沒有真的投資。[65]

　　事實上，整個半導體產業自從2002年以來就停滯不前，因為政府舉棋不定，民間又反對把先進科技移轉到中國去。這種不確定阻止了台灣企業對前往中國投資做長期計畫，而中國的半導體業則比全世界其他任何市場成長得更快。[66]進一步投資的想法因2006年的積極管理政策斷了念頭，因為此一新政策只會沒完沒了地拖延投資計畫──而且這次是故意拖延。[67]正式的、繁瑣

的審核程序終於在2007年1月4日公布，實質上連確實遵循機制的公司也無法合法的前往中國投資（經濟部投資審議委員會，2007）。

政府在這個階段搬出種種理由，為加深限制的政策辯護。雖然行政院陸委會引述美國政府出口管制政策和《瓦聖那協議》為理由，但台灣的限制其實比美國人的規定還更嚴格。《瓦聖那協議》其實已經修正，准許移轉使用0.18微米製程的半導體製造設備，因此美國政府在2004年12月取消對它的移轉控制，並於2007年6月更進一步放寬科技限制（Wassenaar Arrangement n.d.）。[68]

即使在2007年核准台積電投資案，台灣政府仍以刻意拖延審核程序的方式，執行積極管理政策。漫長的審核過程有效地使得赴中國投資變得不符經濟效益。身為全世界晶圓代工廠龍頭，台積電一直遵守政府政策，尋求正式核准其計畫，因此在進入中國時已落後於競爭者。其他測試和封裝公司也是漫長審核過程的受害者。

政府對半導體產業政策的第二個面向作為，則是去「騷擾」那些迴避規定、未經正式核准就投資中國的業者。聯華電子是僅次於台積電的晶圓代工大廠，它發覺照規定走勢必曠日費時，因此它交代幾位員工在2001年到中國，開辦一家公司名為「和艦」，以聯華電子資源為後盾。法律上，聯華電子無法控制這家晶圓代工廠，但外界都清楚，和艦實際上是由聯華電子投資。2006年1月，聯華電子高層和陳水扁總統吃完春酒後不久，政府竟派人搜索其台北總公司，要調查聯華電子與和艦的投資關係，令人大吃一驚。

陳水扁總統宣布積極管理之後，當局起訴聯華電子董事長曹興誠、副董事長宣明智和聯華電子子公司宏誠創投公司總經理鄭敦謙，罪名是違反投資限制。經濟部投審會聲稱，從2001年起，聯華電子協助和艦設計、興建和安裝生產設備，並且提供經營管理人才，市場價值估計達十一億美元。[69]由於預期到政府會有進一步騷擾，也怕影響到股東權益和投資意願，曹興誠和宣明智同一天宣布辭職（曹興誠，2009）。經濟部亦就聯華電子投資和艦案裁處新台幣五百萬元的罰鍰。[70]

這一幕多年大戲不僅涉及到對於企業的干預，還充滿貪瀆醜態。初步調查期間，檢察官授意聯華電子執行長洪嘉聰去向一位總統助理請教這件案子──可能是示意行賄──但洪嘉聰和曹興誠都不肯向壓力屈服（洪嘉聰，2009；曹興誠，2009）。雖然聯華電子在和艦案上可能跨越紅線而受罰，政府卻顯得舉棋不定──不僅對公司畏首畏尾，對批評者也舉措無方。不少批評者認為處罰應該更快更重。

聯華電子這齣戲是政府想要延緩半導體產業赴中國投資的長期策略之一，但曹興誠和宣明智遭到起訴，代表政府手段變本加厲。業界起了戒心，擔心會被缺乏安全感的民進黨挾持：「台北利用聯電案為藉口，繼續拖延開放晶片廠投資中國的規定……民進黨2005年12月在重要縣市選舉落敗的影響……意味台灣晶片業的投資在可預見的將來仍將受到凍結」（USTBC 2005, Annual Review）。

2007年7月，法院裁定推翻聯華電子罰款案，認為聯華電子與和艦並不涉及不法投資。法院進一步裁定，證據不足以為聯華電子主管定罪。政府要收集證據起訴他們很難，因為投資是透過

和聯華電子沒有關聯的公司或個人進行，而中國當局也不配合調查（USTBC 2009, Second Quarter）。

為了展現決心，政府甚至擴大處罰投資中國晶圓廠的他國公民。中芯國際是由一些台灣投資人和經理人出資、創辦，股票在香港交易所和紐約證交所掛牌上市，成為中國對台灣晶圓廠主要的競爭威脅。2005年，政府一再試圖對中芯國際執行長張汝京處以新台幣五百萬元罰鍰，理由是未經政府核准，透過一家開曼群島公司投資中國晶圓廠1%的股份。然而，由於張汝京已經歸化為美國籍，又住在上海，台灣政府只能禁止他入境台灣，並凍結他在台灣的資產（USTBC 2007, Annual Review）。2007年5月，台灣高等法院駁回政府控訴張汝京的案子，因為它沒辦法證明他是中芯國際的最終投資人。

聯華電子和中芯國際這兩個案子，是陳水扁展現決心，貫徹2002年對投資中國設限的樣板，也藉此強調半導體產業是台灣的戰略性產業，不容偷渡。但是陳水扁政府陷入嚴重的兩難情勢。一方面，它必須處理開放投資政策後會帶來的問題，如失業變多、薪資下降，和面對中國實力發展而落居下風等。它也承受民間相當大的壓力，要求政府執行對此一產業所訂的限制。另一方面，跨國企業已大舉進入中國，以便取得生產平台和中國國內市場，台灣公司必須跟著他們的顧客或供應商走，不能原地不動。譬如，英特爾（Intel）在2007年宣布，它取得華府核准，將投資二十五億美元在中國興建一座十二吋晶圓廠，預計在2010年量產。如果台灣政府不核准已在中國營運的台灣業者進行相同的投資，它們的技術將落後競爭者至少兩代（USTBC 2007, First Quarter）。

　　然而，這種商業邏輯就算能讓經濟學家和企業主管信服，要說服社會大多數人卻不容易。儘管政府嚴格管制、干預半導體業者，民眾還是不滿意，因為他們擔憂赴中國投資會引起資金外流、搶走人民就業機會、危及台灣國家安全，並傷害台灣的主權。投審會某位官員說，政府當然有心嚴格執行規定，且不惜一切努力。譬如，當台積電終於獲准可將部分過時生產機具移往中國時，相關單位官員甚至還親赴其總部，逐一檢查機具，確保它們遵守規定（嚴重光，2014）。一如陳水扁捉摸不定的施政方針，任何政府部門要制訂出連貫一致的投資政策也是很困難的，因為半導體業的本質就是與時俱變且競爭激烈，但它對台灣經濟又兼具實質和象徵的重要性。兩位學者對個中困境有很貼切的形容：「目前（美國對中國）在策略上有一個很大的矛盾。設想，一個國家內住著競爭對手國的百萬公民，他們正非常努力地壯大這裡的公司，而這些公司又將會與他們家鄉的企業直接競爭。這就是中國和台灣半導體產業的現況。」（Keller and Pauly 2005, 71）

　　這個階段和前面兩個不同的是，在執行對半導體產業的規定時，幾乎不太涉及到國族認同的討論。討論過程集中在高度技術性的議題，不是討論「是否允許半導體業投資」這樣的一般性問題，而是談這個產業的哪一部份應該准許外移，以及可移轉的科技層次是什麼。討論始於台灣經濟永續發展會議，在執行時的爭議變得更加激烈，溫和限制派總是希望嚴格執行規定，而適度開放派則無論如何都希望更放寬規定，以便加速赴中國投資。似乎很少人渴望完全限制或完全開放此一產業。

結論

在這個階段,陳水扁翻轉路線,企圖對台灣企業赴中國投資重新加以設限。陳水扁在2004年以極小差距驚險過關當選連任,民進黨隨後又接連輸掉幾次地方選舉,陳水扁逐漸失去政治支持;他的政府因國內政治僵局而近乎癱瘓。眼看無法扭轉經濟下滑,陳水扁很沮喪,也很氣憤中國堅持不和他對話。中國更在國際上繼續排擠台灣,使它只剩下二十三個邦交國,2003年嚴重急性呼吸道症候群(SARS)疫情嚴重時,仍然阻撓台灣參加相關的世衛組織大會,且在2005年推動通過《反分裂國家法》,明訂武統的條件。台灣和華府的關係也惡化,台灣一再無法批准小布希政府已核准出售的先進武器採購案,令美方相當失望,而陳水扁對中國的挑釁姿態,更讓許多美國人認為他是「麻煩製造者」。雪上加霜的是,陳水扁和家人捲入貪瀆醜聞,進一步了削弱他的政治基礎。

民進黨拚命想恢復它的人氣和信譽。2006年聲勢浩大的紅衫軍抗議要求陳水扁下台不果之後,他藉由提議對台商赴中國投資重新施加限制,尋求深綠的極端派系支持。一千多名代表參與的台灣經濟永續發展會議,它的議程比起過去的全國經濟發展會議和經濟發展諮詢委員會議還更有抱負,但終究還是在兩岸經濟議題上陷入僵局,沒辦法協商出任何具體的政策建議。陳水扁的積極管理政策因此並未推出新的限制規定,而是在既有規定的基礎上面更嚴格及更繁瑣地去執行。陳水扁政府延遲核准台積電赴中國投資,並且為了安撫反對派而處罰聯華電子和中芯國際迴避法律規定、偷渡投資的行為。這種對積極開放政策有限度的翻

轉，一方面讓那些主張一定程度開放的人士產生不滿，另一方面又不能贏得那些本來就對陳水扁個人醜聞感到失望，並要求更進一步限制對大陸經濟往來的人的支持。黨內同志對陳水扁個人醜聞感到失望，同時持續希望對兩岸經濟關係有更加嚴格的新限制。

　　然而，在這段期間，台灣人民似乎已對台灣認同達成共識，照侯貞雄的話說，台灣人決心保衛自己選擇的「生活方式」和核心價值。相當大比例的民眾現在自認為是台灣人，過半數人選擇雙重認同。一旦這種共識開始浮現，對兩岸經濟政策的考量即可聚焦於如何平衡形形色色的國家利益，包括經濟成長、穩定、社會平等和國家安全，而不是像兩岸關係第二階段主要著重成長、第一階段只著重安全。意見的多樣性不再只環繞著在嚴格限制或大規模開放這兩種各走極端的政策選項，也包含了較為溫和的選項。兩岸經濟政策的討論在前兩個階段側重於國族認同的本質性價值，之後轉向工具性價值，以現實利益為考量。然而即使如此，要達成共識仍然是困難的事。企業界的立場跟民眾或許多利益團體相比，還要更主張完全開放半導體產業赴中國投資。因此之故，雖然政府沒有對赴中國投資訂出更嚴格的限制，卻仍不放寬既有的管理規則，延遲核准重大投資案，並干預和起訴那些迴避政府管制、以偷渡方式進行投資的廠商。這個階段的政策翻轉，即無法完全滿足溫和限制派或嚴格限制派，更讓企業界失望，因為它更加嚴格執行既有的限制，使台灣對中國的經濟政策基本上保持不變。

6

A 擱發

2008 至 2010 年簽署《海峽兩岸經濟合作架構協議》（ECFA）之路

> 我們是中國人還是台灣人？如果你看到我們父母那一
> 代，一切都是中華民國、一個中國。但我們是台灣人，我一
> 點都不覺得是中國人。
>
> ——顏偉辰（Yen Wei-chen，音譯），
> 太陽花運動學生抗議者（2014年4月）[1]

民進黨執政八年之後，民眾對陳水扁政府非常失望，責怪它造成經濟成長趨緩、外交政策前後不一，而且貪瀆盛行，連第一家庭都涉入其中。民進黨為了在2008年總統大選重建民意支持，又試圖打認同牌，把國民黨總統候選人馬英九貼上外省人的標籤，又說他的副總統競選搭檔蕭萬長主張兩岸共同市場，是個統派。不過，選民對這樣基於族群的台灣認同訴求相當無感，而把重點放在更好的經濟政策、對兩岸經濟關係更理性和長遠的規劃，以及廉能政府。

選舉結果，民進黨大敗。在投票率76%之下，馬英九贏得58%選票，除了五個農村縣市外，全部領先；民進黨候選人謝長廷得票率僅有42%，馬英九領先的差距遠超過李登輝和陳水扁的得票比例。馬英九在2008年5月20日的就職演說高倡「人民奮起，台灣新生」，向快速邁向鞏固的台灣認同致敬，同時亦保證要改善兩岸關係。馬英九聲稱，選舉結果顯示「人民選擇政治清廉、經濟開放、族群和諧、兩岸和平與迎向未來。」（Office of the President 2008）馬英九以及國民黨立委候選人壓倒性的大勝，連最樂觀的國民黨操盤人都感到遠超乎預期。

自從2006年陳水扁把「積極開放」改為「積極管理」以來，企業界感到愈來愈受限。此外，陳水扁在職八年期間的收賄

與貪瀆醜聞，大大妨礙了理性地制訂國內外經濟政策。由於經濟發展停滯，馬英九的競選陣營成功地把貿易開放與自由化描繪為復興台灣經濟的關鍵。這個選舉承諾幫助他勝選，但也製造出相當高的期望。出乎所有人的預料的是，失望來得更快。馬英九的施政滿意度不斷下滑，從就職時逾40%，由於經濟狀況持續下滑，加上馬英九政府對台灣史上災情最慘的一場颱風應變不當，到了2009年8月只剩16%，創造台灣歷任總統最低紀錄（TVBS民調中心，2014年2月12-13日）。但在台灣2010年與中國簽署第一批貿易協議後不久，他的民意支持度跌得更低。

　　全球經濟疲弱，台灣的經濟前景也黯淡。但馬英九並未直接處理他所宣示的改善國內條件的目標，反而著重在開放兩岸關係。他認為減少限制不僅會給台灣經濟帶來更多機會，還能說服中國允許台灣參與其他的區域協議，進而成為全球經濟更完整的一員。換言之，他認為台灣問題的解決之道幾乎全繫於增進兩岸關係，而非改進國內經濟政策。馬英九因此發動一系列的兩岸經濟談判。這也讓雙方簽署十四項雙邊協議，最終達成了2010年的《海峽兩岸經濟合作架構協議》（ECFA），這一協議的英語簡稱在台語（台灣閩南語）中的發音近似「A 攔發」（意思是：會再次繁榮）。[2]

　　這些協議涵蓋的範圍比起以前各輪開放都來得更深、更廣。這導致ECFA在談判進行中遭到國內反對，在其執行和通過後續協議時也頻頻遇到反對聲浪。

　　前面三個階段，台灣的政策變動是總統決定的片面措施，也未和北京談判；因此研究者對這些階段的分析，著重在檢視各方在討論政策變動的會議進行中以及會後對總統倡議的反應。相形

之下，簽訂ECFA時，從2008至2010年需要與中國公開談判，它在協議能簽署前早已引發冗長的辯論。先前幾個時期的政策轉變，總統通常有辦法迫使立法院通過提案，或是運用行政措施完全迴避立法程序。馬英九則想在簽署ECFA之前就得到民眾贊同，以備協議需經立法院批准通過。本章分析2008至2010年期間，即協議交涉期間，民眾對ECFA的討論。個案研究則著重在三年後要執行協議內容、進行後續談判時所產生的爭議，尤其是高度爭議性的「服務貿易」相關協議。

台灣國族認同的改變

　　這個階段最大的特色就是，台灣人認同已達成鞏固的狀態。各項民調顯示，排他性台灣人認同顯著而持續上升，在2008年之後成為最多的一群，到了2009年更超過50%以上。在前面幾個階段，雙重認同很強，現在已逐漸變得更傾向台灣人認同，而且內涵不再以族群去做界定，而是以對台灣人民的利益及其新興民主體制的尊重為主。此外，本研究所謂「廣泛的台灣人認同」，包括排他性的台灣人認同（53%）及雙重認同（40%），成為最大的一群，於2010年達到93%（圖6-1）。對台灣人認同的共識現在已經沒有爭議，特別是在民主環境下成長、受教育的年輕世代。中央研究院2013年進行的一項調查，三十四歲以下受訪者群體，其認同與其他三個年齡較大群體的認同大不相同：將近九成自認為純屬「台灣人」，而其他群體只有76%認為如此（張茂桂、趙永佳、尹寶珊，2013）。

　　至於統獨立場方面，支持政治自主相關選項的人更上升到

圖6-1　台灣民眾台灣人／中國人認同分佈（2007至2010年）

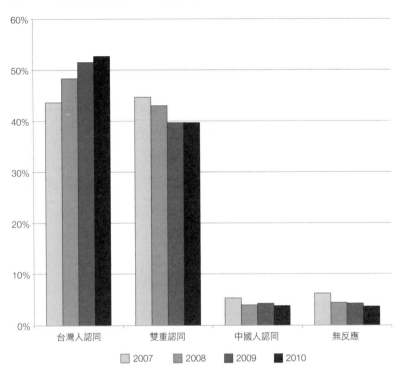

資料來源：國立政治大學選舉研究中心重要政治態度分佈

83%，支持立即統一的人跌到只有1%（國立政治大學選舉研究
中心，2014）。即使加上主張目前維持現狀、日後才統一的人，
支持統一的人已跌到只有10%（圖6-2）。

　　中央研究院2010年對條件式的統獨立場所進行的調查，讓
我們又一次看到支持統一的人日益減少。假設中國一旦實現民主
即支持統一的人跌到30%，比1995年的54%降低甚多。2013年
的年中所進行的一項調查，這個比例更跌到只剩13%，在年齡二

圖6-2　台灣民眾統獨立場趨勢分佈（2007至2010年）

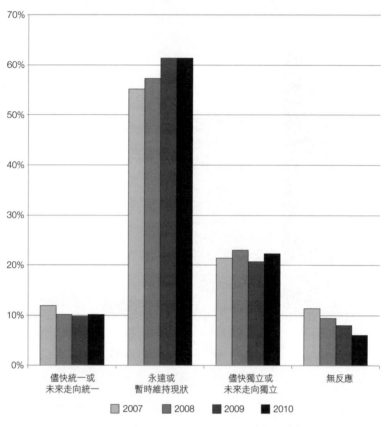

資料來源：國立政治大學選舉研究中心重要政治態度分佈

十九歲以下群體中更只有7%（Wu 2013）。同時，即使出現政治經濟有利條件但仍然反對統一的人從1995年以來增加逾一倍，達到43%（中央研究院人文社會科學研究中心調查研究專題中心，2011）。也就是說，國族認同的主要內涵現在包含了台灣人認同、支持維持政治自主，以及在任何條件下都反對統一。

台灣人認同既已鞏固，現在人們可以專心地評估什麼樣的兩岸關係最能促進其經濟利益。2010年只有4%的人自認為「中國人」，可見四個意見集群都代表了廣義的台灣人，而不是只集中在限制派。對兩岸經濟政策的討論著重於經濟整合對於台灣的成本效益，幾乎全體居民此時都已認同台灣社會，所以不需再對此認同議題進行辯論。溫和限制派取得了擁護經濟平等、經濟安全和可持續的長期經濟成長的人士支持。適度開放派認為經濟發展的狀況是「水漲船高」，主要支持自由放任政策把餅做大，但也接受某些政府規範管理，以因應市場失靈的狀況及促進台灣商業發展。隨著經濟政策偏好和國族認同之間的相互關聯減弱，愈來愈少台灣人認為他們對經濟政策的選擇應該取決於他們偏好的政治立場。當然，仍有某些廣泛開放派贊成統一，也有些嚴格限制派支持獨立。但在統獨與經濟政策偏好之間，有一些與預期相反的思維模式，例如有些主張台獨的人認為兩岸經濟開放會帶給台灣繁榮，由此增進獨立的可行性。但不論他們提出什麼樣的理論依據，嚴格限制派和廣泛開放派比起以往都更加淪於少數。

和中國相互依賴的後果仍然受到關注，但此時的主要關注在於對台灣經濟安全的風險，而非對台灣未來政治地位的直接衝擊。

在政策辯論過程中，開放派幾乎不以中國人認同做訴求。反之，由於台灣人認同已經高度鞏固，也幾乎沒有人認為必須實施限制以促進政治自主。但是許多人認為這個認同仍然脆弱，擔心中國的經濟優勢會危害到台灣人認同；確實，他們也認為中國推動經濟相互依賴，其用心就是要阻止台灣人認同上升這樣子與中國漸行漸遠的趨勢。在這個階段，適度開放派和廣泛開放派合力

支持馬英九政府往大規模開放推進。但除了經濟關係制度化之外，很少人有心發起兩岸之間的政治對話。

　　國民黨和民進黨兩大政黨都意識到，台灣人認同已經確立，因此對兩岸經濟政策採取了各自不同的中間立場。由於民意持續演進，過去的立場拿到現在來看都已顯得太過極端，因此他們不得不推翻自己先前對於限制或開放的立場。民進黨對於宣布台灣獨立有所承諾，國民黨則是對終極統一有所承諾，這是兩大黨各自要面對及消弭的外界疑慮。在接下來的選舉中，兩黨因此轉向國內社會經濟議題，以凸顯雙方的差異（Fell 2011, 110）。隨著另一場全球金融危機重挫台灣經濟，應付這些國內議題變得更為急迫。

台灣的政治經濟與外部環境

經濟

　　儘管全球各地的經濟，從國家或是各產業部門來看，一連好幾年都有空前的成長，台灣的經濟表現在新世紀頭幾年仍然疲弱。它在2006年略有起色，成長率5.6%，但持續不敵其首要出口競爭對手韓國。就在馬英九當選總統前，台灣經濟成長在2007年終於開始增速，達到6.5%成長率。但2007年的美國次級房貸危機在2008年升高為全球金融危機，也讓台灣的經濟成長曇花一現。

　　經濟大環境不看好，但馬英九上台時告訴大家，只要兩岸關係一改善，經濟立可恢復元氣，可以達到他所謂的「六三三」

目標：在2012年之前實現每年經濟成長率6%，人均所得三萬美元，失業率降到3%以下。[3]但隨著全球金融危機加劇，台灣的GDP成長率在2008年第三季跌了0.8個百分點，出口跌幅逾四成。全年GDP成長率跌到只剩0.7%，「六三三」目標成為幻影。

政府在國內採取幾個做法刺激經濟，譬如每個國民發放新台幣三千六百元的消費券來提振消費，起動基礎設施興建計畫，並進一步採取量化寬鬆的貨幣政策。然而，馬英九的主要經濟政策是根據以下的原則：要達成快速的經濟成長必須翻轉先前的積極管理政策，放鬆赴中國投資的限制。政府宣布從2008年起，所有公司赴中國投資上限放寬到資產淨值60%，比起過去的20%至40%的上限，可謂大幅鬆綁；這正是陳水扁總統在台灣經濟永續發展會議時拒絕採納的政策轉變（MAC 2008b）。

儘管在國內如此刺激經濟，也對兩岸做了有限度的開放，在馬英九總統頭兩年任期內，經濟持續衰退，2009年再度出現負成長（表1-1，第二十七頁）。馬英九在如此黯淡的經濟環境下，再次把中國描述成台灣經濟強大的潛在助力，力推兩岸談判，以簽署ECFA做為其最主要的策略目標。到了2009年底和2010年，隨著馬英九政府和中國改善經濟關係快速取得進展，台灣的經濟終於開始復甦。簽署ECFA之前的開放措施似乎是個重要因素，兩岸貿易額在2010年接近一千二百一十億美元——占台灣整體對外貿易的23%（表1-1）。在此一經濟復甦當中，ECFA於2010年6月29日簽署，並自2011年1月1日起生效。然而，儘管政府一再保證ECFA及其後續協議將會提振經濟發展，它在國內引發的反對卻更甚於從前的兩岸政策。

政治環境：國民黨新政府上台

　　兩個重要因素導致國民黨在2008年掌握立法和行政兩大部門。第一是民眾捨棄民進黨，轉而支持國民黨，而台灣選舉制度的結構修改更放大了這一趨勢：立法委員減半，席次由二百二十五人減為一百一十三人；任期改為四年，與總統任期一致。台灣原本選舉立委的制度是：選民透過單一選票，從一個選區選出複數多位立委，各黨同時依這張票的得票比例去計算全國不分區立委的席次（正式名稱為單記非讓渡投票制，Single Nontransferable Vote System，簡稱SNTV）。新制度改成「單一選區兩票制」：立委分兩類，選民可以投下兩票，第一張票從一個選區只選出一位區域立委；第二張票投給屬意的政黨，由各黨依得票比例分配全國不分區立委。由於刪除了複數當選人的選區設計，在單一選區之下小黨幾無勝選可能，再加上不分區立委分配門檻的設計，具有極端政見的小黨大半消失，台灣成為兩黨制國家，國民黨和民進黨兩大政黨各領風騷，與少數碩果僅存的小黨組成同盟。這些結構性的改變也有利於國民黨。2008年1月的立委選舉，民進黨席次大減，跌到只剩二十七席，國民黨大有斬獲，握有八十一席，甚至在深綠的南部縣市也出現藍營立委。國民黨掌握立法院三分之二以上席次，已可發動彈劾總統的議案讓司法院大法官會議裁決；如果得到四分之三立委支持，它也可以修改憲法。

　　儘管出身背景不同，但族群認同不再是選民區分兩位主要候選人馬英九與謝長廷最顯著的方式，與2000年和2004年的總統大選不同。兩位候選人都聲稱真心愛台灣及其人民，擁護台灣人

所珍視的獨特價值。[4]雖然馬英九出身純正藍營的外省國民黨員家庭，父母都曾是蔣介石部屬，他仍持續自稱為台灣人，把選戰集中在推動他宣稱可造福台灣的社會經濟政策，以及抨擊民進黨的貪瀆醜聞。民進黨候選人謝長廷在國族認同和兩岸政策等重要議題上，是個溫和的務實派。他刻意和民意低迷的陳水扁保持距離，同時試圖維持住仍然支持陳水扁的民進黨基本盤的支持。

　　兩位候選人都以保護台灣這個具有自己「生活方式」的共同體之利益為優先。譬如，兩黨都提出實際上相同的公投案推動台灣重返聯合國，差別只是台灣以什麼名字加入。兩黨在兩岸政策的主張差異就比較明顯，國民黨著重在更加開放以及其方式，民進黨著重如何限制與規範。

　　馬英九在壓倒性大勝當選總統之後，試圖籌組多黨派政府，但最後無法把反對黨重要領導人延攬入閣。然而，他和國民黨黨內同志的關係反而是最大困難。馬英九並沒有得到連戰和立法院長王金平等黨內大老的完全接納。他在2009年6月重新回任黨主席，意圖以黨政同步，在年底地方選舉前鞏固他的權力。這一點對兩岸關係而言也很重要，因為先前太多國民黨高層未取得總統府授權就直接找北京談話。接下來，馬英九政府以涉嫌貪瀆為由，在2008年逮捕了陳水扁，整個2009年都羈押他以待審判。2010年11月，陳水扁因受賄罪成立被判處重刑。

　　馬英九第一任任期中，民眾了解行政、立法兩部門都由國民黨掌控，整個治理模式會與前任民進黨政府截然不同，因為民進黨從未掌握立法院多數席次。但效率大增的代價卻是犧牲了諮詢民意的步驟，這在通過ECFA和《服貿協議》爭議期間最為明顯。由於掌控了行政及立法兩大部門，國民黨認為他們無須費心

動員民意來支持其倡議。雪上加霜的是，馬英九不是一個習慣諮詢多元意見的人，他也不擅於與一般大眾交往。民眾面臨艱難的抉擇：一方面是馬政府愈來愈像是威權統治的武斷風格，另一方面則是陷於醜聞、仍然一團混亂的民進黨。

兩岸關係的變化

　　馬英九在2008年5月20日的就職演說中向中國強烈示意，重申九二共識，但沒有詳述他對「一中」原則的了解（Office of the President 2008）。他也申明「不統、不獨、不武」，基本上說出愈來愈多台灣人民支持的維持「現狀」作為統獨選項之定義。民進黨執政期間，唯一的半官方兩岸接觸就是泛藍陣營2005年訪問中國，催生國共論壇（Beckershoff 2014）。民進黨一直不願接受北京定下的兩岸恢復對話的條件，尤其不肯承認「一中」原則。馬英九總統則透過接受「九二共識」、確認「一中」原則，但雙方保留權利解釋其內容，即所謂「一中各表」，才終於達成中國對兩岸恢復對話設下的先決條件。

　　因此兩岸對話在馬英九當選總統後不久旋即開始。國民黨副總統當選人蕭萬長4月份出席博鰲亞洲論壇，會晤中國共產黨總書記胡錦濤；國民黨主席吳伯雄和胡錦濤亦以兩黨領導人身分，在馬英九就職後碰面。海基會和海協會兩會也恢復半官方對話，雙方開始討論就金融合作及兩岸經濟關係制度化簽署瞭解備忘錄（MOU）的可能性。

　　海基會董事長江丙坤和海協會會長陳雲林的第一次「江陳會談」在2008年6月舉行。不久之後，雙方達成協議，兩岸定期包機通航，中國遊客每日來台觀光人數上限由一千人提高為三千人

（MAC 2008a）。同時，馬英九承諾的幾項經貿措施也在該年夏天提交行政院通過，包括允許人民幣兌換為新台幣，以及提高台灣企業赴中國投資上限等（MAC 2008b）。

在其他領域，兩岸關係也快速擴張，包括正式核准「小三通」，准許中國福建省和台灣的金門、馬祖可以通商、通郵、通航，其實它早在2001年已經部分開放。甚至移民法令也有更動，大陸配偶逐漸取得在台灣工作權利，這是婦女團體多年來一直爭取的項目（曾昭媛，2009）。

開放的速度和幅度讓許多人都嚇一跳，尤其是因為馬英九在競選期間並沒提到這些特定倡議，而且他在宣布前也沒用心諮詢民意。反對力量很快就發展起來。五十萬民眾（其中不少青年學生）在民進黨領導下，在陳雲林11月來台灣進行第二次江陳會之前，於台北示威抗議。然後，陳雲林到訪期間，數千名抗議群眾包圍他下榻的旅館，高呼反中國口號。[5]為了回應民意反彈，陸委會主委賴幸媛（前任台聯黨立委，馬英九派她出任以爭取泛綠群眾支持他的兩岸政策）發表聲明，承諾陸委會將「致力加強與台灣內部不同意見人士之溝通，……以促使各界獲致共識與瞭解」（MAC 2008c）。政府也宣稱中國已經開始以「對等與尊嚴」對待台灣，派出負責交通、衛生、商務、民航、證券、銀行、保險和外匯管理的高階官員，與台灣官員交涉。透過這一系列表態，馬英九政府意在平息民眾的顧慮，顯示自己不會接受台灣在政治力量上的劣勢地位、向北京叩頭（參考資料同上）。

儘管出現示威抗議，陳雲林到訪仍促成四項協議，其中最重要的是開放大三通，即兩岸海運、空運和郵遞全面開放，涵蓋整個台灣和全中國（參考資料同上）。2008年12月和2009

年4月，另兩輪江陳會又催生若干新協議，包括遣返經濟犯、共同調查重大刑案、提高直航班機班次，以及農工漁業技術合作（MAC 2009b）。陸資來台投資也首度獲准，公布一百個准予投資行業的「正面表列清單」。[6]財金方面，兩岸監理單位就銀行、保險和證券業務於2009年11月簽署瞭解備忘錄，為日後財金開放奠立基礎。這幾份財金備忘錄首度由兩岸政府官員直接談判，而非透過海協會和海基會或第三方進行，象徵雙方走向相互承認（Bush 2013, 60-62）。最重要的是，從2008年12月起的江陳會討論了日後ECFA協議當中的細節，而ECFA在2010年7月1日第五輪江陳會中終於簽署。

北京的對台政策

在這個時期，中國對台灣的態度同樣重要；馬英九政府不僅在執行許多兩岸新政策上需要北京同意，也需要中國多做讓步才能確保民眾支持馬英九的開放措施。北京在某些方面願意給予積極回應。2008年11月，連戰和胡錦濤在秘魯利馬舉行的亞太經濟合作組織峰會碰面後，胡錦濤提出改善兩岸關係的六點方案，特別是允許台灣在遵守「一中」原則下可以參加國際組織。此外，胡錦濤還談到雙方應如何將經濟合作制度化，並就經濟關係簽訂協議。「外交休兵」自此啟動，巴拉圭和薩爾瓦多預備拋棄台北，轉而承認北京，中國方面予以婉拒（Romberg 2012）。2009年5月，馬英九開放中國遊客來台觀光限制後，中國總理溫家寶也宣稱希望有一天能到台灣參訪。溫家寶也說，北京將以加速「推進兩岸經濟關係正常化」為優先考量。[7]

2012年中共「十八大」召開之前逐漸冒出頭的第五代新領

導班子，也對台灣議題展現更大的彈性。中共似乎逐漸接受台灣的民主化，以比較有彈性的策略取代先前的強硬路線，加速它對台灣的種種倡議。2009年5月，國台辦主任王毅在國台辦主辦、於廈門舉行的兩岸論壇上，公布八項有利台灣的措施，表示願意繼續談判一項框架性的協議。[8]中國的確變得相當積極和寬讓，以至於台灣某些分析專家覺得，馬英九的兩岸政策實際上都是大陸在規劃、決定著台灣對中國開放的規模和步調。[9]

但各方意見對中國的動機有不同解讀。有些專家認為北京的新路線真的是破天荒的典範轉移（Romberg 2012），徹底改變了對台策略的準則。北京不再只向泛藍軍領導人招手，它現在也針對台灣廣大的社會各界示好，拉攏農民、學生、大小企業、政治人物和專業人士，而且北京也避而不談終極統一的話題。這一切大大促成了馬英九所追求的擴展兩岸經濟關係。

另一派則說，北京對台寬讓是戰術性、暫時性的手法，意在讓利國民黨以孤立民進黨，因為北京一向認為國民黨遠比民進黨更加支持兩岸統合。[10]許多人也指出，北京的某些友好的姿態都帶有附加條件性的，對台灣讓利僅以個案考量，且設下許多前提。譬如，2009年口蹄疫爆發後，台灣於4月間獲准以觀察員身分參加世界衛生大會（World Health Assembly）年會，而非以世界衛生組織（World Health Organization）會員國身分，而且必須以中國同意為前提，藉此強調這個善意姿態日後隨時可撤回。[11]

華府的對台政策

一如過去幾個階段，華府認為兩岸關係改善可以降低美國再次被捲入台灣與中國另一場危機的可能性。因此華府支持馬英

九的和解政策，也鼓勵中國給台灣更大的國際空間。馬英九在2008年放出降低兩岸緊張的訊息後，美國給予台灣獎賞，宣布它要出售六十四億美元的武器給台灣。果如預期，中國譴責此一軍售案，但是它的負面反應指向美國而非台灣，因此沒有影響到兩岸關係的改善（Brown 2008）。此外，新上任的歐巴馬政府似乎下定決心不會在中美關係上找麻煩，因此北京的態度也變得更加克制，這與先前幾位總統上任之初對中國採取強硬路線但隨後又不得不退縮大不相同（Bader 2013, 21）。

　　雖然華府因情勢較穩定而放心，但過沒多久又開始憂慮兩岸關係改善勢頭過於迅速。柯林頓政府時期的國務院亞太事務副助理國務卿謝淑麗（Susan Shirk）在一篇很具代表性的聲明中表示，她認為「兩岸貿易增進會對台灣大為有利」，但也警告台北必須「仔細查明」北京在ECFA「背後的動機」。[12] 美國在台協會處長（相當於美國駐台代表）楊甦棣（Stephen Young）也說：「即使我們歡迎台灣與中華人民共和國增進交往，然而，我們仍不能忽視支撐台灣獨特成就的素質，即活潑的民主、公民社會和開放經濟。」[13] 這類評論為台灣某些限制派的憂慮提供了更多佐證，他們深怕與大陸深化經濟統合會危及台灣新興的國族認同。

A擱發：海峽兩岸經濟合作架構協議

協議及其理論依據

　　我們在前文已經提到，馬英九相信對中國更加開放可以緩解

台灣的經濟困境。他願意單方面採取某些主動做法，以開啟此一進程。但是若不和中國正式談判，台灣就得不到中國的合作，也無法交涉互惠讓利而讓使台灣的投資人或消費者受益。環繞著開放陸資來台的爭論，充分凸顯這一點。台商持續前進中國投資，但主要由於台灣設下限制，迄今陸資來台投資相當有限。陸委會副主委傅棟成說，允許陸資到台灣投資，可以扭轉台商到中國投資大型基礎設施和科技業所產生的逆差，而有利於台灣（傅棟成，2009；經濟部投資審議委員會，2009）。2009年中期政策放寬之後，陸資開始湧入台灣，但是台灣人的反對升高，尤其反對中國國有企業來台投資，譬如「中國移動」申請投資無線電訊商遠傳電信的案子。傅棟成進一步主張，不論陸資來台的成本效益評價是如何，如果台灣與中方達成平行協議，中國允許台商在大陸投資原本禁止的行業，台灣方面的開放會帶來更大的益處；但這些暫時還不可能發生，因為兩岸沒有官方的機制可供台灣與中國談判如何讓利。

　　ECFA 就是預備提供這樣一個架構。它被設計成台灣政府和中國政府之間的「優惠性貿易協議」，包括一項框架協議和另四個後續協議——《海峽兩岸貨品貿易協議》（簡稱《貨貿協議》或《貨貿》）、《服貿協議》、《海峽兩岸投資保障和促進協議》和爭端解決機制——原本打算在主協議簽署後六個月內就完成全部洽簽作業。它也包含一份「早收清單」，規定中國將在ECFA協議立法通過後六個月內降低台灣五百三十九類出口商品的關稅，並於兩年內逐步取消剩下的關稅；中國也將開放銀行與證券等十一種服務業，准許台商投資。做為交換條件，台灣將降低二百六十七類中國產品的關稅，並開放包含銀行業在內的九種服務

業，准許陸資投資（ECFA，協議文本及附件）。就後續相關協議而言，雙邊爭端解決機制可以成為ECFA中對台灣最為有利的一部分。北京過去不願透過世界貿易組織的多邊爭端解決機制和台灣交涉，因為這會意味著中國承認台灣的主權，因此ECFA才想出一個替代辦法。《海峽兩岸投資保障和促進協議》也很重要，沒有它的話，台商在中國毫無保障。最後，按照世貿組織對所有優惠性貿易協議的一貫要求，《服貿協議》和《貨貿協議》將開放兩岸貨物和服務業「實質上所有的貿易」。

ECFA可以讓台灣在中國投資取得遠比其他競爭者更優越的貿易讓利和優惠待遇，不僅比中國依據世貿組織規定必須給予所有貿易夥伴的條件更有利，也比香港和澳門依據《更緊密經貿關係的安排》所得到的待遇更優惠。在一些受到高度規範管理的行業如金融業，政府之間正式的合作是展開投資的前提，因為兩岸政府需要建立機制以共同監督銀行、證券經紀商和保險公司的運營。就台商而言，銀行業是特別需要開放的行業，因為中國的銀行不會給他們融資，而台灣的銀行又不准到中國營業或從事人民幣業務（S. Lin 2013b）。2009年11月簽署的瞭解備忘錄，允許台灣金融機構和世貿組織其他會員國家的銀行一樣，可以進入中國市場，但台灣金融業者希望有更優惠的條件，好比香港的銀行已經享有的待遇，以便在中國更有競爭力（FSC 2009）。2009年11月簽署的金融業瞭解備忘錄為這樣的開放立下基礎，但仍需要類似ECFA這樣廣泛的正式協議，才能將它制度化並予以擴大（S. Lin 2013b）。

簽訂ECFA對台灣還有另一個突破性的原因，就是讓台灣在全球政治經濟的角色升級（顧瑩華，2009）。台灣許多觀察

家，無論在政府內還是政府外，都很擔憂台灣若不加入全世界迅速增加的將近三百個自由貿易協定之一，就會在經濟上被邊緣化。[14] 台灣企業尤其受到東協和中國 2002 年簽署的自由貿易協定威脅，它從 2010 年起將取消東協十個會員國和中國之間貿易的關稅。所謂「東協加三」，即東協十國加上中國、日本和韓國三國，也在討論自由貿易協定。台灣根本沒參加這些談判；更慘的是，由於中國反對，除了某些小型貿易夥伴之外，台灣無法與其他任何國家簽署自由貿易協定或優惠性貿易協定。反之，台灣最大的競爭對手韓國，已經和美國簽訂自由貿易協定，也正在和東協及中國談判。馬英九希望兩岸關係改善後，即使中國不承認台灣的主權，他也能夠說服北京不再反對台灣與某些夥伴締結雙邊自由貿易協定，並加入區域經濟組織和協議。

推動 ECFA

當這個全面的貿易協議要展開談判時，台灣政府委託中華經濟研究院進行一項研究，它估計 GDP 成長率可以提升 1.7%，就業率可以提升 2.6%，政府運用這份研究以促進民眾支持簽訂此一協議（中華經濟研究院，2009）。儘管有這些樂觀的經濟預測，國際社會也有正面反應，台灣民眾初步反應並不支持；事實上，從 2008 年兩岸恢復會談到 2010 年架構協議終於簽字，民眾持續挑戰 ECFA 的概念。

2008 年 12 月，海基會董事長江丙坤首先提議和中國洽簽《綜合經濟合作協議》（Comprehensive Economic Cooperation Agreement, CECA）。雖然外界皆知馬英九政府有意開放兩岸經濟關係，這個雄心勃勃的目標仍出乎眾人意料。批評者指責政府

在考量這樣一個需要兩岸政治合作的空前全面協議之前，竟然沒有徵詢民意。有些人認為馬英九總統顯然沒有完全控制陸委會、海基會和經濟部，以致各部會各吹一把號，各有自己的談判時間表和議程。[15]

由於《綜合經濟合作協議》的英文字母縮寫CECA和中國與港澳的《更緊密經濟關係的安排》英文縮寫字母CEPA近似，批評者也擔心馬英九政府是否要談判出類似香港和中國大陸所簽訂的協議。台灣人對於可能類似香港「一國兩制」模式的兩岸協議非常敏感，因為「一國兩制」的前提是承認中國對香港擁有主權。為了避免它要和中國尋求相同經濟關係的聯想，馬英九政府在2009年2月定調，把協議定名為《海峽兩岸經濟合作架構協議》，並如前文所述，以象徵吉利的「會再次繁榮」台語發音「A擱發」宣傳它。

2008年總統選戰大敗的民進黨一度相對消沉、組織渙散，現在則是集中火力在改了名之後的「A擱發」，做為國民黨威權領導、急著快速走向和中國經濟統合的最新象徵。按照法律，行政院並不需要先徵詢民意再與中國展開談判。不過民進黨則主張全案應該交付公投表決，它的文宣機器全面動員起來，鼓勵親民進黨的學者提出各式各樣的分析，說明為什麼在和中國展開談判之前必須先建立全民共識。

面對排山倒海而來的反對，政府也動員起來，發行小冊子說明政策，並在全台各地召開公聽會。文宣活動於2009年4月正式啟動，在台中逢甲大學召開公聽會，政府在會議上提出了推動ECFA的理論依據。它試圖讓民眾得到ECFA可以將兩岸經濟關係制度化的印象，但刻意淡化它是一個全面性的自由貿易協定

的事實，因為它會讓人擔心這將是往政治統一邁進的一步。政府
明白表示對談判會設定幾個限制：ECFA只會聚焦在經濟議題，
不會影響台灣的政治未來；北京與台北互不否認另一方政府的存
在，雙方將擱置法統議題（MAC 2009a）。陸委會副主委傅棟成
在逢甲大學會議回答有關ECFA的談判對台灣主權影響的大量發
問時，強調主權問題在協議中完全不會提到（傅棟成，2009）。
再者，政府也保證會對經濟開放訂定某些限制，以免台灣過於依
賴中國經濟，同時最大化台灣人民獲得的效益、降低成本。陸委
會特別強調，不會允許大陸勞工進入台灣，也不會更加放寬從
中國進口農產品的限制。陸委會主委賴幸媛也上電視強調「A擱
發」對台灣經濟的好處。官員們承認，台灣某些業者在經濟上可
能遭到打擊，但官員承諾，政府會提供援助給這些產業，和台灣
加入世貿組織之前的做法一樣。[16]

　　6月間，賴幸媛到南部高雄地區與地方官員和工商團體舉行
一系列會議，會中代表傳統產業和非技術工人的限制派主宰了討
論。政府用意在於從社會各界，包括學生、婦女團體、工運團
體、台商和專業組織，號召支持力量；這些組織反映出台灣政治
體系的多元化。

　　有些親綠分析家也認為，無論是否為有意設計的，ECFA對
台灣還是可能會有些好處。譬如，代表陳水扁政府出任第一任駐
世貿組織大使的顏慶章，在國策研究院文教基金會發表文章說，
中國和台灣在相互往來中，從來沒有完全遵守世貿組織的指導方
針，現談ECFA就必須涉及到某程度的相互承認主權（C. C. Yen
2009）。然而，絕大部分親綠支持者擔憂在談判過程中不夠透
明、不經正當程序，又不受制衡，民進黨主席蔡英文抨擊政府沒

有徵詢民意就是明證。

　　爭取支持之戰也打到海外去。5月間，蔡英文主席訪問華府，聲稱馬英九急著和中國親近，將傷害台灣和其他夥伴的關係，很可能也會影響到美國；她又說：「台灣的民主實際上已經變得更容易受中國影響。」[17]她再度指責馬英九沒有徵詢民意、設法讓老百姓安心。7月間，陸委會主委賴幸媛也跑到美國去，她承認「相當多台灣人擔心政府對中國『太退讓』，可能傷害到台灣的主權。」[18]因此，政府的目標是先「在國內社會建立共識的基礎」（MAC 2009c）。當馬英九說ECFA可能會對達成兩岸和平協議有所助益，這樣的說法馬上引起反彈，賴幸媛在回應時強調，政府沒有討論「高度政治性議題」的時間表。[19]儘管馬英九政府做出以上種種保證，台聯黨仍要求就ECFA進行公投表決；儘管公投提案廣受支持，行政院的公投審議委員會仍否決其成案進入投票。在民進黨反對ECFA的運動日益強烈下，馬英九和政府其他官員決定再召開另一輪的草根論壇，動員支持力量。

　　ECFA的兩輪正式談判在2010年4月落幕，公布了一份降低關稅的「早收清單」。國民黨和民進黨旋即就其經濟後果進行兩次電視辯論，其中一次更由馬英九總統和民進黨主席蔡英文在2010年4月間親自上台辯論。在過去，涉及到兩岸經濟政策如此根本性的方案，都會引發涉及各種國族認同矛盾的討論；但這次，認同問題完全沒有被提到（台灣公共電視台，2009）。辯論完全集中在ECFA與其他政策選項相比較的成本效益。民眾對馬英九的論述反應較佳，在辯論會後支持簽署ECFA的聲勢大漲（陸委會民調，2010年4月）。民進黨繼續警告ECFA會造成的傷害，也要求就ECFA進行公投表決；它更揚言協議送到立法院審

核批准時要逐條嚴審（DPP 2010）。談判期間，民眾持續不斷抗議，最後發動了一場以「反對一中市場，人民公投作主」為訴求主題的大遊行。[20]

ECFA 就在這樣一個抗議風潮中，於 2010 年 6 月 29 日在重慶簽署，訂於 2011 年 1 月 1 日生效（陸委會，2015）。雖然民進黨持續質疑馬英九的動機，並且不斷表達反對，但相較於和過去對開放方案的辯論，此時有關 ECFA 的論戰大多聚焦於評估開放的經濟後果，而不談在政治上遭到中國併吞，或是稀釋掉台灣人認同的可能性。整體來講，這個爭議極大的協議獲得相對理性的討論，集中討論就業、社會經濟不穩定、貧富懸殊和經濟安全等議題上。各方對於 ECFA 是否能使中國同意台灣與其他國家簽署自由貿易協定而有助台灣增強國際空間，也十分注意。既然台灣認同已經逐漸為多數民眾所支持，那麼在與中國談判的過程中，民眾也就把更多備受關切的國家利益納入了考量，涉及的範圍比之前各個階段都更為廣泛。

ECFA 簽署後，民眾的注意力從協議的籠統的概念轉移到具體內容上，爭議則在立法院審核通過及執行過程中持續。審核通過的過程產生重大的憲政疑慮。除了國際條約之外，台灣的制度允許立法院辯論及修正所有的法律，但立委對國際條約只能就全案可否批准進行表決，不能逐條審查。國民黨主張 ECFA 應視同國際條約──而非國內法律──處理，但民進黨堅持它要經過立委審查，必要時可予修正，並主張通過其他法律來規範未來兩岸協議的內容、明定核准通過的程序。雖然國民黨掌握足夠席次通過 ECFA，但王金平院長是馬英九在國民黨內的主要政敵，他在 2010 年 7 月加開立法院臨時會議審查協議，會場陷入混亂，立委

扭打成一團。經過一再拖延後，ECFA終於在一個月後通過，民
進黨則誓言在它重掌政權後再來挑戰審核通過的兩岸協議程序。

依據ECFA，台北和北京將成立一個「兩岸經濟合作委員
會」，然後開始談判後續四項協議的內容。但馬英九政府很快就
發現，談判與制訂後續協議以及執行ECFA的過程竟引發了民眾
對於開放的更多疑慮，遠遠超過了簽署ECFA前為贏得公眾支持
的兩年期間。[21] ECFA簽署三年之後，在《服貿協議》送到立法
院審核時，爭議尤其激烈。

民眾反應

2008年馬英九總統就職後不久，陸委會和主要媒體開始針
對兩岸關係定期、密集地進行民意調查。經過八年民進黨執政時
期與北京的關係冷凍之後，台灣人民顯示出歡迎恢復雙邊對話。
2009年，民調顯示有59%至74%的民眾支持透過制度化的談判
處理兩岸議題。在2010年，這項支持成長到70%以上（陸委會
民調，2009、2010）。但民眾對兩岸議題制度化的支持並未延伸
到特定經濟開放措施上。

即使在馬英九第一任期之初，高達66%的民眾認為兩岸經
貿應該更嚴格管制，而不應更開放（陸委會民調，2008年8月
22-24日）。就ECFA而言，2009年的民調顯示初期支持協議的
民眾有46%至55%，反對者只有26%至33%。但到了2010年，
差距已經縮小。馬蔡上電視辯論ECFA之前，於2010年所進行的
五項民調，支持者已跌到35%至46%，反對者則上升到32%至
36%。電視辯論使支持度略升，但在協議簽署時，支持ECFA的

比例仍低於五成，反對者則有三成（陸委會民調，2010）。

　　這種分歧的反應——支持制度化的經貿談判，但未必支持更加開放或是ECFA——可能與民眾對政府的能力及戰略方向持續缺乏信心有關聯。陳雲林首次訪問台灣之後，民意對馬英九的滿意度跌到37%，創下他就職以來的最低紀錄。[22]民眾最介意的是馬英九未能復甦經濟，面對北京又太過軟弱。其他民調也顯示不信任馬英九政府和中國交涉的總體戰略（陸委會民調，2009年4月28-30日）。馬英九擔任總統後，認為台灣應該「增加限制」的人一直多於要求降低的人，2009年有高達82%的人反對全面開放，認為政府有必要管制兩岸經濟關係（陸委會民調，2009年3月10-11日）。認為談判的步伐太快的民眾，從馬英九就職前的19%上升到就職後的30%，這也是2002年開始調查以來的新高，而且在本研究的此一階段一直維持在30%以上。的確，ECFA簽署時，認為兩岸交流步伐「太快」的人達到38%，僅略低於認為它「剛好」的人（陸委會民調，2008-2010年）。不僅如此，認為北京對台灣「人民」不友善的民眾有41%，與認為它友善的人居於相同水平，這也是有史以來第一次（陸委會民調，2010年4月29日至5月2日）；台灣人通常認為北京對待台灣「政府」比對待台灣人民更不友善（陸委會民調，2002-2010年）。民眾對ECFA喜厭交織的另一個跡象是，討論這項架構協議都已經過了一年多，還不能有助於國民黨在全島的選舉。它在2010年1月和2月的兩次立委補選，表現都比預期差，補選七席只贏得一席；民進黨大有斬獲，贏得六席。ECFA簽署後，國民黨在2010年11月的縣市長選舉又挫敗，民進黨的總得票高於國民黨。[23]

　　總而言之，民調顯示民眾對台灣認同有高度共識，也強烈支持台灣在政治上有自主性。但就兩岸政策而言，民眾支持某種更緊密的經濟關係，同時也對經濟關係之外的各方面和政治談判持謹慎態度。根據政府做的民調，過半數民眾支持開放兩岸關係而採取的某些措施，如三通，甚至ECFA（陸委會民調，2010年7月）。可是，調查也顯示民眾對政府處理兩岸關係的信心下降，也日益擔心中國對台灣的態度，以及兩岸經濟關係步伐太快（陸委會民調，2010年）。溫和限制和嚴格限制派不僅獲得一向不支持國民黨的菁英支持，也獲得通常擁護國民黨的一些經濟或者社會上的弱勢團體的支持。一般人多半認為，政府決策是由馬英九周圍一小群人決定，他們想要的高度開放兩岸關係，超過了民眾願意支持的程度。這種情緒在馬英九兩任總統任期內一直持續，在討論後續協議——尤其是《服貿協議》——時也揮之不去。

四大意見集群

　　與前面幾個階段相比，這個階段的辯論更集中在經濟利益，而非國族認同。每個意見集群的支持者，其動機與觀點都更多元。在第一階段，採行戒急用忍反映的是關心台灣的軍事安全；嚴格限制派主宰了討論。在第二階段，由企業界帶頭的適度開放派熱切支持積極開放，而擔心就業機會的人則關切半導體產業移到中國，國族認同也還是一個兩極對立的因素。到了第三階段，溫和限制派擔憂中國經濟實力上升會製造出經濟依賴，進而稀釋掉台灣人的國族認同，他們成功地擋下開放、訂出積極管理政策。但對國族認同的共識開始出現，使得兩個中間派的集群之間

的差異變得不再那麼鮮明。到了最後一個階段，台灣認同已經相當鞏固，已少有人提倡或護衛「中國人」認同，連廣泛開放派也不例外——後者現在主張，他們的政策會強化台灣的經濟，並且可以保護新興的台灣認同。現在，討論如何促進台灣認同，遠比爭論台灣認同應該如何界定更加普遍。

但即使絕大多數台灣人民現在都認為需要強化台灣、保衛它的「生活方式」，他們對於要如何做仍然是意見分歧。民眾一般都不信任政府對中國的戰略，由此對任何兩岸談判的機制和內容都有懷疑。由於北京的不承認政策，除了涉及高度技術性的問題之談判，絕大部分談判都由海基會和海協會兩會負責，不是由雙方政府機關進行。甚至，有些談判顯然也繞過這些準官方機構。北京只與國民黨高層談判、拒絕與民進黨和台灣社會其他關鍵部門接觸的模式，被一位分析家形容為「一中二台」的做法（林正義，2008）。

許多利益團體認為與中國通商及赴中國投資會對台灣造成負面影響，在台灣經濟永續發展會議期間為了制止陳水扁企圖推翻李登輝的戒急用忍政策，首度集合起來組成強大的集團。後來，害怕開放政策會威脅到其會員工作的工會和專業團體，也加入他們的陣營。這個限制派的同盟勢力遠比成員較分散的廣泛開放派來得強大；他們在2006年階段也和適度開放派直接對抗、爭取影響力。現在，進入到2008至2010年本書研究的最後一個階段，限制派再度與適度開放派爭奪影響力，而後者掌控了不得民心的馬英九政府的決策機制。

嚴格限制

　　隨著基於認同而支持經濟孤立的聲音逐漸消退，嚴格限制派又提出經濟和政治理由，表達他們徹底反對ECFA。他們認為經濟凋敝證明因過度開放而太過依賴中國所產生的問題，因此主張放寬經濟政策會造成台灣失業更嚴重，也會傷害政治自主性。支持這個極端意見集群的人還是不多，但是愈來愈多年輕人贊同此派，包括後來在2014年參加「反《服貿》運動」的許多學生領袖（見下文個案研究）。泛綠政治領袖、智庫、學者和媒體，以及支持台獨的利益團體，也聯手反對ECFA。三立電視台以及自由時報集團（旗下擁有中文《自由時報》及英文《台北時報》）皆定期報導嚴格限制派的論述（尤其是三立）。

　　民進黨前任主席林義雄提出最武斷的論點支持嚴格限制派，強調「兩岸所有的問題都是政治性問題」（林義雄，2009）。林義雄認為，既然中國拒絕相互尊重與台灣平等談判，台灣就不應該在經濟議題上和北京有任何協議：

　　　　必須要重啟南向，台灣才不會過度依賴中國。中國代表愈來愈嚴重的安全威脅，台灣必須小心，不要跟中國綁得更緊。經濟上，中國的成本正在上升，更重要的是，馬英九只是聽任開放，沒有宏大的計畫。其他人〔指的是中國〕替他決定兩岸時程表。他沒有向中國要求任何有意義的讓步（參考資料同上）。

　　某些嚴格限制派承認與中國的經濟關係有必要，但是他們一

般都懷疑台灣可以在交往中拿到好處。更重要的是，他們認為台灣不僅需要中國市場，也需要全球市場，因此重點應該是提振台灣與世界其他地區的經濟關係，而非偏重中國。

　　譬如，民進黨籍前任立委林濁水認為任何開放都必須步步為營；勞力密集產業應該十分漸進地開放移向中國，而且也得在台灣經濟的其他重要部門已經升級後，才能放行（林濁水，2009）。他又認為馬英九政府的開放政策沒有考量到台灣的長期經濟前途。他形容國民黨只想到抄襲韓國，只想透過將生產線移到中國以降低勞動成本。他說，民進黨執政時注重全球品牌和行銷，這樣的策略應該受到贊許；中國很重要，但不應該是唯一的成長源頭。林濁水指出，民進黨的策略幫助南部農民銷售產品到韓國和日本，從 2003 年到 2007 年增加出口量十五倍。相形之下，國民黨鼓勵赴中國投資以降低成本，卻造成台灣的蘭花種植等技術外流。這個策略使中國種植者利用台灣人的技術，反過來和台灣農民競爭，造成台灣損失重大（參考資料同上，490-91）。

　　民進黨籍前任立委李文忠贊成有些人把 ECFA 交付公投表決的主張。他承認「台灣經濟成功的故事是以全球為市場，須正視中國因素，有許多產業及企業沒有中國，就沒有全球運籌」，但是他又說：「但若只與中國建立制度性經濟特殊緊密關係，不利於台灣整體產業及企業全球化，也將增強走向政治統合的風險。」[24]

　　有些嚴格限制派接受簽署 ECFA，但前提是它要能幫助台灣擴大在全球市場的角色。評論家、媒體人魚夫認為，馬英九簽署 ECFA，應以北京允許其他國家和台灣簽訂自由貿易協定為前

提，否則ECFA將使兩岸間的天平傾向統一，對台灣產生不利的
政治影響。在魚夫看來，就連陳水扁政府處理兩岸關係都太過開
放（魚夫，2009）。

　　支持嚴格限制的智庫也注重促進台灣經濟競爭力的需求。當
馬英九政府提議進一步放寬半導體產業赴中國投資的規定，預備
允許業者投資生產十二吋晶圓代工廠，以及出口先進的製程技術
時，反對力量很快就組織起來。台灣智庫邀集來自大學、智庫、
民進黨和民間人士進行辯論，主要討論如何保持製程技術至少領
先兩代（許文輔，2009）。其目標是要確保台灣維持住在積體電
路設計、製造、測試和封裝方面的優勢，把這些工作留在台灣。
限制派認為，若是不加限制地開放，大量資金、技術和工人就會
外流到中國，去建立設計公司、晶圓代工廠和晶片廠，這就會讓
中國在經濟上、軍事上超越台灣。

　　ECFA談判期間，全台各地學生團體群起抗議它對台灣政治
和經濟生活可能出現的影響。經濟上的貧富懸殊和失業上升、經
濟競爭力下降，以及過度依賴中國，是他們發起抗議的經濟因
素。再者，保護台灣認同和價值、對抗中國的政治動機也是反對
的原因。私底下，很多學生領袖大體上都反對自由貿易，但是未
公開闡述，因為他們曉得絕大多數台灣人接受一定程度的貿易自
由化。因此，他們只提倡專門針對中國的保護主義措施（張勝
涵，2014；黃守達，2014）。第一波反對兩岸經濟政策的學生抗
議運動，發生在2008年，許多學生積極參與「野草莓運動」，抗
議陳雲林來訪，以及政府對集會遊行的設限，他們認為這是傷害
台灣政治自主和民主體制的自我矮化舉動。三年後，同一批學生
中的許多人又參加另一輪大型示威抗議，這一次是反對親中企業

對媒體加強控制，也就是所謂的反媒體壟斷（Harrison 2014）。

　　總之，在ECFA攻防期間，嚴格限制派認為馬英九的經濟政策會讓台灣過度依賴中國，而造成台灣經濟和政治更大的風險。他們認為有必要嚴格限制以保衛台灣的政治自主性、強化台灣的經濟。然而，他們並不全都支持法理台獨，對於兩岸經濟關係在台灣經濟上應扮演什麼角色也有不同看法。由於大多數台灣人承認某種程度的兩岸經濟相互依存是必要的、無可避免的，嚴格限制派此時的目標是制止對中國的進一步開放，而非主張在目前條件下進一步對兩岸經濟交流設限。

溫和限制

　　和嚴格限制派恰恰相反，許多支持溫和限制的人士相信台灣的經濟前途需要與中國在某種程度上進一步整合——只要台灣能夠確保政治自主。適度開放派主宰了馬英九兩任任期內的決策，而溫和限制派和他們一樣，在兩岸經濟政策辯論中構成反對廣泛開放的強大制衡力量。東和鋼鐵董事長侯貞雄觀察到，在過去，企業界主張對經濟政策的偏好時，都會被貼上「統派」或「獨派」的標籤，並對他們在國族認同上的偏好或是支持哪個政黨品頭論足一番。現在，台灣的企業界可以自由地表達他們的經濟利益，不必顧慮會有這種統獨的政治牽扯（侯貞雄，2009）。

　　侯貞雄保持他過去支持溫和限制的立場，因為他認為中國驚人的經濟發展已經使得擴大開放比起以前會有更多問題：

　　　　1996年，大家都以為前進中國大陸是台灣企業唯一的生存之道，但今天大陸的成本已經提高，現在企業向大陸擴

張能否獲利已經不是那麼確定。在1990年代，中國大陸需要台灣的管理和技術專業知識，但現在大陸已有最先進的科技，以及深厚的資金來源來扶植他們的大型戰略產業。因此台灣和大陸的關係已經完全變了（參考資料同上）。

因此侯貞雄認為政府在兩岸談判時必須小心，因為和中國討論經濟開放時，「不可能避免主權遭到侵犯」。他也提出警告，「開放如果沒有帶來實質益處，可能產生非常負面的反彈」，尤其是因為「台灣人現在在兩岸關係上不會輕易妥協」。此外，侯貞雄又說，「現在保護主義在全世界抬頭，台灣也不例外」。因此台灣若要平衡這些相互競爭的利益，溫和限制是最合適的方法（參考資料同上）。

經濟部投審會張銘斌表達了類似的看法。張銘斌自從1994年以來就在經濟部投審會服務。他說，台灣人希望維持現在已包含許多利益的「生活方式」，就有必要規範管理投資。因此決策變得更加複雜，有許多政治、經濟和社會的考量。文化出版事業方面尤其如此，因為台灣必須防止中國的優勢力量，才能保護其國族認同。台灣政策改變也和中國經濟重要性上升有關。如果ECFA是在2001年簽署，恐怕很少人會反對它或甚至注意它，因為中國尚未成長為巨大的怪獸。現在它對台灣構成更加可怕的生存威脅，但台灣的生存卻又離不開它。因此張銘斌認為李登輝政府和陳水扁政府限制台商投資是適當的。如果現在要更加開放，投審會就必須扮演更大的角色，審查中國來台投資以及台商赴中國投資。政府了解台灣人民關心國族認同以及經濟議題，簽署ECFA和《服貿協議》，可以向外國及中國投資人宣示，台灣堅

守開放，但也展現政府必須保障台灣人民的價值，並平衡所有的重大國家利益（張銘斌，2014）。

其他溫和限制派，包括新聞記者和智庫，認為政府的角色應該是規範國內經濟，也要管理兩岸經濟關係，以促進台灣的社會價值和愈來愈廣泛的經濟利益（楊照，2009；Lo and Tsaur 2010）。民進黨主席蔡英文誓言：「民進黨的經濟政策將同等重視經濟成長、社會正義和生態保護。我們必須提供人民幸福生活、高品質教育和乾淨的環境——這就是民進黨和國民黨不同的地方。」[25]社會上普遍都關切ECFA會使得工資降低，因此危害到勞動階級和中產階級。[26]沒有特定政黨傾向的《新新聞》週刊，也抱持著相同的關切（楊照，2009）。

民進黨秘書長吳釗燮也指出，台灣的國族認同雖看似鞏固，其實仍然脆弱，會被大量的親中媒體和企業所侵蝕。吳釗燮曾任陸委會主委，目睹2001年和2006年政策轉變時民眾對安全及經濟議題的關切。吳釗燮說，ECFA和後續的開放協議，尤其是以《服貿》來說，最令人擔心的是，政府並未妥切做好執行政策轉變的計畫工作；譬如，連專司審查陸資來台的機構都還未成立（吳釗燮，2014）。

適度開放

即使可能面臨政治上的反對，馬英九政府裡絕大多數人還是積極支持更開放的兩岸經濟政策。馬英九當選總統後，指派了很多適度開放派出任要職，讓他們推動相關政策。即使「溫和限制」和「適度開放」的支持者立場相近，也較易互換立場，然而，這兩種意見集群的基本差異，在這個階段比起先前任何一個

階段都更清楚明確。這兩個意見集群都支持開放到某一程度，但對於維持規範管理的目的，以及對兩岸物流、金流、人流要管理到什麼程度，看法卻大不相同。絕大多數溫和限制派強調政府合理管制的益處，因此可以接受「積極管理」。相較之下，適度開放派覺得過去十年政府的管制不切實際又繁瑣，導致企業界並不遵守。徐小波是台灣知名律師，替許多跨國公司來台投資策略提供意見。他認為政府不應試圖限制兩岸相互依賴，因為事實上也辦不到；政府應該遵循市場法則，透過對中國更加開放，協助台灣企業及經濟變得更有競爭力（徐小波，2007）。因此，適度開放派認為，政府最重要的角色是與其他國家（包括中國在內）談判出最佳的貿易與投資條件，協助民間企業。然後在必要時，政府應該補助因經濟自由化而利益受害的族群，以維持社會穩定。

代表台灣進行「江陳會」的海基會董事長江丙坤是台灣產業政策重要的設計師，也是一位代表性的適度開放派。[27]他斷言兩岸經濟關係正常化可以使台灣從過去十多年經濟上的落後表現急起直追，而政府因為阻止半導體產業赴中國投資，早已放棄了台灣的先發優勢。如果台積電和聯華電子一開始就獲准進入中國，他們就可以先制阻止中國本土廠商的競爭，並且確保關鍵技術留在台灣廠商手中（江丙坤，2009）。江丙坤支持與大陸談判ECFA；事實上，他還對於步伐太慢而感到失望。全國工業總會的蔡宏明被延攬擔任國家安全會議諮詢委員，就因為ECFA得不到支持而失望辭官。[28]但江丙坤也承認政府對開放的後果應該慎思熟慮，他認為政府應該與民間部門積極對話，以便找出什麼群體可能受到損害，然後予以協助（參考資料同上）。

陸委會有些官員一直都很支持更加開放，因為他們相信開放

可以提振台灣的國際地位與競爭力。趙建民在出任陸委會副主委之前就認為，開放可以增加中國允許台灣更完全地參與國際經濟的意願（趙建民，2006）。他承認「有些人對〔ECFA〕有很大的保留意見」，「可能不同意我們的信念」，但是他堅稱，由於過去二十年世界各國已經批准那麼多的自由貿易協定，已證明貿易協定是不可或缺的必要機制，不應該只把它當做可有可無的選項之一（Rickards 2009）。

行政院認為兩岸貿易關係正常化可以為台灣加入《區域全面經濟夥伴協定》和《跨太平洋夥伴協定》預為鋪路（行政院，2014年3月17日）。行政院經建會副主委胡仲英也是適度開放派，他認為政府必須提升台灣企業，才能避免在動態的全球經濟邊緣化。他聲稱，自從戒急用忍以來，台灣人已經蹉跎歲月，失去許多機會，對於大型企業尤其如此。他說，譬如王永慶的海滄計畫其實可以藉中國市場獲利，進而使台灣獲益。同理，當李登輝政府和陳水扁政府限制半導體產業赴中國投資，最大的後果就是讓中國競爭者，如中芯國際和宏力半導體有空間崛起。胡仲英認為，政府必須「回到制訂有利兩岸人民政策的角色」，「必須尊重市場，必須將貿易正常化」。他認為政府可以協助業者，然後業者必須自行評估赴中國投資的風險與報酬。他指出，台灣藉由開放中國來台投資，也可以吸收台商回流的投資，後者已占對台灣投資申請的多數。[29]因此胡仲英相信，馬英九透過ECFA的開放政策最後將有利於台灣（胡仲英，2009）。

其他人——譬如後來到國安會服務的中華經濟研究院研究員劉大年——同意胡仲英的看法，認為ECFA將對台灣及中國都有利。他寫道，中國對與台灣貿易及投資關係正常化有很高的期

望，以至於願意給予台灣相當於最惠國待遇（劉大年、史惠慈，2009）。他警告說，若不同意ECFA，台灣對其最重要市場的出口將受到限制，它也將無法加入區域協議（劉大年，2010）。

到目前為止，開放程度最低的行業是金融業，因為它需要雙方監理機關的密切合作。台灣所有的銀行及保險公司都渴望進入中國市場（李晉頤，2009；陳翔立，2009）。行政院金融監督管理委員會主委陳冲說，金融自由化攸關台灣成為有競爭力的金融中心，政府在其中的角色不言可喻。由於議題的複雜性，他強調開放必須漸進而為，要設定條件確保對台灣及其金融機構有利：

> 兩岸監理機制必須考量到「權重平等」（weighted equality），台灣對中國大陸來台營業銀行給予的限制要更嚴於大陸對台灣赴中金融機構所訂的限制，而不是純粹平等待遇。台灣民眾一定會要求這樣的政策，而這需要兩岸金融主管機關高度的配合，一起來做全盤規劃（陳冲，2009）。

陳冲認為「權重平等」政策有其必要，原因是中國金融機構比起台灣的金融機構還要大得太多。因此，金融自由化不會是平等貿易。此外，還要考量中國銀行如何運用中方監督管理台資銀行所取得資訊的安全顧慮。

與擔憂國民黨與北京意圖的限制派不同，適度開放派一般認為，不論雙方政府的動機如何，ECFA將會有利於台灣。然而，有些支持這一派主張的人也提到，政府需要補償在開放過程中受害的人，才能讓大多數人從兩岸經濟統合受惠（胡仲英，2009；江丙坤，2009）台灣駐香港代表（香港台北經濟文化辦事處處

長）嚴重光強調兩岸經濟關係制度化最後會導致兩岸關係全面正常化，對雙方都有好處。此外他也說，《服貿協議》也是有利的，因為它是完整談判的包裹協定，台灣從大陸得到寶貴的讓利，那是過去透過單邊開放從來沒有的事（嚴重光，2014）。同樣地，國民黨前任秘書長金溥聰被問到北京的政治動機時答覆說，人們不應該盯著這個問題，他們應該注重的是，透過兩岸經濟關係制度化，ECFA 會對台灣有利的部分，儘管雙方沒有外交關係（金溥聰，2012）。

　　台灣兩大半導體產業龍頭長久以來抱怨政府的管制使它們在此一全球產業居於不利地位，也使得中國大型競爭者崛起。台灣晶圓廠到現在都還不能把老舊過時的設備移到中國。他們指控，政府這些限制是出於選舉考量，而非根據堅實的經濟邏輯。雖然馬英九已公布允許在大陸興建十二吋晶圓代工廠的時間表，半導體業龍頭業者卻沒有歡欣鼓舞。它們遭到 2008 年全球金融危機沉重打擊。半導體產業在 2008 年上半年陷入新低谷，大量裁員；張忠謀預測台積電營收要到 2012 年才可望復原（吳韻儀，2009）。由於此一長期週期性下滑的結果，半導體產業的政策偏好變了。台灣的主要業者不再像十年前那樣只推動開放。從台積電的角度看，現在經濟政策的目標應該是替業者談判出公平的環境，並協助業者向國際擴張，以促進台灣的競爭力（張忠謀，2009）。

　　聯華電子執行長洪嘉聰有略為不同的觀點，但得出同樣的結論：政府的限制政策扭曲了競爭。他認為，政府的限制政策在國內幫助台積電於 1990 年代末期領先同業，犧牲了聯華電子。在國際上，這些政策到頭來都是對台灣半導體業者幫倒忙，因為中

芯國際2003至2006年期間在大陸蓋了三座工廠,半導體業的中國市場現在已經丟掉了。政府的監理角色可以很有力量,但是要看它實施的範圍和時機而定(洪嘉聰,2009)。就半導體產業而言,政府持續限制會把整個產業毀了。

總結起來,適度開放派以政治人物、政府官員和民間部門為代表,希望看到更加開放,支持簽署及執行ECFA。他們認為,更加開放是使台灣經濟更有競爭力的關鍵。在受限不得赴大陸投資的行業,譬如半導體業當中,這個觀點特別流行;他們自然最急欲看到開放。但就連他們也一致認為政府應該繼續扮演積極角色,為他們的產業促進有利條件。

廣泛開放

經濟成長在這階段已經成為支持廣泛開放這一派人的最高優先;比起以前各階段,這一意見集群愈來愈少人是因為希望終極統一而支持廣泛開放。2008年總統大選期間,由於台灣在全球金融危機中是表現最差的經濟體之一,與亞洲鄰國相比尤其遜色,因此經濟成長成為核心議題。[30]廣泛開放派認為,唯一的解決之道就是提高對中國經濟依賴度,要這麼做,對北京就必須釋出更多善意。廣泛開放派認為,即使在金融危機的脈絡下,也應該重新強調自由市場的典範。然而一如嚴格限制派,支持這一意見集群主張的人數也持續萎縮。廣泛開放派不再對台灣的未來政治地位有相同一致的統獨立場。他們雖然都相信自由貿易,但未必全都希望統一。有些人仍然主張統一,但其他人則認為自由貿易會強化台灣追求持續政治自主性。如果說,支持廣泛開放並不代表支持統一(例如台北市美國商會與以下將要談到的壹傳媒集

團），那麼支持維持現狀也未必代表支持限制性的經濟政策。

不論他們的理論依據是什麼，絕大多數廣泛開放派認為馬英九政府的開放措施不夠廣，也不夠快。譬如，聯華電子榮譽董事長、大股東曹興誠堅持台灣半導體業應該立刻前進中國，替股東也替台灣創造價值。他覺得，政府對聯華電子的限制——實際上是「迫害」——完全不合理，對台灣及其人民只有反效果。曹興誠強調他不是從聯華電子的角度發言，而是以一介關心政治的國民立場發言，他不僅希望兩岸經濟政策更加開放，長期以來也主張就政治統一進行公民投票。他認為，如果選民摒棄統一，中國也就知道台灣人民的立場——但公投結果若是贊成統一，台灣政府就有政治基礎與大陸談判，也有力量推動兩岸更進一步對話。曹興誠希望深化經濟合作，他認為對中國提出政治倡議能夠加速深化經濟合作，只要這些倡議獲得台灣人同意（曹興誠，2009）。

台北市美國商會雖然沒有支持特定黨派，但它支持廣泛開放的態度堅定。在這個階段，台北市美國商會對民進黨和國民黨的立場都批評，一如它當年批評戒急用忍和積極管理政策一樣，因為兩黨都沒有支持完全開放。台北市美國商會指出，「中國在全球供應鏈裡已居於中心地位，不和中國經濟全面往來即等於自我邊緣化」。它主張台灣政府可以在許多領域片面推進自由化：

除了放寬台灣企業赴中國投資，如刪除40%直接投資上限，以及共同基金投資不逾0.4%的規定之外，政府可以向跨國公司送出一個歡迎訊號，即徹底、客觀地對目前禁止從中國進口的項目重新檢討……每個地方的產業都習慣於

抱怨法規設限，但台灣法規障礙的頻繁和嚴格，從任何標準判斷都太過分（AmCham 2008, 6）。

2010年4月，台北市美國商會（Rickards 2010）發表一份ECFA對台灣經濟效益的完整分析，以示支持這項架構協議，但是沒提到它可以使台灣與其他國家談判自由貿易協定和優惠貿易協定。台北市美國商會執行長魏理廷的確懷疑，即使簽訂了ECFA，北京仍不會允許台灣與重要貿易夥伴簽署貿易協定。但商會的立場是，ECFA對台灣經濟的直接效益很大，值得支持，不論它是否能使台灣與其他國家達成自由貿易協定（Vulysteke 2009）。

最後，台灣某些媒體，如《蘋果日報》母公司壹傳媒集團和中時集團，都支持廣泛開放，在這些集團的報刊上提倡自由貿易，只是出發點迥然不同。壹傳媒董事長黎智英雖是香港居民，但常在旗下的台灣刊物發表論點。他反映某些台灣人民的觀點，認為自由貿易對台灣的民主和政治自主有利；台灣人民終於擁抱了自由貿易，因為他們已經對認同有共識，有信心可以與中國交往，而不必捨棄本身的價值。他認為，自由貿易和民主這兩大原則可以構成推動台灣發展及保衛其主權的強大基礎。加深經濟相互依賴也可降低戰爭的機率，因為一旦兩岸開戰，中國的損失不見得比台灣小（黎智英，2009）。黎智英寫道：

> 然而現今資訊透明，在世界大同的民主價值觀主導下，魔鬼無可遁形、醜態畢露，誰會擁抱魔鬼？那麼戰勝魔鬼又有何困難？台灣人民不是傻的，沒有台灣人民的擁護，中共

又有可能吞併台灣嗎？中共會對台灣動武嗎？在美國的保護下，不用說中共不可能向台灣動武。今日，中國加速融入世界主流唯恐不及，中共又豈敢冒世界之大不韙，武力侵略台灣？這樣做必然為世界各國制裁，那非但會斷送掉經濟發展的美好前景，更將置自己於危牆之下。中共極權，但絕不愚蠢。[31]

《中國時報》是台灣大報之一，2008 年易主，賣給親中台商企業中國旺旺控股集團後，變得非常支持與中國經濟統合（Hsu 2014）。這個報業集團對於和中國進一步統合的鼓吹，具有深刻政治意涵。它不斷抨擊獨派人士，也經常被認為是中國政府的喉舌。[32]《中國時報》有一篇社論擁護通過《服貿協議》，它聲稱如果台灣連向大陸開放服務業都辦不到，還奢談什麼向美國、歐盟和日本開放而能生存？[33] 這篇社論還說，戒急用忍和積極管理直接導致台灣落在日本和韓國之後。它形容反對開放是不理性的行為，是基於對經濟學不夠了解。

總而言之，ECFA 的談判以前所未見的程度，將四個意見集群支持者動員起來。由於攸關台灣前途，激烈的討論持續多年。它減弱了兩個極端的意見集群，但也釐清了兩個中間的意見集群之間的差異。經濟政策偏好和未來國家地位統獨立場之間的相互關聯，變得比以前弱化很多。即使國民黨控制優勢席次的立法院在 ECFA 簽署後不久就批准通過，政府還是必須與民意繼續搏鬥。為了執行 ECFA，必須成立兩岸經濟合作委員會；兩岸金融開放必須擬訂相關法令；《海峽兩岸投資保障和促進協議》必須通過；這些全都需要一番奮鬥才能過關。歷經三年時間把 ECFA

的各方面爭議全都討論過後，政府在企圖快速通過《服貿》時，才真正地面臨了巨大的挑戰。《服貿》成了至今為止最有爭議的一項開放措施。

產業個案研究：開放服務業及太陽花運動

馬英九總統和世界上支持貿易自由化的人士一樣，聲稱對中國進一步開放經濟關係不僅有必要，而且是大家期待的。在他第一任期之初，許多台灣人認為馬英九所代表的適度開放立場是值得支持的，尤其此時台灣經濟不振；民眾普遍支持將兩岸經濟關係制度化，以及簽署ECFA。從ECFA衍生出來的那些初步協議也受到歡迎：關稅減讓的「早收清單」，以及保護台灣人赴中國投資的兩岸雙邊投資協議，都受到正面看待。

可是，就在ECFA簽署後，即使是政府本身的報告都指出，中國可能比台灣受益更大，而且協議似乎使台灣比以往更依賴中國。[34]儘管簽訂了ECFA，中國來台的外人直接投資快速下降，同時，台灣赴中國的直接投資持續不減。同樣的，中國向台灣出口比台灣出口至中國的比率成長逾兩倍（TIER 2011）。2014年的分析又透露，即使「早收」清單上的產業出口成長比起整體出口成長還要快，但台灣這些產業在中國的市場占有率實際上卻是持續衰退。不僅如此，ECFA的效益在台灣島內也分配不均，有些產業（譬如鋼鐵業和水產養殖業）受到中國進口競爭的負面影響而蒙受損失。這一來，政府遭到各方強烈批評（張翔一，2014）。

許多台灣人仍然懷疑擴大開放是否有利。根據陸委會發布

的民調，自2010年以來，三分之一以上的人認為兩岸交流發展的步伐太快；2014年6月份的顯示，認為「太快」的比例首度超越了認為「剛好」或「太慢」的比例（陸委會民調，2014年7月2-6日）。2013年10月TVBS電視台的民調顯示，64%的受訪者不滿意政府處理兩岸政策的方式，創下歷史新高，滿意的人只有24%（TVBS民調中心，2013年10月24-28日）。

　　然而，政府決定接下來率先推動開放服務業，而不是ECFA所要求的《貨貿協議》或爭端解決機制。依照《服貿協議》的規劃，政府要向中國開放六十四種服務業來台投資（包括金融、旅遊、印刷、醫療照護和電信等），並允許中國專業人士來台工作。由此引爆台灣歷史上對經濟政策最嚴重的抗議——也是台灣最嚴重的政治危機之一。

　　抗議反映出民眾十分關切ECFA要如何執行，以及它的後續協議要如何談判。《服貿協議》並未廣泛諮詢民意，就在2013年6月21日由海基會代表馬英九政府簽字。馬英九打算援引總統掌管兩岸事務的行政權，只把《服貿協議》送請立法院「備查」，而非要求正式審查通過。台灣人民獲悉《服貿協議》內容後，許多人擔憂它的衝擊，企業界擔心可能抵擋不住中資企業的競爭，民間團體則反對兩岸統合的深度與廣度。各種政治色彩的利益團體，從環保團體、同志權利團體，到大學生社團或家長團體，統統跳出來反對《服貿協議》。[35]民進黨的態度如同審查ECFA時一樣，也要求逐條審查《服貿協議》。包括立法院長王金平在內的一些國民黨立委，也抱怨黨政當局在談判前或談判中，都沒來徵詢他們的意見。國民黨和民進黨於6月25日時協商同意，將《服貿協議》送交立法院審查，且不得包裹表決。兩黨也於9月

時協商同意，在立法院實質審查前，各自舉辦八場公聽會，以收集民意及宣導《服貿協議》的內容。但過程中由於國民黨於9月底10月初時一週內辦完八場公聽會，被各界批評太過草率；民進黨則報以慢條斯理的方式，拖延舉辦公聽會，然後阻撓立院審查程序，不讓《服貿協議》通過。

在2014年3月10日，最後一場公聽會結束，兩黨開始在立院的委員會內爭奪審查《服貿》的議程主導權。不到幾天時間，於3月17日時，國民黨立委於立院的內政委員會上以「半分鐘」的時間宣布通過二讀審查，將全案送請院會三讀表決。學生抗爭由此爆發。[36]第二天晚間，由台灣好幾所大學學生、學者以及社運參與者組成的數個抗議團體，包括反黑箱服貿民主陣線、黑色島國青年陣線、台灣守護民主平臺等團體所發起的抗議行動期間，參與抗議者閃過了立法院警衛，進入立院占領了議場。翌晨，已有數千名學生及運動者包圍立法院。這群人來自各個不同的單位或團體，他們都相當遵守紀律，且重點是，他們跟朝野政黨都沒有直接的關聯。[37]包括陳為廷和林飛帆兩位主要領導學生在內，許多參與者過去曾一起參加反都市更新、反核電廠、反媒體壟斷，以及針對各個社會議題的抗議活動。他們擅長運用科技，透過臉書（Facebook）、推特（Twitter）和台灣網民最愛用的電子布告欄系統（BBS）PTT（批踢踢）等社群媒體發布新聞稿。學生們又與媒體合作，在占領的立法院議場做現場直播。他們組織抗議活動的能力受到大眾普遍稱許，也獲得國際注意。在數百名義工（其中有些並非學生）支援下，他們設立醫護中心、資源回收中心、食物後勤站，甚至還安排空間做瑜伽運動。抗議學生一連多天不回家，匿名人士買了數千盒便當聲援他們。

　　民調顯示，抗議進入第六天，支持占領立法院的民眾已上升至51%，而認同學生、贊成《服貿協議》應該接受立法院仔細審查的民眾高達63%（TVBS民調中心，2014年3月24日）。大學行政人員及教師的支持也湧入，有些教授跑到學生占領的廣場開課。幾所著名大學宣布停課。面臨此一史無前例的情勢，政府手足無措，一連好幾天沒有反應。3月22日，占領運動進入第五天，行政院長江宜樺終於和學生代表會面；次日，馬英九總統公開呼籲學生們回家。但他們的談話並沒有直接回應到運動者的訴求，因此反而火上加油，當天晚上數百名學生企圖占領行政院，到24日凌晨間警察鎮壓而引起流血衝突。讓政府更狼狽的是，3月30日星期日，五十萬民眾走上台北街頭響應反《服貿》抗議活動。同時，美國的《紐約時報》出現全版廣告，圖片是學生們低著頭遭受警方以強力水砲噴水驅趕。廣告文案包括：「台灣的民主因為一個協議而倒退到漫漫黑夜……我們將捍衛台灣民主的基礎──政府必須開放透明、反映人民的利益」。結語是：「台灣需要你的注意和支持」。在台灣的《蘋果日報》上面也出現了文案，試著去解釋「他們（抗議者），為什麼在這裡」。二十萬八千美元的廣告費是透過群眾募資（crowdsourcing）在四個小時內就募齊。

　　這場「太陽花運動」在台灣史上留下最大規模學生主導的抗議紀錄。嚴格限制派、溫和限制派甚至適度開放派都參加了抗議，但參與運動者不只抗議政府不曾公開徵詢民意，也反對服貿條文所規範的細節。[38]他們重申，對中國開放貿易及投資應該向重要利害關係人廣徵民意，並且審慎地以民主方式推動。他們也主張，主要目標應該是優先維持台灣特有的價值，同時追求經濟

成長，而不是以經濟成長為首，一味讓物質利益決定生活價值。此外，他們提出警告，《服貿協議》會加劇貧富懸殊、降低實質工資，使台灣過去二十年來深化兩岸經濟整合產生的失業問題更加惡化。學生們指控《服貿協議》只使台灣某些特定商業利益受惠，對小生意人、農民和勞動階級都會有負面影響。他們也害怕《服貿協議》會傷害他們本身的就業前途，尤其是如果未來允許中國專業人士來台灣工作的話。國立台灣大學經濟系教授鄭秀玲對《服貿》的分析獲得許多人的認同，但也很大地刺激了馬英九政府（Jang 2014）。示威者抱怨政府沒有妥當地考慮如何幫助經濟「弱勢者」，及保護台灣的中產階級社會。最後，抗議學生表示害怕中國「控制一切」，許多人表示支持嚴格限制，把台灣和「中國因素」要隔離開來（張勝涵，2014；黃守達，2014）。

　　民進黨同樣也擔心這些問題，他們警告，《服貿協議》會使所有這些問題更加惡化，因為它要開放的包括非常重要的一些行業，譬如部分電信業、廣告業和金融業。民進黨強調，ECFA已經導致台灣的全球競爭力下降，因為自從2007年以來，台灣變得愈來愈依賴中國（民主進步黨，2014）。中國透過國有企業集團掌控極大的經濟力量，對台灣施加愈來愈強的政治和社會影響力。譬如以金融業來講，中國的銀行大多是國有企業，資本動輒是台灣業者的好幾倍。雙方大小不對稱在其他許多方面也很明顯，譬如移民人數。台灣必須要消化多少中國移民，才不會被淹沒、產生更多社會問題？北京同時也會尋求逐步侵蝕台灣的國族認同，包括台灣的民主價值、以市場為本的經濟，以及言論自由。事實上，民進黨也強調太陽花運動基本上是要捍衛台灣認同（吳釗燮，2014）。

這些顧慮既實際又很明顯易懂，學生們及其支持者要求兩岸經濟關係自由化必須充分徵詢民意，不僅《服貿協議》，將來所有的兩岸協議也都需要如此。因此，學生們要求建立正式的、由立法院訂定的程序，用來指導未來與中國的談判。他們宣布，除非政府同意撤回《服貿協議》、就這個議題廣徵民意，否則他們不會結束抗議。

政府為《服貿協議》辯護，強調中國會互惠提出讓利，開放八十個行業准許台灣人投資（超過中國加入世貿組織提出的承諾），並以延長簽證效期、簡化核准程序等方式讓台商在中國的投資更便捷。北京同意開放的關鍵產業包括電子商務、金融（汽車保險、鄉鎮銀行和證券業）和文化創業產業。相較之下，台灣的讓利只涉及到六十四個行業。在移民方面，政府向民眾保證，中國專業人士只能在投資超過二十萬美元以上的情況下才准許到台北工作，而且不准歸化、取得公民資格。馬英九政府聲稱中國在台灣的投資，在2013年底以前已經創造九千六百二十四個就業機會，而《服貿協議》將在服務業創造一萬一千九百二十三個工作機會（ECFA 2014）。政府也向民眾發出警告，若不能簽署《服貿協議》，將會使台灣被貼上沒有信譽的貿易夥伴的惡名，傷害台灣加入其他自由貿易協定的可能性（MAC 2014a）。

4月6日，立法院長王金平和學生達成協議，結束抗議行動。他宣布立法院在恢復審議《服貿協議》之前，會先研訂未來所有兩岸協議皆需審查的程序。雖然馬英九總統表示可以召開國是會議討論經貿問題，但抗議者們拒不接受，聲稱那是「馬式陽奉陰違的典型伎倆」。[39] 年底的縣市長大選已經接近，國民黨潛在的候選人可以看到馬英九在運動者心目中已失去可信度，這造

成他在自己黨內的支持度也大量流失。行政院向佔領運動的要求
低頭，開始草擬兩岸政策監督架構，把《兩岸協議監督條例》草
案送請立法院審議（MAC 2014b）。這項法案草案訂明，未來所
有兩岸談判，行政院都需向立法院報告。其他版本的提案又更加
嚴格，譬如民進黨立委尤美女的提案，要求立法院亦可監督談判
過程，不必等待協議達成才送立法院審議（尤美女，2014）。學
生們宣告階段性的勝利，終於在4月10日發表聲明，退出議場，
結束長達二十四日的佔領運動。

　　從戒嚴時期開始到民主化之後，台灣的「公民不服從」已有
悠久歷史，且經常有青年學生參與其中。1990年的野百合學生
運動和2008年的野草莓學生運動，都促成了之後的政治改革。
太陽花運動又向前邁進一大步（Cole 2014）。學生們普遍支持並
親身實踐台灣的公民參與文化，而65%民眾認為他們的抗議對
台灣的民主發展是一件好事（TVBS民調中心，2014年4月7-8
日）。國際觀察家似乎也同意這個看法；政策分析家羅伯・沙特
（Robert Sutter）建議華府支持「太陽花運動所代表的台灣人言論
自由與認同」（Sutter 2014），聯邦參議院「台灣連線」的參議員
施洛德・布朗（Sherrod Brown）發表聲明，要求馬英九政府找
出和平解決的方法（Brown 2014）。

　　這場抗議讓人刮目相看的不僅是它的規模和時間長短，而是
它超越族群、年齡、階級和政治歸屬。雖然許多學生領袖個人支
持台灣獨立，他們傳達出的訊息卻與台灣未來的統獨走向關係不
大，而且這項運動與國民黨和民進黨也都不相干，不是由政黨所
動員或主導（黃守達，2014）。學生獲得大眾同情，因為他們是
為了減輕經濟及政治不平等而鬥爭，他們並不被看作朝野兩黨的

一部分，而兩大黨帶給人民的負面觀感大於正面（TVBS民調中心，2014年4月7-8日；台灣指標民調，2014年6月12日）。太陽花運動對兩岸政策產生重大衝擊，使得政策重新考量，儘管國民黨分裂、內部意見不一也是個重要因素。有位政府高級官員私底下說，太陽花運動迫使國民黨根本地改變對於兩岸政策立法的思維。[40] 這項抗議也改變民眾對《服貿協議》的看法。民眾不僅變得更了解《服貿協議》這件事，也更不支持簽署。民調顯示，2013年8月《服貿協議》簽署後的兩個月，反對的民眾約有32%，到2014年3月時上升至48%，而且70%表示支持立法院逐條審議《服貿協議》（TVBS民調中心，2013年8月26-27日，2014年3月20-21日）。

和過去抗議兩岸開放不同的是，太陽花運動首先要求的是，簽署一個兩岸協議之前，政府須充份考量它對台灣所有重大經濟利益的利弊得失。除了經濟議題，學生也為了維護公開透明、公共參與等，由許多世代的人們努力創造及維持的公民價值而抗爭。有一項民調發現，愈是年輕的學生，愈是反對《服貿協議》和《貨貿協議》（TVBS民調中心，2014年4月7-8日）。這個運動顯示，台灣已經成功地培養出一個新世代，他們關心台灣做為民主社會的前途，努力要求平衡經濟成長和社會正義的價值。他們清楚表達：和中國的統合應該是一種可以在程度上進行選擇的問題，而不是一個非得接受的單一選項，重點是，包括學生在內的大眾，在政府選擇兩岸統合程度與時程的時候應該要受到徵詢。

學生領袖中有許多人是嚴格限制派，但是他們也清楚地明白運動的參與者也有溫和限制派甚至適度開放派——這些人彼此對

哪個行業應該開放也各有不同主張。讓這些不同的團體集合在一
起的,不是大家對兩岸政策有一致的主張,而是同樣不滿政府制
訂及執行兩岸政策的做法。即使這個階段在政府中制訂政策的主
要是開放派,但台灣社會還有許多人支持在不同程度上對兩岸政
策設限,並決心參與抗爭以減緩開放的速度。

結論

到了這個第四階段的開端,愈來愈少台灣人民在爭論他們究
竟是台灣人或中國人,或者究竟要統一或獨立。他們比起以前更
自認為是台灣人,希望維持台灣的政治自主性。但是他們對於如
何才最能保護其國族認同,以及兩岸經濟政策如何才能平衡台灣
的全盤國家利益,看法仍然不一致。儘管ECFA的談判和通過反
映出開放派的影響力,對架構協議所規定的後續協議,尤其是
《服貿協議》的辯論,似乎卻是由溫和限制派主導的。許多人認
為與中國深化經濟統合已經造成台灣平均工資下降,貧富不均也
益加惡化。此外,台灣認同的鞏固,意味著人們普遍對於如何維
護此一認同,避免經濟上或政治上遭到中國吞沒而感到焦慮。

馬英九2008年5月就職後,借助民間普遍不滿意陳水扁積極
管理的限縮政策,以及台灣經濟表現停滯的情勢,採行他在競
選期間承諾的開放政策。選舉制度改革替小黨進入立法院增添
障礙,國民黨完全控制立法、行政兩大部門。1993年以來首度
恢復的兩岸對話,經過四輪「江陳會」,每次都達成一些開放政
策,終於在2010年6月簽署ECFA。政府花了相當大資源去向國
內及國際尋求支持ECFA,以反駁協議是由上而下、未徵詢民意

的印象。對ECFA的辯論集中在它正面的效益是否多於負面的衝擊。ECFA簽署後可以說是取得過半民意支持，因為它承諾會把台灣對中國現行經濟關係制度化，並在兩岸關係上促進更大的互惠往來。

然而，後來對ECFA所規劃的後續協議之談判，由於進展快速、開放幅度太大，超過了大多數民眾預期能接受的程度，因此，要求聆聽民意的聲音響起。此外，兩岸經濟政策的徹底開放，原先看似取得的高度民意支持，卻使社會變得更加兩極化，很多民眾想要對馬英九雄心勃勃的開放計畫中某些要素踩煞車加以節制。國民黨的民意支持度正下降時，馬英九卻想讓《服貿協議》在立法院強渡關山，反倒弄巧成拙使它無法通過實行，也延緩了開放的進程。太陽花運動阻擋政府強行批准《服貿協議》，也產生了針對兩岸協議的監督條例，這樣子為未來所有兩岸協議談判和立法設下指導原則的議案。

在台灣變得愈來愈依賴中國、台灣認同愈來愈被台灣人接受時，馬英九擴大開放的政策也變得益發有爭議。相較於前三個兩岸經濟政策演進階段，針對ECFA及其後續協議的辯論最為重要，部分原因是這些措施將會導致和中國貿易及投資關係——甚至在金融等敏感領域——出現史無前例的重大開放。這些協議所規定的開放程度正在致使一個成長相對緩慢的台灣與一個充滿活力快速成長的中國在社會和經濟上逐步融合。對於這一兩岸融合的規模，不少人有所預料，有的人認為這是值得期待的，也有人認為這是令人恐懼的。

在前一階段開始成形的新的國族認同，現在已經進入鞏固狀態。到了2008年，超過90%的人認同自己是「台灣人」或具有

雙重認同,而到了2009年,排他性的「台灣人認同」比例首次超過半數。此後,年復一年,這個比例持續升高,尤其是年輕世代。台灣認同的鞏固縮小了經濟政策選項的光譜,改變了它們受到評估的判準。先前,政治領導人一度把他們對於兩岸經濟政策的觀點,和對於台灣與大陸長期政治及經濟關係的觀點,甚至是統獨立場給連結起來。現在,討論經濟政策沒有這種牽連,而是專注在討論對台灣直接的影響上。不過,論述的性質雖有此改變,在政策制訂或執行期間仍未產生共識。雖然公共政策辯論的內容已更加務實,選項也比較不極端,但人們的情感因素仍然強烈,太陽花運動就是一個鮮明例證。

台灣人民對於台灣與中國相互依賴,以及它整合進入全球化世界所產生的社會經濟問題要如何解決,意見仍然深刻分歧。再者,在一個民主的政治文化崛起的社會,採納及執行重要政策需要更廣泛徵詢民意,才能獲得民眾普遍支持。許多人認為,馬英九政府的經濟政策不僅與台灣政治未來的所有展望脫節,也缺少長期經濟策略,只把中國當成台灣經濟的萬靈丹。不少人很擔心馬英九的政策會使台灣在經濟上過度依賴中國,可能危害到台灣的經濟穩定、社會平等和經濟安全,同時又不能確保其成長或提升其國際地位。情勢又由於馬英九政府在許多事項上看似進行「黑箱作業」而惡化,這種行事風格成為學生領導的抗議運動猛烈批評的對象。

ECFA所產生的辯論之強烈程度,遠甚於過去幾個階段。原因並非所討論的經濟政策選項太激進或極端;事實上,如三通等方案早已經斟酌了好幾年。可是,ECFA開放的程度和廣度在台灣卻是史無前例。高度保護主義和兩岸共同市場這類更極端的選

項，其實已經排除、不被列入考慮。國民黨和民進黨都接受中國
將是台灣經濟前途的一部分，但是台灣人民現在想要在許多不同
的經濟利益當中求得平衡。問題的爭議點不在台灣「是否」應該
擴展與中國的關係，而是應該走得多遠和多快，以及走向何種境
地。

7

結論

　　　　台灣認同已經達成鞏固的狀態，而且將會持續下去。但
　　可以肯定的是，台灣經濟的未來仍是繫於中國，因此台灣將
　　繼續走在認同意識和經濟發展方式的鋼索上。經濟上，我們
　　將持續向中國傾斜，而政治上，我們會堅持維持獨立自主、
　　拒絕與中國統一。

　　　　　　　　　　　　　──魚夫，政治評論家（2014年7月）[1]

　　本研究檢討台灣面對的兩難困境：經濟上，它依賴一個無法
完全信賴的夥伴，這個夥伴對它的生存構成威脅，而台灣每隔幾
年就必須在限制與開放兩端調整兩岸政策。按照政治經濟學理論
的預測，身為小國的台灣應該會日益依賴中國，經濟政策會維持
開放，然而，台灣的兩岸經濟政策在二十年內經歷四次方向大翻
轉，每個階段都出現十分激烈的公共辯論（參見表7-1）。

　　從《服貿協議》的簽訂過程就看得出來，台灣人或許支持兩
岸關係進一步體制化，但是他們對於一些特定措施的實行，以及
達成正式協議的程序等各方面仍有疑慮。從ECFA簽署以來，兩
岸經貿進行更多開放，「江陳會」又進行了幾輪會談，就投資保
障及金融開放方面達成重要協議──但是社會上對其效益和風險
的辯論並未停止。兩岸經貿的自由化進程還是可能會持續漸進，
但是新的衝突也是很可能產生。

　　要理解台灣面對中國政經兩難局勢時採取的不同途徑，關鍵
在於台灣人國族認同的崛起與鞏固，以及國族認同與台灣最重要
的國家經濟利益（即經濟成長、安定、平等和安全）之間的關
係。身為一個民主小國，台灣的大陸政策發展過程中，人們可以
看到公共參與蔚為風氣。和其他多元化的社會一樣，人們為國族

表7-1 兩岸經濟政策重大變化（1990至2014年）

兩岸經濟政策開端（1990至1996年）
- 向中國大陸進出口商品劃分為准許、禁止和個案審查三大類
- 赴大陸投資劃分為准許、禁止和個案審查三大類
- 建立一套規範架構，明定赴大陸直接投資及間接投資之類別與程度

第一階段：戒急用忍（1996年）
- 任何公司赴大陸投資上限定為該公司淨值20%至40%
- 上市公司投資上限定為淨值20%
- 個別項目投資上限定為五千萬美元
- 嚴禁投資高科技及基礎設施項目
- 建立特許投資類別及評分制度，考量產業性質、營業計畫和該投資對台灣經濟的影響
- 懲罰過去未申報即赴大陸投資之廠商

第二階段：積極開放、有效管理（2001年）
- 改進赴大陸投資申請程序
- 大陸投資類別由三類改為兩類：禁止類及一般類
- 重新檢討超過二千萬美元投資案的核准標準
- 簡化二千萬美元以下投資案的審查過程
- 放寬個人逾五千萬美元投資案的限制，將核准程序從嚴審改為例行性質
- 上市公司投資上限由淨值20%提升為40%
- 對於境外募集資金赴大陸投資上限由20%放寬為40%

第三階段：積極管理、有效開放（2006年）
- 現行有關公民營公司赴大陸投資之規定，一律嚴格執行
- 建立金融清算機制，設下防火牆，做為兩岸金融解除管制的起步
- 對於超過投資上限或涉及敏感技術的投資項目增添特別核准程序。公司提出意向書，由監理當局到場堪查，並經專家推薦（必須斟酌財務、技術及對產業之影響）後，才會決定是否核准
- 增強對金融機構海外及大陸營業的監督及帳務稽核

第四階段：《海峽兩岸經濟合作架構協議》（ECFA）及其他經濟開放政策（2008至2010年）
- 海運、空運及郵政業務三通開始
- 放寬陸客來台觀光之限制
- 大陸開放台灣一百種行業前往投資
- 放寬資產投資組合的規定，改革特殊類別投資審批程序
- 所有公司投資上限由淨值40%提高為60%
- 簽署銀行、保險、證券三項金融業瞭解備忘錄
- 改善在台陸配及陸生待遇
- 簽署ECFA，降低從大陸進口五百二十一項商品關稅，及從台灣進口二百六十七項商品關稅，並承諾洽簽四項後續協議，包括《貨貿協議》、《服貿協議》、投資保障協議及爭端解決機制

ECFA的執行及其後續協議（2010至2014年）
- 簽署《海峽兩岸投資保障和促進協議》
- 簽署海峽兩岸貨幣清算瞭解備忘錄、兩岸金融監理備忘錄
- 簽署《海峽兩岸服務貿易協議》
- 開始談判《海峽兩岸貨品貿易協議》
- 研議提案兩岸協議監督條例，規範兩岸間的談判、條約核准及監督

資料來源：作者依陸委會資料整理

認同有過激烈的辯論。另外，又和其他小型經濟體一樣，它必須處理全球經濟力量所帶來的許多問題，譬如：經濟成長所帶來的機會以及就業市場的失業風險、市場不穩定和社會經濟不平等的挑戰。許多國家面臨類似的經濟挑戰，但是台灣與眾不同：它必須在一個軍事上帶有敵意、政治上企圖併吞它的鄰國的威脅下對付這些挑戰，偏偏經濟上它又必須依賴這個鄰國。這一來造成台灣社會對兩岸關係出現相當高程度的喜厭交織心理，這種情緒瀰漫在台灣對兩岸經濟政策的公共辯論當中。

本研究提出一個主要問題：國族認同、經濟利益和經濟政策，彼此之間究竟有沒有任何關聯？我們看到，當不同的國族認同之間存在激烈爭論時，相互競爭的認同意識會導致兩岸經濟政策走向兩個極端，在嚴格限制和廣泛開放之間做選擇。在兩岸關係的頭兩個階段，溫和的聲音大多被具有極端觀點的煽動家淹沒，尤其是在與大陸漫長的政治對峙的緊張時刻。然而，當有關認同意識的辯論比較能夠走向共識的時候，人們呈現較溫和但仍然非常不同的政治及經濟政策偏好。支持台灣經濟向大陸開放的人變得普及，因為它將替台灣帶來更大的繁榮，並增強它的政治安全。但是，對於開放的程度和速度仍然是高度爭議。

研究發現

本研究證實國族認同在界定台灣的經濟利益與制訂其經濟政策時的重要性。經過二十多年的民主化之後，關於台灣人國族認同的爭論大部分都已解決；現在出現的認同意識不再以省籍或族群為根據，而是根據共同居住在台灣這塊土地上，對台灣的公民

價值和體制——它和中國的價值和體制大不相同——有強烈的認同。因此，愈來愈少台灣人認為自己是中國人，就連「是台灣人也是中國人」這樣的雙重認同都日漸減少，年輕世代尤其如此。[2]這一點深深的影響了他們對兩岸關係的想法。

支持兩岸統一的民眾（包括立刻統一與終極統一兩大類），其支持度由1994年的20%降到2014年只剩9%，其中支持立刻統一的只剩1%（ESC 2014）。即使在調查中加入最有利的假設狀況下趨勢還是一樣：如果我們假設中國的政治和經濟狀況變得與台灣相似，2013年只有30%受訪者支持統一，相較於1992年的67%，跌幅十分可觀（N. Wu 2014）。民調顯示，這種變化可歸因於外省人和本省人支持統一的比例都在下降（N. Wu 2013；遠見民調中心，2010年3月19日）。

當台灣人認同脫離省籍或族群的定義，中國和台灣之間的鴻溝更顯得巨大，特別是因為台灣的認同現在依據的是公民價值，如自由與民主，而中國在短期內不太可能接受這樣的價值或制度。即使台灣人自認是「中國人」，恐怕也是基於文化和血緣等原因，而不是因為他們認同中國現在擁護的價值。

頭兩個階段：
認同爭議未決之下的兩岸政策（1994至2005年）

起初，台灣在頭兩個階段對兩岸經濟政策意見分歧，跟認同意識的辯論有密切關聯。當然，經濟邏輯也是一個因素；經濟開放下的輸家支持保護主義，而企業家、技術工人和經理人認為會因兩岸經濟關係日趨密切而受惠，他們支持開放。但是政治議程上的主要項目是國族認同，這個議題在初期階段主宰了兩岸經濟

政策的討論。這兩個階段的政策討論，同時要與人們的認同意識激烈地攻防，所以出現了極端版本的嚴格限制或大幅開放選項。政府針對這兩派極端意見的壓力做回應時，它的政策制訂就在開放與限制之間搖擺不定，不知道應該追求經濟成長或者是以安全優先。

國族認同牽涉到人們心中最根本的終極價值觀（本質性價值），因此是很情緒化以及容易起爭論的。而這些基本價值觀必須要先被確認，之後才能夠去討論現實生活中的那些（工具性的）實用價值是什麼，以及這些價值的重要性優先排序。在終極價值觀尚有分歧時，人們討論具體政策及其利弊的時候就會很容易情緒化，變得很激動。當台灣人的國族認同浮動不定時，它在政策考量上就有比較吃重的角色；當認同意識逐漸走向共識時，它的重要性與顯著性就會下降。

建構主義派的研究顯示，民族主義不必然會是排外的，它可以擁抱自由派經濟政策，也有可能選擇保護主義經濟政策，主要是根據國族認同的內容和人們相信受到威脅的程度有多大而定（譬如，見 Helleiner 2005）。以台灣來講，對於經濟政策的爭議主要來自對大陸開放與否之歧異，而不是對台灣的全球貿易及投資政策基本上的質疑，因為中國既是台灣最重要的潛在貿易夥伴，又處在台灣國族認同界定時的對立面。因此，這兩個階段證實了，台灣國族認同的高度爭論，導致執政者必須在極端的兩岸經濟政策之間做選擇，具有強烈台灣人認同的人贊成對大陸要採取高度限縮的政策，而具有強烈中國人認同的人則主張更加開放的政策。石化業及半導體業的個案研究顯示，對於開放與限制之間的政見歧異，在制訂政策及執行階段都會發生。

後兩個階段：
認同意識已經鞏固下的兩岸政策（2006至2010年）

　　在後面兩個階段，由於共同體的成員及價值已漸漸出現共識，國族認同辯論的激烈程度減弱。原先認同自己是中國人，盼望台灣和中國能在國民黨統治下統一的許多人，在兩岸關係一開放之後，發現兩岸體制、生活方式和價值大不相同，超乎台灣人所能接受，也覺得幻想破滅。事實上，台灣和中國在社會、經濟方面愈是交流互動，台灣人認同就變得更加鞏固。民主化之後，原本以省籍界定其認同的許多台灣人，開始接受更兼容並蓄的定義，也就是台灣人應該包括台灣所有的居民，不論本省人或外省人。各個政黨對這個新興的台灣認同也已意見匯流，誠如安東尼・唐斯對多數決代議制度所提出的著名定理：「兩黨體系裡的兩大政黨，對於多數公民強烈喜好的任何議題都會在立場上趨於一致。」（Downs 1957, 297）

　　這個新興的台灣認同讓台灣人在對外經濟政策方面，逐漸出現共識，它有好幾個成分。第一、不論祖籍或文化感情如何，所有的政治人物被期待要以台灣的國家利益為最高優先，而不是以大中華的思考為主。因為這樣子具備包容性的台灣認同以及「台灣優先」的意識，讓台灣社會比較可以解決過去國族認同的各種爭論，島上居民對於自己是中國人、台灣人或既是中國人又是台灣人這樣的問題，呈現了漸趨一致的共同認知。第二、針對兩岸經濟政策的爭議，不再和統獨立場連結；先前各種國家地位選擇的統獨立場爭議也可以說是逐漸平息，人們偏向長期地維持台灣某種形式的政治自主性——不論是法理獨立或實質自主。因此，

不同的經濟政策立場辯論，已經可以從台灣所面對的經濟與政治利益的角度去評估。民眾要求公職候選人說明他們預備如何維持台灣的自主，維護財富及所得更平均分配，使台灣更有競爭力，並獲得國際承認。而政府官員和公職候選人提出經濟政策時，都不忘宣稱「台灣優先」是他們的指導原則。

本研究所引述的若干民調都反映出國族認同鞏固的跡象，尤其是政大選舉研究中心系列，顯示排他性的台灣人認同大幅上升，從1992年的18%升高至2014年的60%（見圖7-1）。根據同一系列民調，圖7-2顯示，「廣義的台灣人認同」也同步上升——2014年占全台灣人口的93%——相對之下，排他性的中國人認同大幅下降。

至於統獨立場這個議題，政大選舉研究中心的民調結果與其他民調一致，顯示自從台灣民主化以來，對立即統一的支持度（2014年為1%），或甚至終極統一的支持度（2014年為8%），都穩定下降（見圖7-3）。同一系列民調顯示，選擇某種形式的獨立自主性——包括維持現狀或走向獨立——其支持度上升，而且自2008年以來持續維持在80%以上（見圖7-4）。這些結果很明顯地顯示，台灣正朝向「國族認同鞏固為廣義的台灣人，而非中國人；共同政治目標為維持政治自主性，而非走向統一」前進。2008年和2012年的總統大選，國民黨和民進黨候選人都擁抱具有包容性的台灣認同，以身為這個充滿活力、政治自主，以及民主的共同體之成員而自豪。

弔詭的是，台灣人認同的鞏固，實際上加速了台灣對大陸貿易及投資更加開放。民眾主流的關切從早先透過脫離中國、追求「絕對不是中國人」的國族認同，轉變成為替台灣這個獨特的

圖7-1　台灣民眾台灣人／中國人認同分佈（1992至2014年）

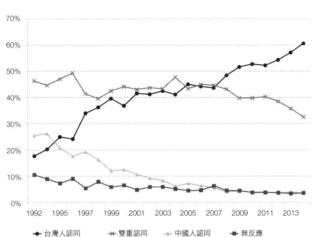

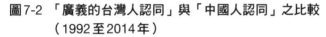

資料來源：國立政治大學選舉研究中心重要政治態度分佈

圖7-2　「廣義的台灣人認同」與「中國人認同」之比較
　　　　（1992至2014年）

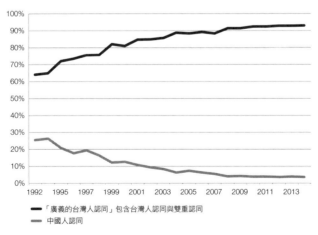

資料來源：國立政治大學選舉研究中心重要政治態度分佈

圖7-3　台灣民眾統獨立場趨勢分佈（1994至2014年）

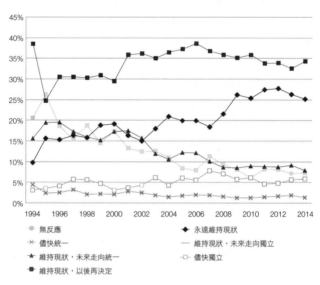

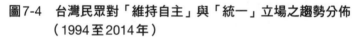

資料來源：國立政治大學選舉研究中心重要政治態度分佈

圖7-4　台灣民眾對「維持自主」與「統一」立場之趨勢分佈
（1994至2014年）

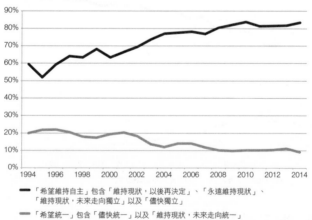

資料來源：國立政治大學選舉研究中心重要政治態度分佈

社會爭取去和中國及世界互動時，以有利的條件追求最佳的一套經濟政策。台灣島內對ECFA的討論，很像其他許多小型、開放經濟體所制訂的貿易政策，而不再只是反映台灣國族認同的爭論。支持ECFA已經不再跟是否自認中國人、是否支持統一扯在一起，就像過去二十年之間那般糾纏。現在討論ECFA則聚焦在經濟利益。即使認同意識仍是公共辯論當中的重要因素，問題重點轉變成面對中國經濟和軍事威脅時如何才能保護自身的經濟利益，而且會問這樣的問題已經不再必然代表著支持高度限縮的經濟政策。

　　這代表台灣在討論是否更加開放對大陸貿易和投資時，已經不再像過去那樣顯現出台灣對於與中國之間的統獨立場以及政治關係辯論的拉扯。現在討論兩岸關係時，經濟面和政治面愈來愈可以分開。伴隨著強大的台灣認同發展起來，經濟政策立場選擇的變動範圍已經縮小，變成愈來愈溫和。很少台灣人接受廣泛開放或嚴格限制的思考邏輯。大部分人現在居於新的中間位置，其特色就是願意開放與中國貿易往來，但是也堅持政府要採取行動去緩和開放對台灣社會造成的負面結果。在這些新中間派當中，溫和限制派認為政府應該扮演角色，選擇性地開放或限制陸資貿易和投資的行業，透過策略性經濟政策積極促進台灣的利益。而適度開放派則認為市場才是主宰的力量，政府只應該做最小限度的、最有必要的管理措施來達成社會穩定和安全。

　　在本研究檢視的四個階段當中，不僅國族認同爭論的程度和內容變了，認同意識對人們認知上的重要性和優先順序也在改變。在頭兩個階段，國族認同議題在選舉和政策制訂過程當中，總是最為重要和顯著的議題，因為認同的內涵仍然相當分歧且具

有高度爭議性。在國族認同漸趨一致且邁向鞏固之後，人們認知到的重要性也改變，認同已經變成一種被視為理所當然的共同價值而不需再特別辯論，因此人們可以在每一次的公共討論時，直接切入重點，不再從認同的內涵開始爭論起。同時，這不代表人們不再討論認同議題，因為愈來愈多的人們認為，當這個共同價值遭到外來威脅時，一定需要主動捍衛。

儘管在國族認同上日益有了共識，對於兩岸經濟政策的分歧並不稍減。在2008年總統大選之前，情況尤其如此。兩大黨候選人都高舉本土認同大旗，但是在如何替國家利益訂定優先順序，以及哪種經濟政策可以促進這些利益方面，卻仍各有不同見解。雖然沒有達成共識，在2008年和2012年的總統大選中，兩岸經濟政策的考量已經減少意識型態的分量，比起以前更加務實，這在本書第二章已有討論。

因此，兩岸關係的前期階段和後來的階段做法就有不同，產生第二章所提到的一些方案。認同意識的共識鞏固下，經濟政策選擇的範圍縮小，朝中間移動；然而，雖然極端政策不再是選項之一，在政策決定期間或稍後的執行階段，卻也沒有讓其他的選擇方案產生共識。更加開放和更加限縮的政策之間仍清楚存在歧異，但是辯論的性質由原本涉及本質性的終極價值觀和意識型態的討論，變成以務實性的工具性價值及現實利益為首要考量。

總而言之，雖然對認同意識意見的分布情形已經呈現「單峰」狀態而減少分歧，政策意見的分布依然是「雙峰」性質而呈現許多人集中在兩端不同選擇──但這兩方的差距已經縮小。台灣認同共識逐漸上升已經使得支持對大陸完全開放經濟整合這樣的選項消失，因為這樣的選項有可能傷害台灣的國家安全，甚至

威脅它的新興國族認同。另一方面，認同意識的共識逐漸上升也降低了對嚴格限制兩岸經濟交流這樣政策選項的支持，因為它們會降低台灣在全球市場的競爭力。然而有些人還是支持採取嚴格限制，因為他們認為這是可以保護台灣國族認同且對抗中國威脅的唯一政策選項。

廣泛開放和嚴格限制這兩種各走極端的選項失去魅力下，溫和限制派和適度開放派之間的爭論就不再集中於國族認同，而是哪樣的政策在相互競爭的政策目標之間取得最佳的平衡，這些目標包括：經濟成長、穩定、平等和安全。現在人們也將環境永續發展和國際地位的提升加到政策目標的清單。[3] 台灣人民要求北京的政府尊重台灣是一個與其不同的主權國家，或至少是一個由合法政府領導的政治實體，不論政府是由國民黨或民進黨領導。

雖然台灣的兩岸政策討論已經將選項變得比較聚焦且更加溫和，但仍不能說是已有清楚共識，而且感性的情緒成份依舊佔有重要角色，太陽花運動就是一個例證。關於台灣應該如何強化經濟並保護其國家安全和政治自主性，人們的觀點仍然高度分歧。第二章所提到的分析架構（見圖2-1），呈現國族認同的定義、國家利益的優先順序，針對政策選項的辯論，以及兩岸經濟政策的制訂等等彼此之間的關係。以此一架構為基礎，圖7-5綜合歸納出本研究所涵蓋四個階段期間，認同意識、經濟利益和經濟政策之演進。它顯示各個特定經濟利益的優先次序經常在變化，受到國內及國外環境脈絡變牽的影響。在這個基礎上，最終制訂出來的經濟政策也一直在改變，在開放與限制之間循環。相對來說，有關認同意識的討論呈現比較直線性的演進，從中國人認同和台灣人認同兩者之間的對抗，朝向以台灣認同為主的共識發

展，現在台灣人的認同意識朝向更加兼容並蓄、減少側重省籍族群意識的方向移動。

對台灣國內政治的啟示

　　本研究對台灣政治領導人而言具有重大意義。當人們對於國族認同達成較為一致的看法後，選民現在希望有一套細膩的兩岸經濟政策，可以促進經濟成長、經濟安全和市場穩定等長期目標，同時還渴望做到某種程度的社會經濟平等，以符合自身對於民主政治和中產階級社會的想像。就許多中產階級選民而言，害怕台灣認同被打壓、擔心經濟失去競爭力，以及感到其基本的利益受到威脅等心理作用十分強大。甚且，台灣人民不僅希望促進他們的經濟和安全利益，也希望得到更多的國際承認（Glaser 2013）。他們盼望台灣被承認是一個自主且繁榮的地球村成員，可以在全球經濟的關鍵部門扮演重要角色，也能夠做出有意義的貢獻去處理全球及區域性的問題。台灣選民很希望領導人能夠全面促進這些國家利益。

　　台灣人在認同方面的共識日益上升，加上選舉制度改革使得小黨更難在立法院贏得席次，實質上淘汰掉新黨和台灣建國黨等統獨與認同立場較為極端的政黨。但是兩大黨也要面對這個趨勢的挑戰。在這本書所提的四個階段，民進黨幾乎全心投入在認同意識的議題，而國民黨則是未能回應廣大民眾對經濟利益和安全的不同看法，這些策略選擇對兩黨的傷害都很大。國族認同的問題不再能夠在主流候選人之間造成區別，因為他們大多擁抱更兼容並蓄的台灣認同以及「台灣優先」的概念。因此政黨必須在其

圖7-5 從認同意識到政策：1996至2010年

1996年 全國經濟 發展會議	認同意識爭論： 「中國人」或 「台灣人」？	國際環境的重大變化： 1995至1996年的 飛彈危機	關鍵利益： 國家安全	主流意見： 嚴格限制	「戒急用忍」
2001年 經濟發展 諮詢委員 會議	認同意識爭論激烈 程度提升： 「台灣人」相對於 「中國人」	國際環境的重大變化： 2001年全球經濟衰退	關鍵利益： 經濟成長、穩定、 國家安全	主流意見： 適度開放	「積極開放」
2006年 台灣經濟 永續發展 會議	認同共識浮現： 雙重認同和台灣人 認同的成長	國際環境的重大變化： 2005年 《反分裂國家法》	關鍵利益： 公平、經濟成長、 穩定、國家安全	主流意見： 嚴格限制和溫和限制	「積極管理」
2008至 2010年 推動ECFA	台灣人認同的共識與 鞏固	國際環境的重大變化： 2008年全球財金危機	關鍵利益： 公平、經濟成長、 穩定、國家安全	主流意見： 廣泛開放和適度開放	「A欄發」

他方面樹立鮮明旗幟。雖然民進黨過去在有關台灣國族認同的辯論，以及提倡其重新定義上扮演重要角色，此時它還未能從這個議題跳脫，為兩岸經濟政策畫出理性的路線。民眾現在比以前更強烈地期許，台灣對於如何維持其經濟競爭力和繁榮、同時又得到中國及國際社會接受為主權國家等方面能夠有理性的討論。民進黨還沒有辦法符合此一期望。民進黨會輸掉2008年選舉，主因之一就是不夠重視經濟議題，又過度強調票選「本省人」（謝長廷）而非「外省人」（馬英九）的重要性——這是對台灣國族認同已經過時的定義，對許多選民已失去有意義的吸引力。直到2012年總統大選，民進黨的政綱才開始超越認同意識，談到其他社會議題，但是它的兩岸政策及關係到台灣的經濟策略仍不夠連貫和全面，不能吸引到足夠的選民支持。

　　國民黨2008年大勝很大一部分是因為民眾希望教訓民進黨及其陷入貪汙醜聞的成員。馬英九自稱是台灣人，選民相信他，讓他有了充裕空間去和中國接觸與交流。2012年，民進黨仍然提不出連貫一致的經濟計畫或兩岸政策，馬英九把國民黨包裝為可以透過和中國繼續統合，領導台灣走向經濟成長和國際競爭力的政黨，因而當選連任。可是，馬英九所得到選民的信託，並不是讓他不加選擇地與中國經濟統合。選民寄望他能夠考量到經濟政策所影響到的不同層面，經過詳細徵詢後去訂出規劃良好的政策，以獲致經濟利益、取得國際承認台灣，以及讓北京更尊重台灣。兩任任期之內，馬英九在事先未多方諮詢的狀況下，加快速度提出許多開放措施，也沒向民眾充分說明這些措施帶來的影響，特別是在維護社會公平、保護台灣的安全及增強其國際地位各方面。政府的作為威脅到了大多數台灣人民現在極為深刻珍視

的台灣認同。民進黨被認為過度著重認同意識,而國民黨現在被看成是一個只重視某些行業經濟成長、卻沒有考慮到其他部門的利益與代價的政黨。2015年有一項民調顯示,76%受訪者認為國民黨過度受到大財團影響決策。被問到他們對國民黨施政優先持何種觀點時,只有10%認為國民黨關心老百姓,而高達73%認為它只關心黨的利益(TVBS民調中心,2015年2月11日)。

馬英九政府無法取得人們支持對兩岸經濟更加開放的政策,還反映在民意支持度持續探底。TVBS進行的民調顯示,馬英九的支持度穩定下滑:2008年6月為41%、2010年5月為33%、2012年5月為20%,到了2014年12月只剩11%,同時有74%明白表示他們「不滿意」馬英九的表現;這是舉辦民意調查以來台灣歷任總統不滿意度的歷史新高。

總而言之,民進黨和國民黨都無法找出一套完整的經濟政策,能夠完全符合民眾的期望。兩黨共同的問題反映在2014年一項民調上,它顯示將近一半民眾對兩黨都不支持(國立政治大學選舉研究中心,2014)。同時,兩大黨在四個階段的政策都遭到不少民眾反對。李登輝、陳水扁和馬英九三位總統都沒有預料到,採取大幅度開放或嚴格限制政策的時候,主要利益團體的反彈會如此巨大,不論是開放(陳、馬)或限制(李、陳)。他們無法動員原有的支持基礎,也無法爭取到足夠的中間選民來克服反對聲浪。民意的負面反應因此好幾次迫使政府改變路線。這個模式在太陽花運動時最為明顯,學生們迫使政府無限期擱置《服貿協議》的審查。雖然台灣的國家領導人具有相當大的行政權力,尤其是對外政策方面,本研究則顯示,他們必須與民眾及國會進行有意義的諮詢與互動,以及制訂選民認為思慮周詳和全面

的兩岸經濟政策。

　　進一步來說，台灣人認同雖然出現高度共識，人們也強烈偏好政治自主性，但這並沒有完全排除國族認同議題重新成為主要政治爭論議題的可能性。馬英九政府不夠關切中國影響力日益滲透進台灣人生活的各個層面，已經使國族認同又成為一個凸顯的議題。民眾強烈偏好政治自主也不能保證民眾一定支持民進黨，因為民進黨還不能說清楚、講明白它對未來國家地位的統獨立場。國族認同這個議題從自我認同轉移到未來國家地位的政治選擇時，民進黨不僅需要清楚地表述台灣的國族認同是什麼，也必須提出如何重振台灣疲軟經濟表現之方案，以及如何在台獨黨綱下維持穩定的兩岸關係。民進黨將要承受來自北京要求它表態支持「一中」原則以及某種形式的統一的沉重壓力。民進黨如何將北京此一壓力和台灣人民傾向政治自主的意願取得平衡，還有待觀察。

對未來兩岸關係的啟示

　　本研究的發現認為，兩岸關係未來可能出現四種劇本。第一種是台灣在社會上、經濟上與中國繼續統合，有朝一日，台灣人民再度感覺到與中國有共同命運感，逐漸重新界定其認同意識，傾向更成為中國人（Lin 2014）。中國領導人可能已經理解，建構共同的國族認同是統一的先決條件，他們也希望透過增進社會、經濟各方面互動，台灣就會因為有了共同的實質利益而產生此一共同的國族認同。[4]但是這個結果似乎已不可能出現，因為台灣人認同上升的趨勢似乎是無可逆轉的，人們已普遍接受台灣

與中國的國族認同是不一樣的，尤其是出生在中國大陸的台灣居民人數愈來愈少，已很難產生直接的認同連結。甚至，兩岸交流會帶來很多負面效果，類似香港那樣因為大量的大陸遊客和移民所帶來的社會問題，包括人們愈來愈擔心工作被搶走，生活空間變得過度擁擠，以及某些特定商品出現短缺，這些都是大陸所不希望看到兩岸交流的反效果。這些擔憂在年輕世代之間特別明顯（TVBS民調中心，2013年6月5日）。同樣地，愈來愈多台灣人民到大陸旅遊和工作，民眾反而更深刻意識到兩岸的價值和體制大不相同。

　　若仔細分析因為兩岸經濟統合程度增加而帶來的影響，在損益評估上面很難得出正面的結果。自從ECFA在2010年簽署以來，台灣的經濟表現令人失望，證實某些分析家的預測：可能需要相當一段時間才能實現加入ECFA或其他自由貿易協定的好處（Hong and Yang 2011; Rosen and Wang 2011）。台灣掙扎度過2008年金融危機，2010年經濟復甦，但是成長率旋即穩步下滑到2012年和2013年只有2%（見表1-1）。雖然目前中國仍是台灣最大的貿易和投資夥伴，近年來貿易和投資的成長已經趨緩。台灣的貿易順差2010年達到高點四百億美元之譜，然後就持續下滑（TIER 2014）。更糟的是，ECFA帶來的好處在台灣內部也沒有平均分配。台灣社會過往主要由中產階級構成，原本的經濟狀況是相對平等，但是它卻繼續往經濟兩極化的不平等社會沉淪，所得差異擴大、就業機會難以增加、實質工資持續停止成長（Zheng 2013）。自從2001年以來，所得水準最高20%的人與所得最低的20%的人，其收入對比持續超過六比一（NDCL 2014, 348）。即使政府估計ECFA可以創造二十六萬三千個就業機會，

台灣整體失業率自2008年以來一直徘徊在4%以上，沒有顯著改善跡象（參考資料同上），證實了分析家的其他預測：因簽訂ECFA而失去的就業機會，不會小於新增的就業機會（Hong and Yang 2011）。2014年，實質薪資跌到1998年的水平，而通貨膨脹仍持續上升。[5]年輕人的失業率更高，達到13%，而且他們的薪資比起全國平均低了三分之一以上（Fan 2014）。這些結果是兩岸經濟統合下的必然現象，因為台灣在「生產要素」方面是具有資本優勢及經營管理經驗，而中國的優勢在於勞動力充沛。但是人民並不會接受這些透過基本經濟學原理就可以預期到的結果——尤其是政府似乎並未預料到它們，更沒有採取補救措施。除非這些趨勢能夠逆轉，否則兩岸經濟更加統合只會造成反中的民粹主義更大的反彈，而不會讓經濟和政治統合被普遍接受。受惠於兩岸經濟關係的人們，將會和沒有蒙受其利甚至因此利益受影響的人們產生對立，如同香港現在的情況（Lin 2014）。

如果中國希望扭轉台灣日益走向台灣認同的共識，並且把「中國」意識重新注入台灣人的國族認同當中，必須先想辦法讓兩岸經濟關係的發展不再被認為會傷害到台灣的社會與經濟層面，例如貧富差距或資產炒作，而是應該要造福社會大多數人。若要完成此一目標，北京在做出兩岸決策時必須更廣泛的和台灣各階層接觸，除了國民黨和企業界，也應包括民進黨及眾多公民團體。

除了盼望加深經濟統合的利益可在台灣內部產生中國認同重現，以及更支持兩岸統一之外，北京也試圖透過軟、硬兩手策略遏止分離主義在島內崛起。軟性手段如各種文宣，強硬手段則包括軍事威脅、拒發簽證和針對被它定性為分裂分子的人士祭出經

濟制裁。然而，誠如第二章提到，來自另一方的敵意可能增強一個人的自我認同意識，因此中國的強硬政策路線一再產生反效果。北京必須要承認「台灣意識」的存在並認知到其獨特性，然後把它納入更廣泛且具包容性的「中國認同」當中。但是即使是這種包容性強的中國認同，也必須包含一種治理論述去保證台灣可以享有無限期的政治自主性。目前北京所提出的唯一選擇是台灣人一再拒絕接受的「一國兩制」（Lin 2014; Wang 2012）。以香港為例，自從1997年主權回歸以來，北京對香港施加的各種限制（包括2014年公布的選擇下一任特區行政長官的方法）已導致不少抗議行動。這只會讓許多台灣人更堅定他們的信念，認為「一國兩制」並不能保障「高度自治」（Lin 2015）。

兩岸關係的第二套劇本在於，假設中國可以民主化，那麼就有機會根據共同的民主價值和體制——而非單純的物質利益——提倡新的中國認同。這種意識可以讓台灣人以「既是台灣人，又是中國人」而自豪，因為它將依據共同的公民價值來定義共同體，而非純依血緣、族群或物質利益為基礎。不過，有鑑於台灣和中國的大小與實力之懸殊狀況，台灣人會堅持中國必須要提出具有拘束力的機制來保證台灣可以維持政治自主性，就如同第一套劇本的狀況。

兩岸關係的第三種可能結果是，中國的認同意識和政治議程完全改變，統一台灣不再是中國國家領導人勢在必行的使命。這種可能性不大，因為它有違中國共產黨維持領土完整的利益。北京深怕它若允許台灣獨立為另一個國家，屆時西藏、新疆和其他地區也可能跟進，要求中央政府准許其獨立。統一台灣的目標，反映出中國在分裂了一大段時期之後重建統一的中國之理想。這

種大一統的理想根源於中國長期以來的歷史，在社會上相當普遍以及根深柢固，並不是只有統治菁英做如此主張，因此統一的主張不會輕易地被放棄。

兩岸關係的第四種劇本是，不論中國的情勢或是其對台灣政策的改變，台灣人的認同繼續向一個不同於中國認同的方向前進。這指的不一定要涉及正式宣布獨立的動作，因為法理獨立幾乎肯定會引起軍事衝突，這種獨立方式對北京構成莫大的挑戰，而且《反分裂國家法》也已經明白宣示其準備使用武力的立場。台灣認同的鞏固可能只是持續地拒絕統一選項，儘管北京認為它已慷慨地對台灣經濟大幅讓利。然而，即使台灣方面沒有挑釁動作，中國可能認為台灣方面若一直拒絕政治談判，這就足以構成採用軍事手段迫使台灣統一的理由，尤其是當中國共產黨覺得它必須向中國民眾證明它可以維持統治的可信度和正當性時。有些分析家樂觀地指出，中國有可能會民主化，而這很可能是它放棄使用武力威脅並接受台灣維持一定程度政治自主或甚至法理獨立的原因。但是，更有可能發生的是，台灣議題對於中國共產黨以及相當大部分的中國民眾而言都涉及本質性的終極價值，而民主化後的中國可能會在兩岸議題上更加好戰和強硬。事實上，分析家經常推測，台灣若是宣布獨立或被認為做出挑釁行為，大部分中國民眾都會贊成政府使用強制手段（例如Kallio 2010）。

理論上的影響

本研究證明，要解釋台灣的兩岸經濟政策變化，必須同時從國內政治以及國際結構兩方面帶來的機會與限制去考量。有一種

理論是說，全球化使得外在結構因素非常強大，國內政治會變得無足輕重，然而，本研究的結論否定了這種看法。不過，本研究結論與許多其他國家的研究是一致的，各國在經濟與政治上的相互依賴，將導致多種不同的政策回應，因為在每個國家當中，政府和社會上的行為者對全球化的力量會有不同的反應（Kahler 2006; Milner 1997; Milner and Keohane 1996）。由於全球化深刻影響著國內經濟資源的分配，它實質上可能使得國內政治的因素在制訂對外經濟政策時變得更加重要。尤其是在民主國家，政府必須要透過有效率的而且是可以回應國內各方需求的政策，去回應經濟秩序的變化。

如同湯瑪斯·佛里曼（Thomas Friedman）所寫的：「全球化是大家所認可的事實」（Friedman 2005），但是如何因應這個變化會涉及到不同的選擇。外部結構很重要，尤其是對於地理位置鄰近一個潛在經濟夥伴大國的小國來說，或者是對於經濟上已經徹底地整合進全球貿易的國家，更是如此（Hey 2003）。但是台灣對大陸經濟政策的搖擺猶豫，主要是源自國內因素而不是外來因素。中國的力量日益強大，兩岸的經濟相互依存程度變高，但這兩種考量都沒有使得民意更傾向於全面開放或嚴格設限。儘管台灣小國寡民，但台灣人並不認為他們在經濟政策上只有單一選項。反而從最近的太陽花運動可以看出來，台灣認為在考量如何回應國際環境時，他們可以做有意義的選擇。日本學者若林正丈（Masahiro Wakabayashi）曾說：

> 台灣民族主義的興起，意味著長久以來被權力中心給邊緣化的邊陲地帶，已經成長興起，而且有能力去回應從權力

中心帶來的挑戰。因此，雖然在中國的力量及其反對之下，
在未來或許還很難想像會有一個得到國際承認而具備完整國
家地位的「獨立台灣」，可是我們也很難想像台灣民族主義
對島上的政治和其兩岸關係的重要性消失……一直以來，
各方持續的互動過程帶來了深刻的歷史和政治結果，同時造
就了台灣民族主義的興起。（2006, 16）

　　此外，構成兩岸政策選擇的國內因素也不是只包括國內經濟
狀況及理性的經濟評估的考量。蘇珊・史翠菊（Susan Strange）
數十年前曾說：「對於經濟政策的政治選擇很少是因仔細、理性
評估那些可被量化測量的成本效益所驅動，而是因政治上的目的
及顧慮而驅動，有時候更是因完全不相干的考量和不理性的情緒
所決定。」（Strange 1970, 310）在台灣，正是因為對國族認同高
度的爭論，所以在兩岸政策的頭兩個階段，政治考量往往取代了
具體的成本效益分析。在這種狀況下，所有的議題通常都會帶來
分歧且極端的意見，最終導致政府也只能在極端的經濟政策之間
做選擇，而無法在這些選項之間達成折衷。許多人是務實派，希
望採取更溫和的政策，但是他們得不到廣泛的支持。
　　本研究也顯示，雖然對國族認同的共識凝聚有助於消除極端
的政策選項，讓可能出現的政策選擇在光譜上較為集中，然而，
它卻未必能產生對政策的共識，例如《服貿協議》所產生的爭論
就可證明這一點。雖然未來對於兩岸關係政策的辯論可能又會再
出現擺盪於開放和緊縮之間的狀況，但是變化的程度會更審慎也
較溫和。政策的變動會限縮在較小範圍內，不會再出現往任何方
向劇烈改變的情形。

　　若林正丈指出，台灣認同鞏固後因而產生「台灣民族主義興起」。這個趨勢也呼應世界各地民族主義興起的潮流。[7]但是本研究也顯示這種民族主義變得不再情感激昂，也愈來愈務實，產生任雪麗所謂的「台灣理性主義」（Rigger 2006, 57）。台灣經驗也顯示，新興的台灣國族認同可以支持經濟開放也可能支持限制。台灣的案例因此支持邁爾斯‧凱樂（Miles Kahler）的論點（1995），隨著美國霸權式微、中國日益崛起，新重商主義對未來全球經濟的影響將不遜於新自由主義。某些國家在持續的經濟和政治壓力之下，還是會去抗拒經濟全球化和自由化的國際結構，而來抵抗或提防這個結構下的地緣政治強權。這些國家所做的決定，其後果可能難以預料，也可能遭遇強烈的國內辯論。而這些辯論又更加證明國內因素在國際政治經濟（包括經濟利益和國族認同）當中的重要性。

後記
台灣的「高收入陷阱」與新南向政策

　　太陽花運動之後，國民黨在2014年的地方選舉遭受重大的挫敗：民進黨在二十二席縣市長當中取得十三席；另外無黨籍的柯文哲打敗了國民黨候選人，贏得首都市長寶座。兩年後的2016年大選，民進黨重新贏得了總統選舉且同時掌握立法院多數。蔡英文成為第四位民選總統，也是台灣第一位女性總統，更是亞洲第一位非政治世家或繼承出身的女性領導人。在總統大選中，蔡英文獲得56%的選票，民進黨贏得六十八席立委，史上首度在總席次一百一十三席的立法院單獨取得過半的席次。在此同時，新成立的時代力量也當選了五位立法委員，他們都和太陽花運動有直接的關聯，高舉著進步派的旗誌以及鮮明的台灣認同。這兩次選舉政黨輪替的主要驅動力是年輕的一代，他們幾乎都出生在台灣，並且在中國的陰影下成長。

　　然而，2018年的地方選舉結果，政治版圖再次出現變化。國民黨在高雄市出乎意料地終結了民進黨在此二十年的執政，由出身於新北市的外省第二代韓國瑜勝出。在二十二席縣市長當中，國民黨贏得了十五席。2014年多數選民給予民進黨的權力，在2018年全數收回。

　　政治版圖劇烈變化發生的背景，是台灣日益惡化的「高收入陷阱」。台灣的政治領袖面對愈來愈強烈的群眾壓力，要求解決

與所得分配相關的社會經濟問題,而「擴大與中國的經濟貿易往來」是一個最直接的選項。然而,由於島上人們多數都期盼能夠守護已高度鞏固的台灣認同,並支持正面迎擊北京方面不斷增加的壓力,蔡英文政府所要面對的「中國兩難」,比過去所有執政者所要面對的境況都更為棘手。

台灣的高收入陷阱

經過數十年驚人的經濟快速成長時期,在中國剛開始對外開放後不久,台灣在三十年前就躋身世界銀行定義的「高收入」經濟體行列。脫離「中等收入陷阱」並轉型到高收入經濟體的過程中,台灣倚賴的是高附加價值的出口導向經濟。然而,今日的台灣已經無法和那些具有廉價勞動成本的國家競爭,尤其當後者同樣採取出口導向經濟、集中資源發展勞力密集產業。因此,台灣的經濟成長開始趨緩,工資水準更是停滯多年未成長。台灣已經進入了所謂的「高收入陷阱」。

台灣的經歷和許多先進經濟體所遇到的問題如出一轍,例如在日本、韓國、香港、新加坡以及許多西方國家都是如此,它們各自陷入了形式各異但本質相同的高收入陷阱,經濟成長陷入停滯。[1]許多國家的政府為了提振經濟,採用了貨幣量化寬鬆的政策,讓利率維持在低檔,且持續超過十年之久。這一政策的後果就是所得不均惡化,資產膨脹,以及債務問題更加嚴重。在金融機構及其相關經濟活動的重要性不斷提高、經濟「金融化」逐年加深的環境下,上述問題變得更為複雜。台灣的家庭債務占GDP的比率已經高於多數的亞洲國家,所得不均的狀況十多年

來一直無法改善，而且大都市的房價已經漲到年輕人完全負擔不起的程度。

　　基層勞工以及年輕人，是高收入陷阱當中受傷最重的人群。青年失業率在過去十年內一直比整體失業率高兩到三倍。求職的困難以及無法負擔的高房價，使得年輕人愈來愈晚婚，且愈來愈不願意生小孩。在2010年，台灣的生育率是全球最低，政府統計指出，整體人口即將在近年從高峰反轉開始持續下降。同時，健全的健康照護體系導致社會人均壽命延長，加上「少子化」因素的影響，台灣的人口老化速度相當快，對社會福利體系以及退休保障體系都造成了龐大的負荷，增加了年輕人的負擔。

　　由於上述這些嚴重的問題，台灣將無法全面為社會上的不同群體提供充足的福利，而且能供給的保障也將縮減。這將無可避免地損害到特定群體的權益，而這對於台灣這樣高度民主化的社會而言是無法接受的。

馬英九與蔡英文採取的不同解方

　　高收入陷阱當中的結構性經濟問題是無法輕易解決的。日本是第一個進入高收入陷阱的亞洲國家，即使他們沒有通貨膨脹的問題，而只有通貨緊縮，但他們至今仍面對著經濟成長停滯、人口老化以及債務過剩的問題。在台灣，馬英九主政的八年期間，曾經做過一連串努力去處理這些結構性問題，但他的解方主要就是強調要和中國有更大規模的經濟整合以刺激台灣經濟，並且要維持兩岸情勢穩定。馬總統重新確認九二共識的存在，並且在2015年11月——台灣總統大選之前——赴新加坡與中國國家主

席習近平會談。然而，這些策略並沒有取得直接的效果：台灣經濟成長率在馬政府最後兩年掉到2%以下，而且與中國的貿易順差在2015年降到十年來的最低點。在政治上，馬英九所採取的策略則為國民黨帶來了災難性的後果：太陽花運動將與中國簽訂的《服貿協議》阻攔在立法院，而《服貿協議》又是馬總統深化兩岸整合的最重要環節之一；接下來，國民黨在2014年的地方選舉和2016大選當中皆以慘敗收場。更糟的是，中國的經濟狀況也開始走下坡，因為中國開始進入中等收入陷阱，而和美國開啟的貿易戰更讓中國經濟雪上加霜。寄望中國能成為台灣經濟成長的火車頭也因此成了鏡花水月。

　　在蔡英文勝選之後，她開始採取不同的方式來處理高收入陷阱的問題。蔡總統的就職演說當中列舉了許多經濟上的挑戰，並且宣布幾個重要的經濟計畫。其中最引人注目的就是新南向政策。這一政策的主要目的在於讓台灣的貿易和投資對象和來源更多元化，減少對中國的依賴，轉而加強與東協國家、南亞國家，以及紐澳的交流。這些「新南向國家」總共占了台灣對外貿易的五分之一強，人口總數加起來超過二十億，而且其中三分之二是四十歲以下的年輕人，市場潛力巨大。許多大陸的公司以及台商早已開始遷移，從人力昂貴的中國東部沿海地區搬到內陸城市，或者將國際產業轉移到新南向國家，因為這些國家的生產成本較低，而經濟成長的潛力較高。新南向政策旨在透過推動台灣經濟產業升級以及增進與非邦交國的政治關係，來鼓勵這樣的遷移趨勢。這個政策和李登輝總統推出的南進政策有所不同：新南向政策強調的是全面提升台灣與相關國家的各種關係，不只是在經貿方面，還包括了公眾外交、交換學生計畫，以及各種台灣所能提

供的實務經驗和援助，例如民主治理、公共衛生，以及婦女賦權等方面。新南向政策同時也鼓勵接納新移民，台灣目前移民有很高的比率是以新南向國家婚配的身分來台。

新南向政策旨在串聯其他各項措施，好讓台灣國際經貿關係更加多元化，其目標之一是要加入《跨太平洋夥伴協定》（TPP）。歐巴馬政府將《跨太平洋夥伴協定》視為一項重大的外交成就，因為它原本的設計就是要達成亞太地區十二個經濟體之間的一個高標準的自由貿易協定，而這是歐巴馬政府「重返亞洲」以及「亞太再平衡」的重要環節。雖然台灣並不在十二個原始簽署國之列，而且要達到《跨太平洋夥伴協定》的嚴格條件、克服北京來勢洶洶的各種阻撓都並非易事，但台北方面很希望在未來開放新會員國的談判回合當中，可以受邀加入。然而，這個計畫在川普政府上台後遭遇到很大的挫折。川普政府對自由貿易保持懷疑的態度，所以剛上任就撤回了對《跨太平洋夥伴協定》的支持。不過，作為《跨太平洋夥伴協定》的繼任條約、除美國外十一國全數加入的《跨太平洋夥伴全面進展協定》（CPTPP），仍帶給台灣方面一絲希望。但是，中國方面無疑會阻礙台灣加入《跨太平洋夥伴全面進展協定》或其他任何國際組織及國際貿易條約，就算台灣當局承認九二共識，以及中國同時也加入該組織或協定都不見得可以避免中國的反對。更何況，台灣與美國和與日本之間都在農產品待遇問題上存在分歧，現在仍須說服日本及其領導的十一個協定成員國家讓台灣加入未來的談判回合，乃至成為協定成員，其中困難可想而知。

在中美關係惡化，美國愈加同理台灣的處境而欲升級雙邊關係的狀況下，台灣可能較有機會與美國簽署雙邊的投資或自由貿

易協定。不過如前所述，台灣要達到美國的自由貿易開放要求，就會有許多利益團體需要作出犧牲，這些成本都需要納入考量。目前來看，台美雙邊協定的前景並不明朗。

除了努力找尋新的經濟夥伴之外，蔡英文政府還實行了多項國內政治的改革措施來因應高收入陷阱的困境。為了減少未來世代沉重的福利負擔，蔡英文把大部分的政治資本投入在軍公教人員的年金改革。這樣的改革有其必要，因為不管是軍公教人員的退休基金或者是私部門的勞工退休基金，都將在二十年內破產。這種改革激起反對聲浪並不意外，不過，反彈的程度及執行的困難都比預期中還要嚴重許多。

民進黨一直很自豪扮演著勞工權益支持者的角色，執政後也推出了勞動議題的改革包裹，要縮短工時、提升最低工資，以及全面實行週休二日。不過，由於在政策上的設計出現許多問題，制訂過程也鮮少與相關人士或專家諮詢，勞工權益的改革一併將勞方和資方都得罪了。由於勞資雙方皆反對新的勞動法規，執行起來就變得非常困難，而且事倍功半。還有很多立意良善的改革也都導致爭議性的結果，因為蔡政府沒辦法讓受到影響的人們就牽涉的利益取捨達成共識。最明顯的衝突例子就是在「非核家園」這個長期政策目標之下，到底該怎麼樣既能夠達成環保目標（例如減少碳排放）又能夠逐漸減少核能的使用。

為了增加經濟上的競爭力以及提升高附加價值的產業，蔡政府推出「五加二」產業創新計畫，投資在既有的五大產業，包括物聯網、生物醫學、綠能科技、智慧機械，以及國防產業，再加上兩大新興產業，包括高附加價值的新農業以及循環經濟。這個計畫伴隨著前瞻基礎建設發展計畫，推動軌道運輸建設、水資源

管理、城鄉發展計畫，數位經濟，以及綠能科技的基礎建設。這些努力旨在創造新的就業機會，維持環境的永續性，在經濟上更優先照顧年輕世代，以及加速經濟成長。然而，這些計畫和政策必須要有一定的國內與海外的投資來響應才能成功，而要吸引投資的資金首先要進行金融監理方面的改革，還要培訓出滿足市場需求的優質人力，後者牽涉到的是改革整個教育體制的沉痾。目前為止，台灣向數位經濟推進的過程還很難稱得上成功。

在兩岸議題上，蔡英文不斷強調《中華民國憲法》以及《兩岸人民關係條例》是最重要的依歸，這兩者都隱含著「兩岸同屬一個政治實體」的狀態，她以此應對北京要求再次確認「一個中國原則」的壓力。不過，和馬英九最大的不同在於，她拒絕承認「九二共識」。北京迅速且強硬地回應蔡政府，做法包括切斷兩岸之間官方的對話管道、斷然迫使台灣的邦交國與台灣斷交、結束馬英九所提出的「外交休兵」狀態。同時，北京當局大幅減少批准旅遊團到台灣旅遊，對台灣的旅遊業、旅館業和零售業造成經濟上的損失。

北京當局在制裁民進黨政府的同時，也試著提供許多正面誘因來吸引台灣社會的不同群體。2018 年，北京宣布給予台灣同胞的三十一項惠台措施，提供多元且大量的求學與就業機會給年輕人、專業人士以及各種企業。在 2018 年的地方選舉後，北京更是直接提供經濟利益上的回饋給那些「由綠轉藍」、已換上國民黨執政的縣市。然而，北京方面很快便會察覺到 2018 年的選舉並不是一個對民進黨兩岸政策的公民投票，而是反映出民眾對蔡政府的內外經濟政策和執政成果不滿。事實上，北京所提供的正面利誘往往與負面威脅互相抵消，在經濟紅利方面的選擇性給

予也是一大侷限。和中國原先所期待的相反，種種對台政策並沒有造成民意顯著的變化。同時，雖然缺乏直接證據，但北京方面也承受多方質疑，被指責利用社群網路來介入台灣選舉。

隨著中國的軍事和經濟實力持續成長，解決台灣問題成為習近平所說的「中國夢」優先事項之一。在2017年的「十九大」當中，習近平重申北京反對台獨以及推動國家統一的目標。2018年，習近平成功地推動廢除《中華人民共和國憲法》當中對國家主席的任期限制，布局長期擔任中國的最高領導者。他愈來愈常強調「中華民族的偉大復興」，而統一台灣則是其中重要的一部分。2019年1月2日，習近平在〈告台灣同胞書〉四十週年講話當中再次強調他的強硬立場，重申台灣必須要接受九二共識、尋求以「一國兩制」為框架的國家統一方案，呼籲台灣人民直接與中國進行政治協商。不過，習近平這樣的論述以及統一方案並不得台灣人心，尤其是北京一面說要和平統一，一面又威脅如果沒有在適當的時間點統一就要使用武力解決台灣問題，大部分的台灣人都無法接受。

習近平如此高調的聲明，意外地使蔡英文獲得一個展現決心的機會。此時的蔡英文才剛為地方選舉敗選負責而請辭民進黨主席，同時也正面對黨內許多要求她不要競選連任的聲浪。在習近平發言後，蔡英文馬上發表了一個態度相當堅定的演說，強調「民主價值是台灣人民所珍惜的價值與生活方式」，她的支持度因此迅速反彈上升。在後續幾天進行的民調顯示，多數台灣人不接受「一國兩制」也不接受「九二共識」。更值得注意的是，這樣的共識是跨黨派的，即使是國民黨、親民黨及泛藍政黨的支持者，和泛綠政黨支持者一樣，都反對一國兩制的方案。²

台灣認同的變與不變

　　習近平的演講內容之所以帶來這麼大的反對聲浪，其中一個原因是「台灣認同」已經達成共識，不管是在國家未來統獨偏好或者是自我認同方面，在太陽花運動之後都維持在很穩定的高點，並沒有受到北京方面的威脅利誘所影響而轉向中國認同。從二十年前民調開始追蹤的時候起，支持立即統一的比率從來沒有超過個位數百分比。自我認同為「中國人」──同時也是最有可能支持統一──的人們，也已經有超過十年的時間維持在很低的個位數字百分比。不過，在台灣面臨高收入陷阱之下，北京不斷要求台灣承認九二共識並提供經濟誘因，這些因素可能導致了支持「維持現狀以後走向統一」的比率略為增加，同時自認為「是台灣人而不是中國人」的比率稍微減少，而轉向為「既是台灣人也是中國人」的雙重認同。

　　認同與統獨偏好趨勢的變化仍有待持續觀察。不過值得留意的是，這幾年來的變化主要發生在四十至四十九歲以及五十至五十九歲的年齡層。根據杜克大學（Duke University）主持的台灣國家安全調查，最年輕的族群──在2020年即將成為「首投族」的五十萬人──當中，對於國族認同的想像和老一輩的人們相當不同。絕大多數年輕族群認為自己是台灣人，且強烈支持民主的生活方式。對於社會、經濟與政治方面的政治行為和態度也和父母這一代的人們非常不同。在經濟方面，他們質疑過去追求經濟成長而忽略公平與永續性的發展模式；在社會議題方面，他們希望台灣能更加開放與包容，且支持同性婚姻平權；在政治方面，他們對既有的政治制度和傳統的政黨政治都非常不信任，而且也

很仔細地在監督政府作為。他們可以被稱作「務實的理想主義者」，積極追求工作機會，也因此很多人會想要到中國去工作或留學，但他們同時也都很在意台灣所擁有的民主以及生活型態，並不想放棄台灣人的身分。[3] 許多人對於台灣必須要使用「中華台北」這樣的名稱去參加國際組織或者是體育競賽感到很不滿意，認為應該要用台灣，或者是中華民國的名義。不過，年輕一輩的人們也並不會像老一輩人一樣對兩岸事務有太大的情緒起伏。他們很直覺地認為中國就是另一個國家，同時也是一個複雜的存在：它既充滿機會，又對自己生活的地方造成威脅。

　　以政治素人身分崛起的台北市長柯文哲，是世代差異下的最佳代表。柯文哲在年輕世代獲得相當高的支持度，但在較年長世代當中的爭議卻很大。在兩岸關係方面，柯文哲一直保持曖昧不明的態度，從沒有正面承認九二共識，但也強調「兩岸一家親」。深藍與深綠群眾都不容易接受他的立場，深綠的獨派認為他已經太過於向中國傾斜，而深藍的統派則認為他主張統一的力度還不夠。然而，柯文哲吸引到很多持有堅定台灣認同的年輕選民，他們追求進步價值、擁護簡明直接的治理，在面對兩岸關係時主張要保持務實與彈性。

　　本書的研究結論指出，台灣已經在國族認同方面達成一定程度的共識，在兩岸經濟政策的選擇上揚棄了極端的開放或限制選項，而往中間移動。在國族認同已趨於鞏固的狀況下，認同議題已不再是每一次公共辯論的焦點，而是成為了大家都可以接受的、理所當然的價值觀。但是當認同受到外部威脅時，人們也會挺身而出來保護它。在近幾次的選舉當中，選民拒絕了那些被認為會威脅到台灣價值與認同的兩岸政策。在2014和2016年的選

舉當中，選民對國民黨的經濟政策表達不滿，尤其是反對讓台灣變得過度依賴中國經濟。然而，選民也同樣期待領導者可以更有效地解決台灣所面臨的社會和經濟問題。因此，在2018年，民進黨全面執政的兩年之後，即使民進黨全力支持著台灣認同，選民仍然對其內政治理方面的糟糕表現投下不贊同的票。這一系列選舉的結果告訴我們，選民愈來愈不以國族認同為基礎來決定投票取向，因為台灣認同是已鞏固的共識，幾乎所有候選人都稱自己是台灣人，不會跟大眾的態度過不去。

這幾場選舉的結果也顯示出，對任何一位領導者來說，要解決高收入陷阱都是一件相當困難的事。本書的第二個研究假設也可以再次被證實：即使國族認同已趨向鞏固、極端政策立場已不再受青睞，在可行的選項當中要達成共識仍然是很困難的，不管是在政策的制訂或執行層面皆然。為了解決高收入陷阱，不同選項伴隨著不同的利弊取捨，在重塑台灣經濟與社會結構時，領導者必須做到減緩特定族群在這過程當中所受到的損失。儘管蔡政府成功地為台灣的出口貿易和對外投資開拓了新的市場，2018年的選舉結果對民進黨造成戲劇化地大幅重挫，如同國民黨兩年前所遭受的經歷。選民對政黨偏好的快速轉變，從國民黨到民進黨再轉投回國民黨，反映出人們對政黨的認同愈來愈低。在「2019國家安全調查」當中，超過半數的選民並不認同兩大黨。2018年地方選舉當中，兩岸政策的分歧、守護台灣主權等議題都不是重點，但選舉結果提醒了領導者：人們關注著政策的制訂與設計是否完整，還有執行是否徹底。

這些都使得2020年的總統及立委選舉充滿相當大的不確定性。兩岸關係的議題在總統選舉當中扮演的角色比地方選舉還要

重要許多，但是相關的討論將會集中在如何尋找最有效的方式去處理經濟發展問題，同時還要能夠維持被絕大多數台灣人所支持的政治自主性。台灣選民已不再被傳統的政治認同而動員；他們最關心的是如何找出方法來擺脫高收入陷阱，並且保護自己所認同的價值，包括民主體制、政治自主性、社會正義，以及環境永續發展。然而，在北京的威脅之下，台灣認同的重要性仍然可能會回升。在這種狀況下，政治情勢會對那些以堅定態度對抗中國威嚇的候選人有利。這樣的發展將會使台灣和中國的經濟整合更困難，即使這是擺脫高收入陷阱的重要策略之一。因此，台灣的中國兩難會成為更緊迫且更加棘手的問題。

附錄
台灣民意調查相關資料來源

　　台灣自從民主化以來，對各式各樣議題的民意調查數量呈現大幅成長，從政治議題偏好到生活方式選擇，內容無所不包。本研究採用部分相關議題的調查結果，有些調查計劃也提供了可靠的長時間序列數據。以下所列調查結果，除非特別註明，皆為中文發表。

中央研究院人文社會科學研究中心調查研究專題中心「台灣社會變遷調查」。中央研究院是台灣最重要的學術研究機關，社會變遷調查從1984年開始進行，每五年為一期程，當中有各項不同的調查主題，例如：公民社會，家庭，宗教，環境，國族認同等等，是在台灣定期舉行最可靠的民調之一。每次調查大約都有兩千人次的面對面訪談；相對於大部分民調採用的電話調查，面訪能夠問到的題目較多，受訪者作答的時間也可以較長。這份調查當中關於國族認同意識等特定的議題，係由吳乃德負責蒐集（2008, 2012, 2013, 2014）。這項五年一度的完整調查，有關政治態度的最新數據可參見2010年報告第230頁，https://www.ios.sinica.edu.tw/sc/。

國立政治大學選舉研究中心。這個中心提供了對台灣人的重要政治態度最好的時間序列數據，包括自我認同意識、未來國家地位

統獨偏好，及對各政黨之支持度。調查每年做好幾次，但是以每年加權平均紀錄下來。它們以中、英文兩個版本發表。見「重要政治態度分佈趨勢圖」，台灣民眾台灣人／中國人認同趨勢分佈、Trends in Core Political Attitudes among Taiwanese，http://esc.nccu.edu.tw/course/news.php?class=203。

遠見民意調查中心（2011年11月改稱為「遠見研究調查」）。這個調查中心隸屬天下文化出版集團，從2006年起就個人滿意度到政治立場等廣泛議題開始進行調查。部分調查結果以英文發表。見http://gvsrc.cwgv.com.tw/。

中華民國大陸委員會「相關民意調查結果」。陸委會定期委託各民調中心就特定議題進行調查，網路上可以查到其調查結果。此外，它蒐集及綜合各政黨、其他政府機關和民間民調中心進行的重要民調，公布在其網頁上。每年所有政府委辦及民間民調的結果摘要也可在其網頁上查到。見http://www.mac.gov.tw/np.asp?ctNode=6331&mp=1。有些調查結果以英文發表，見http://www.mac.gov.tw/np.asp?ctNode=5895&mp=3。

台灣指標民調公司。於2012年由一群專業民調專家創辦，他們定期進行「台灣民心動態調查」，追蹤台灣人政治偏好的變化。見http://www.tisr.com.tw。

TVBS民調中心。隸屬著名的TVBS電視台，經常就各種議題進行調查，從認同意識到對新聞事件、特定政治人物的看法，乃至抽象概念的調查，議題相當廣泛。某些調查結果也以英文發表，見http://home.tvbs.com.tw/other/poll-center。

注釋

第一章

1. 在本書中，中華民國、台灣和台北交互使用；中華人民共和國、中國、大陸、中國大陸和北京也交互使用。

2. 本書所有的數字皆為美元或新台幣。

3. 台北和北京對兩岸貿易與投資的官方數據不同，而非官方的估計值出入更大；見 TIER 2015 表 1-1 的比較。譬如，有學者估計，至 2008 年底，台灣在中國的對外直接投資居全球之冠，累計投資在一千三百億至一千五百億美元之間（Rosen and Wang, 2011, 6-36），約為台北官方數字的兩倍。

4. 中國的數據總是會顯示更高的數字。譬如，中國海關報導，與台灣貿易額為一千九百八十億美元（NBSC 2015），而中華民國海關的數字則為一千三百億美元（TIER 2015，表 1-1）。兩岸貿易不太可能會有準確數字，因為太多交易都是經過香港進出。在准許直接貿易之前，所有的貿易與投資都經過第三地，尤其是香港。

5. 台灣經濟部投審會每月追蹤對外直接投資金額，見 http://www.moeaic.gov.tw。

6. 關於外人直接投資的比較，見 UNCTAD 2014。各國官方的數據與聯合國貿易暨發展會議（UNCTAD）的數字有出入。

7. 依據台灣經濟研究院的計算；中國國家統計局（NBSC）的數字更高，台灣占中國 2014 年貿易總額的 4.6%。

8. 經濟學者已證明，減少對外貿易，轉而進行「進口替代」的工業化政策，對大國的負面影響遠低於對小國的影響（Rodriguez, 2010）。

9. 《聯合報》，1989 年 11 月 30 日，第六版。

10. 此一分析的例子包括 Frieden 1991、Frieden and Rogowski 1996、Rogowski 2003。

11. 即使在學理上而言，輿論是否會影響外交政策仍是不確定的（Rosenau 1961）；但有學者表示，台灣政府的政策導向愈來愈反映民意。譬如，一項對 1996 至 2000 年之間四十一個重大政策的研究發現，只有 24% 不符合民眾及菁英的意見（余致力，2002 年，第 137-38 頁）。

第二章

1. 「建構主義學派」認為國際關係當中的行為者和國際體系「結構」是互相建構的，其中要素包括共享的知識和各種互動當中的主觀判斷；相對來說，現實主義主張結構制約國家行為。

2. 本書作者感謝保加利亞科學院（Bulgarian Academy of Sciences）歷史學研究所資深研究員賽期柯瓦（Rumyan Sechkov）的協助，尤其是其對於立陶宛、拉脫維亞、愛沙尼亞、白俄羅斯和烏克蘭歷史的卓見。

3. 在台灣身分證上，「籍貫」一欄是依據其父親或祖父出生的省份而填。國民黨威權統治期間，這樣的劃分使得非台灣人的後裔和台灣人迥然有別。

4. 原住民只占全台人口2%，被國民黨政府劃歸為另一個不同的族群。

5. 本書作者感謝侯貞雄先生和張忠謀先生接受訪問時分別指出「生活方式」（way of life）的共同價值，構成了台灣人的認同。

6. 關於台灣國族認同變成以共同價值為主而非族群血緣的劃分方式，進一步討論參見Cabestan 2005，Schubert 2004，Wang and Liu 2004，Wu 2007，Hughes 2011，R. Chen 2012與Shen 2013。

7. 2014年，台灣政府支出約占其全國GDP的21%，使它成為「大政府」，幾乎和中國居於相同水準（中國中央政府2014年支出占其GDP的25%）。見 "2015 Index of Economic Freedom," the Heritage Foundation, http://www.heritage.org/index/country/ taiwan.

8. 根據官方統計數字，現在合法居留在台灣的中國移民超過十六萬七千人。這還不包括暫時住在台灣的大陸學生和專業人士（陸委會，2014）。

9. 根據國際貿易理論中的「史托普—薩繆森定理」（Stolper-Samuelson theorem），開放國際貿易會降低一國之內較稀缺的生產要素之實質收益，保護主義則使該要素的收益上升。這個結論根據的是「漢克夏—歐林模型」（Heckscher-Ohlin model）：國家會出口採用其豐富、廉價生產要素製造的產品，進口則主要以該國所缺乏的生產要素所製造的產品為主。因此，在一國之內，擁有相對豐富生產要素的產業會擁護自由貿易，而採用較稀少生產要素的產業則會反對。然而，「李嘉圖—維納模型」（Ricardo-Viner model）提出另一項重要的考量因素，也就是資本在各產業之間的流動性。這個模型假定生產要素在產業之間不見得可以自由流動。因此，不同的產業可能會對貿易的自由化有不同主張，端視該產業使用的要素是否可以轉移而定。當國家對貿易做開放時，資本以及生產要素的流動性會影響所得分配的變化。

10. 吉尼係數顯示一國所得分配情形，零代表完全平等，一代表極端不平等。一

般來說，0.3以下代表所得相對平等，0.4以上則代表貧富不均狀況嚴重。

11. 《中國日報》，2014年3月4日。

12. 台灣的一千一百萬勞動人口中，四百萬人受雇於礦業、製造業、營建業和公用事業等第二級產業，五十萬人受雇於初級產業（NDCL 2014, 36）。

13. 關於美國是否應該繼續保障台灣安全的爭辯，見Bush 2013, 213-43。

第三章

1. 宋楚瑜是在紀念日本結束殖民統治，台灣回歸中華民國的五十週年光復節演講。金武鳳，〈不能忘過去奮鬥歷程　常思量如何繼續努力　宋楚瑜：勉省民為鄉土打拚〉，《聯合晚報》，1995年10月25日，第三版。

2. 雖然據估計1996年6月有十萬名台商在中國大陸，雇用超過七百萬中國工人，但中國並不是大多數台商最重要的生產基地。見〈台商帶走大量資金值得警惕〉，《中國時報》，1996年10月30日，第七版。

3. 直到1991年以前，國民大會代表都不是由人民直接投票選出。它原先的主要功能是選舉總統。1994年修訂憲法，規定總統、副總統將由人民直接投票選舉之後，這個功能就走入歷史。此外，國民大會另一職權是制訂憲法、修訂憲法，但這項權力在1997年移交給立法院。國民大會於2005年完全廢除。

4. 政府持股超過50%以上的公司，必須將預算報呈立法院審核通過。

5. 大多數國民黨員希望增強總統職權，但隨著李登輝偏離黨的路線，他們很快就改變主意。另參見Lin 2003。

6. 《商業週刊》（*Businessweek*）國際版，1995年11月5日，從政府及民間企業的角度分析南向政策。另參見羅致政，2009和Sheng 2001。

7. 此後，台北維持一份「正面表列」商品可以進口，「負面表列」商品禁止進口，以及有條件限制的商品清單。這些清單會定期更新。

8. 司馬遼太郎訪問李登輝，《朝日週刊》，1994年5月6日及13日（日文）。

9. 李登輝基於汲取社群（gemeinschaft）的概念，發展出命運共同體，而非以族裔為主的共同體的概念（Hughes 2011）。

10. 眾議院以三百九十六票贊成、零票反對通過。參議院以九十七票贊成、一票反對通過。*New York Times*, May 22, 1995.

11. "How Taipei Outwitted U.S. Policy," *LA Times*, June 8, 1995；李登輝取得簽證也透過華府公關公司卡西迪（Cassidy & Associates）的協助（Warburg 2012）。

12. Kao Chen, "Teng-hui Turns to Think-Tanks and Scholars for Advice," *Straits Times*, Nov. 9, 1996.

13. 參考資料同上。

14. 這段時期任何任命案仍可透過三分之二的不信任票予以推翻。

15. 民進黨在1998年2月第一次正式討論中國政策,後於1999年11月發表中國政策白皮書(民主進步黨,1998;DPP 1999)。

16. 王銘義,〈朝野一致反對以一國兩制處理兩岸問題〉,《中國時報》,1996年12月11日,第二版。

17. "Government to Implement New Mainland Investment Rules on July 1," *Taiwan Economic News*, June 11, 1997.

18. 李天怡,〈登陸審查 月底提新原則〉,《中央日報》,1997年4月2日,第六版。

19. 王俊智,〈連戰:調整戒急用忍附有條件〉,《中央日報》,2000年1月20日,頭版。

20. Lee San Chouy, "Taiwan President Sets Up 3 New Advisory Bodies," *Straits Times*, Dec. 29, 1996.

21. Kao Chen, "Teng-hui Gains Upper Hand after Conference, but Irks Critics," *Straits Times*, Jan. 30, 1997.

22. 曾建華,〈因應當前兩岸關係 李登輝期國人戒急用忍〉,《中國時報》,1996年9月15日,頭版。

23. "Lee Wins Backing to Pursue Reforms," *Australian*, Dec. 31, 1996.

24. "Restrictions on Mainland Investment to Remain," *Central News Agency*, April 28, 1997.

25. "Development Conference Mandates Faster Reform," *Trade Winds Industry Weekly*, Feb. 9, 1997.

26. Kao Chen, "Teng-hui Turns to Think-Tanks and Scholars for Advice," *Straits Times*, Nov. 9, 1996.

27. "DPP's 'New Tide' Wants Open Debate on Banning Factions," *Taipei Times*, June 15, 2004.

28. 新潮流系後來在陳水扁執政時轉為支持對中國開放。

29. "Private Sector to Convene Economic Conference," *Taiwan Business News*, Dec. 6, 1996.

30. 徐珮君,〈產業界根留臺灣 未來才有發展〉,《中央日報》,1996年11月13日,第十版。

31. 李欣芳,〈民進黨達共識 中國政策大調整〉,《自由時報》,1998年2月16日,頭版。

32. *Far Eastern Economic Review*, Feb. 17, 1994, 50.

33. 這項投資不涉及寶成本身，而是由寶成之股東的名義出資。

34. 張慧英，〈國統會全委會李登輝重申：兩岸應結束敵對狀態〉，《中國時報》，1996年10月22日，頭版。

35. 〈大陸經貿政策　三黨看法分歧〉，《聯合報》，1997年4月1日。

36. "Direct Links Focus of AmCham Report," *China Post*, Sep. 10, 1998.

37. 王永慶早年事跡有許多深度報導（譬如，楊艾俐，2008）。

38. *South China Morning Post*, Oct. 20, 2008, 16.

39. *South China Morning Post*, Aug. 22, 1996, 4.

40. *Central News Agency*, Aug. 17, 1996.

41. Jasper Becker, "Banking on Cross-Strait Boom," *South China Morning Post*, Sep. 15, 1996.

42. "Tycoon Goes Ahead with Power Plant," *South China Morning Post*, Mar. 30, 1997, 6.

43. 〈大陸經貿政策的困境與解套之道〉，《中國時報》，1997年3月30日，第三版。

44. 曾梁興，〈政府若不准　台塑重申不會投資漳州電廠　支持戒急用忍　台塑三寶近期強勁反彈〉，《經濟日報》，1997年4月17日，第十五版。

45. 〈大陸經貿政策的困境與解套之道〉，《中國時報》，1997年3月30日，第三版。

46. 許振明，〈大企業登陸　必須面對的問題〉，《中國時報》，1997年4月1日，第十一版。

47. 林沂鋒、王遠華，〈大陸經貿　重申戒急用忍〉，《中央日報》，1997年4月2日，第六版。

48. 參考資料同上。

49. 曾梁興、簡永祥，〈投資漳州電廠　台塑再等一年〉，《經濟日報》，1997年5月7日，第四版。

50. "Tycoon Hopes to Explain Investment Cancellation to Mainland Premier," *Central Daily News*, March 29, 1998.

51. "Another Cross-Strait Talk," *China News*, Oct. 15, 1998.

52. 王良芬，〈李總統任期到　海滄案就復活〉，《中國時報》，1998年8月22日，頭版。

53. "FPG's Wang Responds to Mainland Power Plant Criticism," *China Post*, Nov. 6, 2001.

54. 邱立本、童清峰、王雲怡,〈阻台獨聲勢　促兩岸和平〉,《亞洲週刊》,1998年12月14至20日,第18-20頁。

第四章

1. 〈新台灣人著眼於內部整合　馬英九:與臺獨無關　不會構成兩岸關係的障礙〉,《中央日報》,1998年12月12日,第三版。

2. Alan Greenspan, "The Challenge of Central Banking in a Democratic Society," speech given to the American Enterprise Institute, Washington, DC, Dec. 5, 1996.

3. Office the President 2000a. 總統所有的演講稿都可以在中華民國總統府網頁找到,列在「news releases」項目中,http://english.president.gov.tw.

4. "President Backs Siew's 'Common Market' Concept," *Taipei Times*, Mar. 27, 2001; "EU Model for Cross-Strait Ties: Chen," *China Post*, June 1, 2002.

5. 許振明,〈全國經濟會議　未實質改變政策方向〉,《經濟日報》,2001年1月14日。

6. Lee Teng-hui, "Responses to Questions Submitted by Deutsche Welle," July 9, 1999. 這項專訪的文字稿見 http://www.fas.org/news/taiwan/1999/0709.htm.

7. "Taiwan Brushes Off PLA Threat," *South China Morning Post*, May 26, 2000.

8. 關於中國如何阻撓台灣爭取正式代表出席亞太經濟合作會議的詳情,見 "Taiwan Plays Little Tricks in APEC History," *People's Daily Online*, Aug. 3, 2001.

9. "Blocked from Informal APEC Meeting," *Taiwan Today*, Oct. 26, 2001.

10. 《開放週刊》2001年7月18至19日的民調,轉引自2001年7月22日《聯合報》第四版;吳榮義對會議期望的分析,參看吳榮義,2001年9月30日,〈經發會兩岸經貿分組共識意見評析〉,《新世紀智庫論壇》,第十五期,第119-121頁,http://www.taiwanncf.org.tw/ttforum/15/。

11. 六大工商團體的意見雖各有不同,它們的背書支持對政府非常重要。見譚謹瑜,2001年7月30日,〈從六大工商團體建言談經發會〉,國家政策研究基金會網站,http://old.npf.org.tw.

12. 關於更多細節,見江丙坤接受的專訪 "KMT Economics Guru Looks at Life after EDAC," *Taipei Times*, Sep. 2, 2001, 3.

13. *Taipei Times*, Sep. 16, 2001, 3.

14. 陳進榮,〈總統:推動民進黨8月訪大陸——邀中國領導人到大膽喝茶　強調兩岸關係正常化是台海永久和平基礎　互訪是復談第一步〉,《自由時報》,2002年5月10日,頭版。

15. 蔡英文在她的自傳中對民進黨試圖開放的努力有所描述，見蔡英文，2011，《洋蔥炒蛋到小英便當：蔡英文的人生滋味》，第118-19頁。台北：圓神。

16. Bruce Jacobs , "From Exhilaration to Pessimism," *Taipei Times*, Sep. 15, 2001.

17. 陳玉華，〈鬆綁戒急用忍是危險的　呂秀蓮籲掌權者拿出勇氣與良心　吳榮義回應：經發會兩岸組的共識　是在積極開放與有效管理間取得平衡〉，《工商時報》，2001年8月14日，第二版。

18. "Time to Drop the China Fantasies," *Taipei Times*, Sep. 20, 2001.

19. *Taipei Times*, Sep. 4, 2001, 3.

20. "The Dangers of 'Active Opening,'" *Taipei Times*, Oct. 29, 2001.

21. Crystal Hsu, "Independence Activists Bemoan Chen's Betrayal," *Taipei Times*, Aug. 19, 2001.

22. 李登輝批評經濟發展諮詢委員會議「無用」，見 *Taipei Times*, Nov. 9, 2001, 3.

23. Li Thian-hok, "Taiwan's Economy at a Crossroads," *Taipei Times*, Sep. 8, 2001.

24. Jimmy Chuang, "Social Issues Overlooked, Groups Say," *Taipei Times*, Sep. 10, 2001.

25. 譬如，由學者成立的團體「澄社」也參與此一活動，在其網站上貼出若干由學者撰寫的社論，談論其負面後果；http://www.taipeisociety.org/taxonomy/term/10.

26. 見 Richard Dobson 對陸委會副主委鄧振中的專訪，*Taipei Times*, Nov. 9, 2001.

27. 參考資料同上。

28. Lin Wen-cheng, "Kissing Up to Beijing Is a Disgrace," *Taipei Times*, Sep. 17, 2001.

29. Chiang Ping-kun, "KMT Economics Guru Looks at Life after EDAC," *Taipei Times*, Sep. 2, 2001, 3.

30. 見許振明和唐正儀為國家政策研究基金會撰寫的評論，〈如何提升國家競爭力〉，原載於《中央日報》，2002年5月2日。

31. 1990年代初期尤其是如此（Kuo 1995）。

32. 李尚華，〈王永慶：解除戒急用忍　台灣才有前途〉，《工商時報》，2001年8月22日。

33. 這是根據本書作者和中芯國際集成電路製造有限公司董事長張汝京及中芯國際員工，2008年1月3至7日在上海、北京和成都談話的內容。

34. Liu Chin-hsin and Lo Cheng-fang, "Long-Term Effects May Have Serious Implications," *Taipei Times*, Mar. 9, 2002 and R. I. Wu 2011.

35. "Chipmaking Plans Spark Protest," *Taipei Times*, Mar. 9, 2002.

36. "1,000 Protest Relaxation of Wafer Rules," *Taipei Times*, Mar. 10, 2002.

37. Liu Chin-hsin and Lo Cheng-fang, "Long-Term Effects May Have Serious Implications," *Taipei Times*, Mar. 9, 2002；當事件發展之際，威盛電子、揚智科技、瑞昱半導體、凌陽科技和智原科技等著名設計公司在中國設立辦公室，培訓數千名中國工程師，使得反對者更振振有詞。

38. 《中國時報》，2001年8月27日，第四版。包括：譚淑珍，〈企業界最滿意大陸政策開放〉。

39. *Taipei Times*, July 21, 2001, 17. 台灣區電機電子工業同業公會（簡稱電電公會）雖然主張進一步開放，也發表報告評估赴大陸投資的風險。見〈2001年中國大陸地區投資環境與風險調查〉（刪減版），台灣區電機電子工業同業公會網站，2001年6月28日，http://www.teema.org.tw。這篇文章也經國家政策研究基金會網站轉載，2001年10月2日。

40. 朱雲鵬、趙育培，2002年1月15日，〈從8吋晶圓申請登陸案看廠商全球布局〉，「國政分析」，國家政策研究基金會。

41. 參考資料同上。

第五章

1. 作者2009年4月2日在台北的訪談紀錄。

2. Oxford Analytica. "Taiwan Fiscal Transparency: Country Report 2006," 506.

3. *Taipei Times*, Apr. 13, 2005, 10；關於洛桑國際管理學院對台灣競爭力的排名，見http://www.imd.org.

4. Bruce Jacobs, "Voting for Change," *Taiwan Review*, Jan. 3, 2006.

5. *Taipei Times*, Apr. 10, 2006, 1.

6. "Taiwan's 'Empress Dowager' to Face Court over Corruption Charges," *South China Morning Post*, Feb. 9, 2009.

7. "President Chen Makes Call for Solidarity in DPP Ranks," *China Post*, Apr. 2, 2006.

8. *South China Morning Post*, July 27, 2006, 6.

9. 《反分裂國家法》全文見《人民日報》2005年3月14日，http://english.peopledaily.com.cn/200503/14/eng20050314_176746.html.

10. "Standing Up for Peace," *Taipei Times*, Mar. 27, 2005; "Lien and Opposition Leaders Protest Anti-Secession Law," *China Post*, Mar. 15, 2005.

11. 〈總統接見第四屆「台灣金根獎」得獎企業代表〉，中華民國總統府，2016年2月10日。https://www.president.gov.tw/NEWS/10169.

12. Chen Shui-bian, "We Believe in Democracy," *Wall Street Journal*, Apr. 20, 2006, A14.

13. 〈國台辦：台當局「積極管理有效開放」是倒行逆施〉，新華網，2006年1月23日。

14. "US 'Ire' over Chen Speech 'Groundless,'" *Taipei Times*, Jan. 11, 2006.

15. "President Reiterates Importance of Taiwan's Economic Autonomy," *Asia Pulse*, Feb. 28, 2006.

16. *Taipei Times*, Mar. 23, 2006, 3.

17. 練書瑋，〈登陸投資四〇％鬆綁　部會不同調　積極管理有效開放　形同虛設〉，《中央日報》，2006年5月9日，第四版。

18. 胡采蘋、袁顥庭，〈台積電：不怕嚴　只怕不清楚〉，《工商時報》，2006年3月23日，第A3版。

19. 張家豪、彭偵伶、薛翔之，〈37家上市櫃公司投資大陸超限〉，《工商時報》，2006年1月5日，第A2版。

20. *Taipei Times*, Mar. 24, 2006, 3.

21. "Taiwan: Vice President Lu Talks about Taiwan's Economic Development with Taiwan Confederation of Trade Unions," *US Fed News*, July 24, 2006.

22. "'Other Opinions' Rule Economic Summit," *Taipei Times*, July 29, 2006.

23. "Lee: Forum 'Kidnapped by Corporate Interests'," *China Post*, July 30, 2006.

24. 見吳釗燮，2014及〈陸委會：落實積極管理有效開放　避免經濟向中共傾斜〉，《中央日報》，2006年2月21日，第3版。

25. "Economic Meeting Stifles China Angle: Deep Divisions," *Taipei Times*, July 27, 2006.

26. "Conference Consensus Taken Seriously: Taiwan Premier," *Asia Pulse*, Aug. 3, 2006.

27. "Other Opinions' Rule Economic Summit," *Taipei Times*, July 29, 2006.

28. "Government Upbeat, Industries Disappointed at Results," *Taipei Times*, July 29, 2006.

29. "Conference on Sustaining Taiwan's Economic Development: Cross-Strait Issues Hotly Debated [in] Finance Meeting," *Taipei Times*, July 28, 2006.

30. "Stance on Risk Management in Cross-Strait Trade Unchanged: Cabinet," *Central News Agency*, Aug. 3, 2006.

31. "New PRC Investment Rules Announced," *Taipei Times*, Dec. 15, 2006.

32. "Key Proposals Forwarded to Cabinet," *China Post*, July 29, 2006.

33. 林政忠、李恆宇,〈鎖國或西進　派系將激戰〉,《經濟日報》,2006年1月20日,第A3版。

34. "DPP Votes to Disband Party Factions," *China Post*, July 24, 2006.

35. "Investors Worry on Impact of Chen's Latest Remarks," *China Post*, Feb. 7, 2006.

36. 許文龍的聲明見 "Secessionist Moves Suffer Set-back," *China Daily*, Apr. 11, 2005, http://sientechina.china.com.cn/english/China/125488.htm;台灣方面的反應,參見:《聯合報》,2005年3月28日,第A15版,包括:張忠本,〈奇美的無奈　何嘗不是台灣處境〉;姜皇池,〈多少許文龍　沒有不講話的自由〉;范蘭欽,〈許文龍簽了他白書　中共又可自我安慰一陣…〉。

37. "Change Course Now on Strait Policy," *Taipei Times*, Sep. 12, 2004.

38. *Taipei Times*, July 31, 2006, 8.

39. Lee Teng-hui, "Focus on the Future, not Just China," *Taipei Times*, July 27, 2006.

40. "Lee Attacks Conference Results, Reliance on China," *Taipei Times*, July 30, 2006.

41. 依據《自由時報》報導的AC尼爾森(ACNielsen)排名,2006年11月1日。

42. "Chen's Policy Shift the Right Move," *Taipei Times*, Jan. 4, 2006.

43. *Taipei Times*, June 19, 2006, 3.

44. 台灣北社投書,見 *Taipei Times*, Nov. 13, 2006, 8.

45. Lin Cho-shui, "Which Country Should We Emulate?" *Taipei Times*, Aug. 24, 2006.

46. 黃天麟,〈廢除經濟版國統綱領〉,《自由時報》,2006年2月16日。http://talk.ltn.com.tw/article/paper/57821

47. Huang Tien-lin, "Identity Crisis Nears Tipping Point," *Taipei Times*, Aug. 2, 2006.

48. *Taipei Times*, Aug. 22, 2006, 2.

49. "Time to Look after Taiwan's Poor," *Taipei Times*, Oct. 22, 2006.

50. 參考資料同上。

51. 許文輔的投書,見:〈和艦案可否開啟科技成功西進?〉,《台灣日報》,2006年1月10日。

52. "New China Investment Policy Helpful to Taiwan Economy," *Central News Agency*, Feb. 3, 2006.

53. 見2007年對童振源的訪問紀錄,以及他在2008年的一篇文章,它提到對一千零一十九家台灣及外商公司做調查。

54. 張榮豐，〈與國際接軌化解大陸對台虹吸效應〉，《中國時報》，2007年12月31日。https://www.coolloud.org.tw/node/13975.

55. "Former President Criticizes Taiwan Economic Conference," *Asia Pulse*, July 31, 2006.

56. "Investors in China May Face Audit," *Taipei Times*, Jan. 3, 2006.

57. 〈三大工商團體權利的轉化與「綠化」〉，《中國網》，2006年11月28日。http://www.china.com.cn/overseas/zhuanti/txt/2006-11/28/content_7420538.htm.

58. "Siew: Taiwan's Competitiveness Declining, Capital Market Should Internationalize," *Central News Agency*, May 14, 2006.

59. "TSMC Projects 20% Sales Spike," *Taipei Times*, Aug. 17, 2006, 12.

60. 〈徹悟的陳水扁與絕望的中共　將是臺灣的危機〉，《中央日報》，2006年1月9日，第二版。

61. "Closer Ties with China Needed for Peace, Growth," *China Post*, Sep. 9, 2006.

62. "Cross-Strait Relations: Problems and Prospects," speech delivered to the Chicago Council on Foreign Relations and UC Division of Social Sciences, Chicago, Oct. 31, 2006.

63. 參考資料同上。

64. 孫瑩貞，〈其實我們懂得彼此的心：紀念台灣光復，與泛綠支持者的對話〉，2007年10月26日。http://city.udn.com/ 56399/2474014?tpno=0&cate_no=68795.

65. "Three Hi-tech Investments Projects in China Pass Policy Inspection," *Taiwan Economic News*, Dec. 19, 2006.

66. 林政鋒、宋丁儀，〈鋼鐵晶圓業，要走自己的路〉，《經濟日報》，2006年1月2日，第A3版。

67. 〈多了個政策審查機制，大石頭擋路　科技重大投資西進　無望了〉，《工商時報》，2006年3月23日，第A3版。

68. 美國在2007年6月制訂新辦法，放寬原先規定。見Bureau of Industry and Security, U.S. Department of Commerce, Federal Register 72 (117), June 19, 2006, https://www.bis.doc.gov/index.php/forms-documents/ doc_view/352-june-19-2007-rule.

69. "First Taiwanese Firm Fined for Breaking China Investment Rules," *Central News Agency*, Feb. 15, 2006.

70. "NT$5 Million Fine for UMC over Investment Breach," *China Post*, Feb. 16, 2006.

第六章

1. Michael Gold, "Taiwan Anti-China Protest Exposes Island's Nationalist Divide," *Reuters*, Apr. 7, 2014.

2. 譚淑珍,〈「CECA」只是名稱問題,實質內涵才是重點 尹啟銘:建議用ECFA 台語A攏發〉,《工商時報》,2009年2月24日,第A4版;Mo Yan-chih, Flora Wang and Shih Hsiu-chuan, "Ma Seeks to Settle Disputes Over Economic Agreement." *Taipei Times*, Feb. 28, 2009, 1.

3. "Ma Again Denies Breaking '633' Promise," *China Post*, Sep. 7, 2008.

4. 有關馬英九和謝長廷對台灣人認同內涵的討論,參見:鄭任汶、李明賢,〈馬:燒成灰都是台灣人 辯論焦點「我是誰?」謝強調更開闊的台灣〉,《聯合報》,2008年2月25日,第A2版。

5. "Protestors Mob Taipei Hotel in Anti-China Demo," *Reuters*, Nov. 6, 2008.

6. "In Big Shift, Taiwan Allows Investment from China," *Wall Street Journal*, July 1, 2009.

7. 汪莉絹、李春,〈溫家寶:建立具兩岸特色經濟合作機制 中共國台辦主任想訪台 是否會在三次江陳會談經合協議 「抱持開放的態度」〉,《聯合報》,2009年3月6日,第A13版。

8. 〈中國釋台8利多 企業樂〉,《蘋果日報》,2009年5月18日。http://www.appledaily.com.tw/appledaily/article/headline/ 20090518/31637116/.

9. 節錄於私底下的談話。

10. 見社論〈蘋論:大遊行與三黨詭異關係〉,《蘋果日報》,2009年5月18日。http://www.appledaily.com.tw/appledaily/article/headline/20090518/31637240/.

11. "Taiwan Must Beware of China's WHA Trap," *Taiwan News*, Dec. 22, 2008.

12. *Taipei Times*, June 21, 2009, 3.

13. "AIT Chief Calls for Consensus on Cross-Strait Ties," *Taipei Times*, June 5, 2009.

14. 自由貿易協定指的是兩個經濟體之間貿易完全自由化,它是優惠貿易協定的一種。優惠貿易協定指的是兩個經濟體之間貿易全部或部分自由化。因此,《海峽兩岸經濟合作架構協議》和本研究中提到的大多數協議,實際上是優惠貿易協定,但是遵循常見用法,把它們稱為自由貿易協定(FTA)。

15. 蘇永耀、彭顯鈞,〈ECFA 陸委會、經部腳步不一〉,《自由時報》,2009年4月2日,第A2版。

16. 吳明杰,〈賴幸媛:ECFA有四保 也有三不〉,《中國時報》,2009年4月6日,第A7版;徐銀磯,〈賴幸媛:ECFA是台灣重返國際敲門磚〉,《工商時報》,2009年4月6日,第A7版。

17. "Tsai Warns of Strategic Collapse," *Taipei Times*, May 8, 2009.

18. "Lai Shin-yuan Touts Détente at U.S. Conference," *Taipei Times*, July 16, 2009.

19. 參考資料同上。

20. "Approaching ECFA: President Says ECFA Won't Bring 'One China Market'," *Taipei Times*, June 27, 2010.

21. "Mainland Push Brings No Joy," *South China Morning Post*, Oct. 6, 2011.

22. 〈馬劉聲望新低　逾半仍看好馬〉,《聯合報》, 2008年11月19日。

23. *Taipei Times*, Nov. 28, 2010, 5.

24. 李文忠,〈交付公投　民進黨有條件支持ECFA〉,《蘋果日報》, 2009年6月 11日。http://www.appledaily.com.tw/appledaily/article/headline/20090611/31700081/applesearch/.

25. "New DPP Chief Bothered by What Ma Did Not Say," *Taipei Times*, May 22, 2008, 3.

26. *Taipei Times*, Apr. 11, 2010, 1.

27. 江丙坤對於政府角色的觀點,見王純瑞, 2003年,《拚命三郎:江丙坤的台灣經驗》。台北:聯經。

28. 崔慈悌,〈新聞分析—工商業界意見　僅供參考〉,《工商時報》, 2009年8月24日。

29. 根據行政院經建會為本書作者準備的資料,「推動兩岸經濟合作架構協議之可能內容」, 2009年4月7日。

30. "Mirror, Mirror on the Wall: The Ugliest Economy of Them All," *Economist*, February 2009.

31. 黎智英,〈繁榮的保護神〉,《蘋果日報》, 2009年6月3日。http://www.appledaily.com.tw/appledaily/article/headline/ 20090603/31677012/applesearch.

32. "Tycoon Prods Taiwan Closer to China," *Washington Post*, Jan. 12, 2012.

33. 〈社論:以準確理智及健全情緒解服貿協議〉,《工商時報》, 2014年3月21日。

34. "ECFA Benefits Mostly China: Report," *Taipei Times*, Oct. 2, 2012.

35. "Protest Gathers Broad Support," *Taipei Times*, Mar. 31, 2014.

36. *Taipei Times*, Mar. 18, 2014, 1.

37. Cindy Sui, "What Unprecedented Protest Means for Taiwan," *BBC News*, Mar. 26, 2014.

38. *New York Times*, Apr. 7, 2014, A10.

39. "Sunflower Leaders Reject Ma's Conference Plan," *Taipei Times*, Apr. 3, 2014.
40. 引述自匿名政府高級官員於2014年6月28日在台北與作者的私下談話。

第七章

1. 魚夫，2014年。
2. 關於進一步的討論及與香港類似發展的比較，見Lin 2014, 2015。
3. Chan Chang-chuan, "Dawn of a New Era of Activism and Protests," *Taipei Times*, May 13, 2014.
4. "China's President Urges Unification with Rival Taiwan; Jiang Makes Rare Appearance," *Associated Press*, Oct. 9, 2011.
5. "14-Year Low for August Employment Rate," *Taiwan News*, Sep. 22, 2014.
6. 觀察家早在兩岸關係剛開放時就看到這一點（Harding 1992, 156）。
7. Nouriel Roubini, "Economic Insecurity and the Rise of Nationalism," *The Guardian*, June 2, 2014.

後記

1. 關於東亞地區高收入經濟體普遍面對的困境詳見Syaru Shirley Lin, "Globalization and the High Income Trap in the Pacific Century" International Studies Association International Conference Hong Kong 論壇報告，2017年6月17日，http://www.shirleylin.net/talksblog/2017/6/16/the-high-income-trap-in-east-asia。針對香港落入的困境詳見：林夏如，〈落入「高收入陷阱」的香港〉，《金融時報》中文網，2017年6月29日。
2. 相關的民意調查結果請見：黃宇綸，〈台灣制憲基金會民調〉蔡英文滿意度大幅上升，支持度仍不敵過半民眾挺賴清德選總統〉，《風傳媒》，2019年1月18日；"Over 80% reject 'two systems,' poll finds," Taipei Times, Jan. 10, 2019; "Taiwan rejects 'one-China principle' as support for independence rises: poll," *Taiwan News,* Jan. 21, 2019.
3. Syaru Shirley Lin, "Analyzing the Relationship between Identity and Democratization in Taiwan and Hong Kong in the Shadow of China," The ASAN Forum, December 20, 2019, http://www.theasanforum.org/analyzing-the-relationship-between-identity-and-democratization-in-taiwan-and-hong-kong-in-the-shadow-of-china/

參考文獻

英文部分

Abdelal, Rawi. 2005. "Nationalism and International Political Economy in Eurasia." In *Economic Nationalism in a Globalizing World*, ed. Eric Helleiner and Andreas Pickel. Ithaca, NY: Cornell University Press.

——— et al. 2009. "Identity as a Variable." In *Measuring Identity: A Guide for Social Scientists*, ed. Rawi Abdelal et al. Cambridge and New York: Cambridge University Press.

Addison, Craig. 2001. *Silicon Shield: Taiwan's Protection against Chinese Attack.* Irving, TX: Fusion Press.

Alt, James E., and Michael Gilligan. 1994. "The Political Economy of Trading States: Factor Specificity, Collection Action Problems and Domestic Political Solution." *Journal of Political Philosophy* 2 (2): 165–92.

American Chamber of Commerce in Taipei (AmCham). 2006. "The 40% Regulation's Negative Impact." *Topics* 36 (12).

———. 2008. *Taiwan White Paper 2008.* https://amcham.com.tw/advocacy/white-paper/

Apter, David E. 1965. *The Politics of Modernization.* Chicago: University of Chicago Press.

Astrov, Vasily, and Peter Havlik. 2007. "Belarus, Ukraine and Moldova: Economic Developments and Integration Prospects." In *The New Eastern Europe: Ukraine, Belarus, and Moldova*, ed. Daniel Hamilton and Gerhard Mangott. Washington, DC: Center for Transatlantic Relations and Johns Hopkins University SAIS.

Bader, Jeff. 2013. *Obama and China's Rise.* Washington, DC: Brookings Institution Press.

Bates, Robert H., et al. 1998. *Analytic Narratives.* Princeton, NJ: Princeton University Press.

Beckershoff, Andre. 2014. "The KMT-CCP Forum: Securing Consent for Cross-Strait Rapprochement." *Journal of Current Chinese Affairs* 43 (1): 213-41.

Brady, Henry E., and Cynthia S. Kaplan. 2009. "Conceptualizing and Measuring Ethnic Identity." In *Measuring Identity: A Guide for Social Scientists*, ed. Rawi Abdelal et al. Cambridge and New York: Cambridge University Press.

Brown, David. 2008. "Progress in the Face of Headwinds." *Comparative Connections* 10 (3): 73-74.

Brown, Melissa. 2004. *Is Taiwan Chinese? The Impact of Culture, Power and Migration on Changing Identities*. Berkeley: University of California Press.

Brown, Sherrod. 2014, Mar. 23. "Brown Urges Peaceful Resolution to Escalating Situation in Taiwan." Press Release. https://www.brown.senate.gov/newsroom/ press/release/brown-urges-peaceful-resolution-to-escalating-situation-in-taiwan.

Bureau of Foreign Trade (BOFT). 2012. "Regulations Governing the Export and Import of Strategic High-Tech Commodities." http://www.trade.gov.tw/english/ Pages/List.aspx?nodeID=298.

——. 2014. "Trade Statistics." Searchable database. http://cus93.trade.gov.tw/ ENGLISH/FSCE/.

Bush, Richard C. 2005. *Untying the Knot: Making Peace in the Taiwan Strait*. Washington, DC: Brookings Institution Press.

——. 2013. *Uncharted Strait: The Future of China Taiwan Relations*. Washington, DC: Brookings Institution Press.

Cabestan, Jean-Pierre. 2005, November-December. "Specificities and Limits of Taiwanese Nationalism." *China Perspectives* 62: 32– 43.

Chao, Chien-min. 2002. "The Democratic Progressive Party's Factional Politics." In *Taiwan in Troubled Times: Essays on the Chen Shui bian Presidency*, ed. John F. Cooper. River Edge, NJ: World Scientific.

Chao, Linda, and Ramon H. Myers. 1998. *The First Chinese Democracy: Political Life in the Republic of China on Taiwan*. Baltimore, MD: Johns Hopkins University Press.

Chao, Linda, Ramon H. Myers, and James A. Robinson. 1997. "Promoting Effective Democracy, Chinese Style: Taiwan's National Development Conference." *Asian Survey* 37 (7): 669-82.

Chase, Michael S. 2008. "Taiwan's Arms Procurement Debate and the Demise of the

Special Budget Proposal: Domestic Politics in Command." *Asian Survey* 48 (4): 703-24.

Chen, Andrew Chun, and Jonathan R. Woetzel. 2002. "Chinese Chips." *McKinsey Quarterly* 2: 23-27.

Chen, Chien-hsun. 2005. "Taiwan's Burgeoning Budget Deficit: A Crisis in the Making?" *Asian Survey* 45 (3): 383-96.

Chen, Po-chih. 2005, June 28. "The Cross-Strait Economic Relationship." *Taiwan Thinktank Online*. http://www.taiwanthinktank.org/english/page/6/65/161/0.

Chen, Ruo-lan. 2012. "Beyond National Identity in Taiwan: A Multidimensional and Evolutionary Conceptualization." *Asian Survey* 52 (5): 845-71.

Chen, York W. 2008. "A New Imbalance in the Equation of Military Balance across the Taiwan Strait." In *The One China Dilemma*, ed. Peter Chow. New York: Palgrave Macmillan.

Cheng, Tun-jen. 2005. "China-Taiwan Economic Linkage: Between Insulation and Superconductivity." In *Dangerous Strait: The U.S. Taiwan China Crisis*, ed. Nancy Bernkopf Tucker. New York: Columbia University.

Cho, Hui-wan. 2005. "China-Taiwan Tug of War in the WTO." *Asian Survey* 45 (5): 736-55.

Chow, Peter. 2002. "Economic Integration and Political Sovereignty: Problems and Prospects for an Integrated Chinese Economic Area." In *New Leadership and New Agenda: Challenges, Constraints, and Achievements in Beijing and Taipei*, ed. Deborah Brown and Tun-jen Cheng New York: Center of Asian Studies, St. John's University.

Chu, Yun-han. 1999. "The Challenges of Democratic Consolidation." In *Democratization in Taiwan: Implications for China*, ed. Steve Tsang and Hung-mao Tien. Hong Kong: Hong Kong University Press; and Basingstoke, UK: Macmillan.

Clark, Cal. 2007. "Taiwan Enters Troubled Water." In *Taiwan: A New History*, ed. Murray A. Rubinstein. New York: M. E. Sharpe.

Cole, J. Michael. 2014, July 1. "Was Taiwan's Sunflower Movement Successful?" *Diplomat*. http://thediplomat.com/2014/07/was-taiwans-sunflower-movement-successful/.

Copper, John F. 2013. *Taiwan: Nation State or Province?* Boulder, CO: Westview

Press.

Democratic Progressive Party (DPP). 1999, Nov. 28. "White Paper on China Policy for the 21st Century." http://www.taiwandc.org/dpp-pol3.htm.

——. 2010. "What Is Good about the ECFA?" Online video series. http:// taiwanmatters.blogspot.com/2010_06_01_archive.html.

Dickson, Bruce, and Chien-min Chao (eds.). 2002. *Assessing the Lee Teng-hui Legacy in Taiwan's Politics: Democratic Consolidation and External Relations*. Armonk, NY: M. E. Sharpe.

Directorate of Budget, Accounting and Statistics, Executive Yuan (DGBAS). "Economic Indicators" (multiple years). Monthly, quarterly and annual statistics available. Annual figures also summarized in *Statistical Yearbook of the Republic of China*. http://eng.dgbas.gov.tw/mp.asp?mp=2.

Dittmer, Lowell. 2008. "Triangular Diplomacy amid Leadership Transition." In *The One China Dilemma*, ed. Peter Chow. New York: Palgrave.

Downs, Anthony. 1957. *An Economic Theory of Democracy*. New York: Harper & Row.

Executive Yuan (EY). 2014, November. *The Republic of China Yearbook*. http:// english.ey.gov.tw/Content_List.aspx?n=3CCEA0A29EEA6820

Fan, JoAnn. 2014, June 5. "Congressional Testimony: Cross-Strait Economic and Political Issues." Brookings U.S.-China Economic and Security Review Commission. https://www.brookings.edu/testimonies/congressional-testimony-cross-strait-economic-and-political-issues/.

Fell, Dafydd. 2011. "More or Less Space for Identity in Taiwan's Party Politics?" In *Taiwanese Identity in the Twenty First Century: Domestic, Regional and Global Perspectives*, ed. Gunter Schubert and Jens Damm. New York: Routledge.

Ferguson, Niall. 2008. *The Ascent of Money: A Financial History of the World*. London: Allen Lane.

Financial Supervisory Commission (FSC). 2009, Nov. 24. "FSC Inked Three MOUs with Chinese Authorities." News release. http://www.fsc.gov.tw/en/home.jsp?id= 54&parentpath=0,2&mcustomize=.

Finnemore, Martha, and Kathryn Sikkink. 2001. "Taking Stock: The Constructivist Research Program in International Relations and Comparative Politics." *Annual Review of Political Science* 4 (1): 391-416.

Frieden, Jeffry. 1991. "Invested Interests: The Politics of National Economic Policies in a World of Global Finance." *International Organization* 45 (4): 425-41.

——. 1999. "Actors and Preferences in International Relations." In *Strategic Choice and International Relations*, ed. David A. Lake and Robert Powell. Princeton, NJ: Princeton University Press.

——. 2006. *Global Capitalism: Its Fall and Rise in the Twentieth Century*. New York: W. W. Norton.

Frieden, Jeffry A., and Ronald Rogowski. 1996. "The Impact of the International Economy on National Policies: An Analytical Overview." In *Internationalization and Domestic Politics*, ed. Robert O. Keohane and Helen V. Milner. Cambridge: Cambridge University Press.

Friedman, Thomas. 2005. *The World Is Flat*. New York: Farrar, Straus and Giroux.

Fuller, Douglas. 2005. "The Changing Limits and the Limits of Change: The State, Private Firms, International Industry and China in the Evolution of Taiwan's Electronics Industry." *Journal of Contemporary China* 14 (44): 483-506.

Garrett, Geoffrey. 1998. *Partisan Politics in the Global Economy*. Cambridge: Cambridge University Press.

Geddes, Barbara. 2006. *Paradigms and Sand Castles*. Ann Arbor: University of Michigan Press.

Geertz, Clifford. 1973. *The Interpretation of Cultures: Selected Essays*. New York: Basic Books.

Gilpin, Robert. 2001. *Global Political Economy: Understanding the International Economic Order*. Princeton, NJ: Princeton University Press.

Glaser, Bonnie. 2013. *Taiwan's Quest for Greater Participation in the International Community*. Lanham, MD: Rowman & Littlefield.

Gold, Thomas. 1988. "Entrepreneurs, Multinationals, and the State." In *Contending Approaches to the Political Economy of Taiwan*, ed. Edwin A. Winckler and Susan Greenhaigh. Armonk, NY: M. E. Sharpe.

Goldstein, Avery. 1997. "China in 1996: Achievement, Assertiveness, Anxiety." *Asian Survey* 37 (1): 29-42.

Goldstein, Judith, and Robert O. Keohane. 1993. "Ideas and Foreign Policy: An Analytical Framework." In *Ideas and Foreign Policy: Beliefs, Institutions, and Political Change*, ed. Judith Goldstein and Robert O. Keohane. Ithaca, NY:

Cornell University Press.

Gotz, Roland. 2007. "Ukraine and Belarus: Their Energy Dependence on Russia and Their Roles as Transit Countries." In *The New Eastern Europe: Ukraine, Belarus, and Moldova*, ed. Daniel Hamilton and Gerhard Mangott. Washington, DC: Center for Transatlantic Relations and Johns Hopkins University SAIS.

Greene, J. Meagan. 2008. *The Origins of the Developmental State in Taiwan: Science Policy and the Quest for Modernization*. Cambridge, MA: Harvard University Press.

Hall, John. 1993. "Ideas and the Social Sciences." In *Ideas and Foreign Policy: Beliefs, Institutions, and Political Change*, ed. Judith Goldstein and Robert O. Keohane. Ithaca, NY: Cornell University Press.

Harding, Harry. 1992. *A Fragile Relationship: The United States and China Since 1972*. Washington, DC: Brookings Institution.

——. 1993. "The Concept of 'Greater China': Themes, Variations and Reservations." *China Quarterly* 136: 660-86.

Harrison, Mark. 2006. *Legitimacy, Meaning, and Knowledge in the Making of Taiwanese Identity*. New York: Palgrave Macmillan.

——. 2014, Apr. 18. "The Sunflower Movement." *China Story Journal*. https://www.thechinastory.org/2014/04/the-sunflower-movement-in-taiwan/.

Helleiner, Eric. 2002. "Economic Nationalism as a Challenge to Economic Liberalism? Lessons from the 19th Century." *International Studies Quarterly* 46: 307-29.

——. 2005. "Conclusion: The Meaning and Contemporary Significance of Economic Nationalism." In *Economic Nationalism in a Globalizing World*, ed. Eric Helleiner and Andreas Pickel. Ithaca, NY: Cornell University Press.

Hey, Jeanne A. K. 2003. "Introducing Small State Foreign Policy." In *Small States in World Politics: Explaining Foreign Policy Behavior*, ed. Jeanne A. K. Hey. Boulder, CO: Lynne Rienner.

Hickey, Dennis V. 2007. *Foreign Policy Making in Taiwan: From Principle to Pragmatism*. New York: Routledge.

——. 2013, Autumn. "Imbalance in the Taiwan Strait." *Parameters* 43 (3) 43-53.

Hinich, Melvin. 2006. "The Future of Analytical Politics." In *The Oxford Handbook of Political Economy*, ed. Barry R. Weingast and Donald A. Wittman. Oxford: Oxford University Press.

Hirschman, Albert O. 1981. *Essays in Trespassing: Economics to Politics and Beyond.* Cambridge: Cambridge University Press.

Hiscox, Michael. 2003. "Political Integration and Disintegration in Global Economy." In *Governance in a Global Economy*, ed. Miles Kahler and David A. Lake. Princeton, NJ: Princeton University Press.

Hong, Tsai-lung, and Chih-hai Yang. 2011. "The Economic Cooperation Framework Agreement between China and Taiwan: Understanding Its Economics and Politics." *Asian Economic Papers* 10 (3): 79-96.

Hsieh, John Fuh-sheng, and Emerson M. S. Niou. 2005, March. "Measuring Taiwanese Public Opinion on Taiwanese Independence." *China Quarterly* 181: 158-68.

Hsu, Chien-jung. 2014. *The Construction of National Identity in Taiwan's Media, 1896-2012.* Leiden, Netherlands: Brill.

Hsu, S. C. 2007. "Institutionally-Induced Identity Politics in Taiwan: The Challenge of Nationalism to Democracy." Paper presented at International Conference on After the Third Wave. Taipei. Aug. 13-14.

Hsu, Shu-Hsiang. 2005. "Terminating Taiwan's Fourth Nuclear Power Plant under the Chen Shui-bian Administration." *Review of Policy Research* 22 (2): 171-86.

Hu, Albert G. Z., and Gary H. Jefferson. 2003. "Science and Technology in China." In *China's Great Economic Transformation*, ed. Loren Brandt and Thomas G. Rawski. Cambridge: Cambridge University Press.

Hu, Weixing. 2012. "Explaining Chang and Stability in Cross-Strait Relations: A Punctuated Equilibrium Model." *Journal of Contemporary China* 21 (78): 933-53.

Huang, Alexander Chieh-cheng. 2008. "A National Defense Strategy for Taiwan in the New Century." In *The One China Dilemma*, ed. Peter Chow. New York: Palgrave Macmillan.

Huang, Tung-i, Tse-min Lin, and John Higley. 1998. "Elite Settlements in Taiwan." *Journal of Democracy* 9 (2): 148-63.

Hughes, Christopher R. 2011. "Negotiating National Identity in Taiwan: Between Nativization and Desinicization." In *Taiwan's Democracy: Economic and Political Challenges*, ed. Robert Ash, John W. Garver, and Penelope B. Prime. New York: Routledge.

Huntington, Samuel. 1996. *The Clash of Civilizations and the Remaking of World Order.* New York: Simon & Schuster.

——. 2004. *Who Are We? The Challenges to America's National Identity*. New York: Simon & Schuster.

Jacobs, J. Bruce. 2006. "One China, Diplomatic Isolation and a Separate Taiwan." In *China's Rise, Taiwan's Dilemmas and International Peace*, ed. Edward Friedman. New York: Routledge.

Jang, Show-ling. 2014, Mar. 19. "Cross-Strait Service Trade Pact: Guidelines and Recommendations for Renegotiation." Slides prepared for Department of Economics, National Taiwan University. http://www.slideshare.net/ntuperc/englishok.

Kagan, Richard C. 2007. *Taiwan's Statesman: Lee Teng-hui and Democracy in Asia*. Annapolis, MD: Naval Institute Press.

Kahler, Miles. 1995. *International Institutions and the Political Economy of Integration*. Washington, DC: Brookings Institution Press.

——. 2000. "Rationality in International Relations." In *Exploration and Contestation in the Study of World Politics*, ed. Peter J. Katzenstein, Robert O. Keohane, and Stephen D. Krasner. Cambridge, MA: MIT Press.

——. 2006. "Territoriality and Conflict in an Era of Globalization." In *Territoriality and Conflict in an Era of Globalization*, ed. Miles Kahler and Barbara Walter. Cambridge: Cambridge University Press.

Kallio, Jyrki. 2010, Feb. 5. "Finlandization Is No Model for Taiwan to Follow" (blog entry). Finnish Institute of International Affairs. http://www.fiia.fi/en/blog/259/finlandization_is_no_model_for_taiwan_to_follow/.

Kan, Shirley A. 2014a, Aug. 29. "Taiwan: Major U.S. Arms Sales Since 1990." *Congressional Research Service*.

——. 2014b, Oct. 10. "China/Taiwan: Evolution of the 'One China' Policy—Key Statements from Washington, Beijing, and Taipei." *Congressional Research Service*.

Kang, David. 2009. "Between Balancing and Bandwagoning: South Korea's Response to China." *Journal of East Asian Studies* 9 (1): 1-28.

Kastner, Scott L. 2009. *Political Conflict and Economic Interdependence across the Taiwan Strait and Beyond*. Stanford, CA: Stanford University Press.

Katzenstein, Peter J. 1985. *Small States in World Markets: Industrial Policy in Europe*. Ithaca, NY: Cornell University Press.

———. 2003. "Small States and Small States Revisited." *New Political Economy* 8 (2): 9-30.

———, and Rudra Sil. 2004. "Rethinking Asian Security: A Case for Analytical Eclecticism." In *Rethinking Security in East Asia: Identity, Power, and Efficiency*, ed. J. J. Suh, Peter J. Katzenstein, and Allen Carlson. Stanford, CA: Stanford University Press.

Keller, William K., and Lois W. Pauly. 2005. "Building a Technocracy in China: Semiconductors and Security." In *China's Rise and the Balance of Influence in Asia*, ed. William W. Keller and Thomas G. Rawski. Pittsburgh: University of Pittsburgh Press.

Klaus, Michael. 2003. "Red Chips: Implications of the Semiconductor Industry's Relocation to China," *Asian Affairs* 29 (4): 237-53.

Kuo, C. T. 1995. "The Political Economy of Taiwan's Investment in China." In *Inherited Rivalry: Conflict across the Taiwan Straits*, ed. Tun-jen Cheng, Chi Huang, and Samuel S. G. Wu. Boulder, CO: Lynne Rienner.

Kuo, Julian. 2002. "Cross-Strait Relations: Buying Time without Strategy." In *Assessing the Lee Teng-hui Legacy in Taiwan's Politics: Democratic Consolidation and External Relations*, ed. Bruce J. Dickson and Chien-min Chao. Armonk, NY: M. E. Sharpe.

Lachs, John, and Robert Talisse, ed. 2008. *American Philosophy: An Encyclopedia*. New York: Routledge.

Lake, David A., and Robert Powell. 1999. "International Relations: A Strategic-Choice Approach." In *Strategic Choice and International Relations*, ed. David A. Lake and Robert Powell. Princeton, NJ: Princeton University Press.

Lee, Chun-yi. 2014. "From Being Privileged to Being Localized? Taiwanese Businessmen in China." In *Migration to and from Taiwan*, ed. Chiu Kuei-fen, Dafydd Fell, and Lin Ping. New York: Routledge.

Lee, Teng-hui. 1999, November/December. "Understanding Taiwan: Bridging the Perception Gap." *Foreign Affairs*.

Leng, Tse-kang, and Szu-yin Ho. 2004. "Accounting for Taiwan's Economic Policies toward China." *Journal of Contemporary China* 13 (41): 733-46.

Li, Chien-pin. 2006. "Taiwan's Participation in Inter-Governmental Organizations: An Overview of Its Initiatives." *Asian Survey* 46 (4): 597-614.

Lin, Jih-wen. 2003. "Transition Through Transaction: Taiwan's Constitutional Reforms in the Lee Teng-hui Era." In *Sayonara to the Lee Teng-hui Era*, ed. Wei-chin Lee and T. Y. Wang. New York: University Press of America.

Lin, Syaru Shirley. 2013a. "National Identity, Economic Interdependence, and Taiwan's Cross-Strait Policy: The Case of ECFA." In *New Dynamics in Cross Taiwan Straits Relations: How Far Can the Rapprochement Go?* ed. Weixing Hu. New York: Routledge.

——. 2013b. "Taiwan and the Advent of a Cross-Strait Financial Industry." Paper presented at the Conference on Taiwan Inclusive, Miller Center of Public Affairs, University of Virginia, Charlottesville, Nov. 15-16.

——. 2014. "Bridging the Chinese National Identity Gap: Alternative Identities in Hong Kong and Taiwan." In *Joint U.S. Korea Academic Studies* 25, ed. Gilbert Rozman. Washington, DC: Korea Economic Institute.

——. 2015. November-December. "Sunflowers and Umbrellas: Government Responses to Student-led Protests in Taiwan and Hong Kong." *The ASAN Forum* 3 (6). http://www.theasanforum.org/sunflowers-and-umbrellas-government-responses-to-student-led-protests-in-taiwan-and-hong-kong/.

Liu, Da-nien. 2002. "Taiwan's Domestic Stability: An Economic Perspective." *Issues and Studies* 38 (1): 79-100.

Lo, Chih-cheng and Tien-Wang Tsaur, eds. 2010. *Deconstructing the ECFA: Challenges and Opportunities for Taiwan*. Taipei: Taiwan Brain Trust.

Mainland Affairs Council (MAC). 1991, Mar. 14. "Guidelines for National Unification." http://www.mac.gov.tw/ct.asp?xItem=68107&ctNode=5910&mp=3&xq_xCat=1991.

——. 1997, Feb. 1. "Consensus Formed at the National Development Conference on Cross-Strait Relations Appendix." http://www.mac.gov.tw/ct.asp?xItem=68112&ctNode=5910&mp=3.

——. 2006a, July 28. "Key Conclusions of the Panel on Global Deployment and Cross-Strait Economic and Trade Relations of the Conference on Sustaining Taiwan's Economic Development." http://www.mac.gov.tw/ct.asp?xItem=50722&ctN ode=5913&mp=3. 中文全文：http://www.mac.gov.tw/ct.asp?xItem=57125&ctNode=5645&mp=1&xq_xCat=2006.

——. 2006b, Dec. 29. "Statement on the Policy of Easing Restriction on China-

Bound Investments in Producing Eight-Inch Wafers Using Taiwan's Wafer Technologies." http://www.mac.gov.tw/en/News_Content.aspx?n=BEC36A4A0B B0663C&sms=BF821F021B282251&s=BC7B0578228D3660.

——. 2008a, June 13. "Talks between the SEF and the ARATS in 2008." http://www. mac.gov.tw/lp.asp?ctNode=5930&CtUnit=4149&BaseDSD=7&mp=3.

——. 2008b, August. "Lifting the Ceiling on Mainland-Bound Investments and Streamlining the Investment Review Process." http://ws.mac.gov.tw/001/Upload/ OldWeb/www.mac.gov.tw/ctd64c.html?xItem=51959&ctNode=6520&mp=201.

——. 2008c, Nov. 4-7. "The Second Chiang-Chen Talks" and "Outcome and Explanation of the Second Chiang-Chen Talks." http://www.mac.gov.tw/ mp.asp?mp=201.

——. 2009a, Apr. 4-July 5. "Explanations Concerning the Signing of the Economic Cooperation Framework Agreement: Policy Explanation." http://www.mac.gov. tw/lp.asp?ctNode=5921&CtUnit=4142&BaseDSD=7&mp=3.

——. 2009b, Apr. 26. "Third Chiang-Chen Talks Proceed Smoothly and Produce Fruitful Results." https://ws.mac.gov.tw/001/Upload/OldWeb/www.mac.gov.tw/ ct0fa3.html?xItem=60714&ctNode=6530&mp=202.

——. 2009c, July 14. "The Current Stage of Cross-Strait Relations and the ROC Government's Mainland China Policy." Speech by Lai Shin-yuan. http://www. mac. gov.tw/ct.asp?xItem=63748&ctNode=6256&mp=3.

——. 2014a, Mar. 29. "Chronology" under "Major Events across the Taiwan Strait." http://www.mac.gov.tw/ct.asp?xItem=108592&ctNode=6605&mp=3.

——. 2014b, Apr. 3. "Frank Response to Public Demand, Special Law for Supervision of Cross-Strait Agreements Proposed." https://www.mac.gov.tw/en/News_ Content.aspx?n=2BA0753CBE348412&sms=E828F60C4AFBAF90&s=0CE72D 90264F007B.

McLaren, Lauren M. 2006. *Identity, Interests, and Attitudes to European Integration*. New York: Palgrave Macmillan.

Milner, Helen V. 1997. *Interests, Institutions, and Information: Domestic Politics and International Relations*. Princeton, NJ: Princeton University Press.

——, and Robert O. Keohane. 1996. "Internationalization and Domestics Politics." In *Internationalization and Domestic Politics*, ed. Robert O. Keohane and Helen V. Milner. Cambridge: Cambridge University Press.

Morrison, Wayne M. 2003, May 16. "Taiwan's Accession to the WTO and Its Economic Relations with the U.S. and China." *Congressional Research Service Report*.

Moshes, Arkady. 2007. "Ukraine: Domestic Changes and Foreign Policy Reconfiguration." In *Political Trends in the New Eastern Europe: Ukraine and Belarus, authored by Arkady Moshes and Vitali Silitski*. Carlisle, VA: Strategic Studies Institute, U.S. Army War College.

Myers, Ramon H., Linda Chao, and Tai-chun Kuo. 2002. "Consolidating Democracy in the Republic of China on Taiwan, 1996-2000." In *Assessing the Lee Teng-hui Legacy in Taiwan's Politics: Democratic Consolidation and External Relations*, ed. Bruce J. Dickson and Chien-min Chao. Armonk, NY: M. E. Sharpe.

National Bureau of Statistics of China (NBSC). "Annual Data" (multiple years). http://www.stats.gov.cn/english/Statisticaldata/AnnualData/.

National Development Council (NDCL). *Taiwan Statistical Data Book* (multiple years). https://www.ndc.gov.tw/en/default.aspx.

National Security Council, ROC (NSC). 2006. 2006 *National Security Report*. Taipei: National Security Council.

Nau, Henry. 2002. *At Home Abroad: Identity and Power in American Foreign Policy*. Ithaca, NY: Cornell University Press.

Office of the President, ROC. 2000a, May 20. "President Chen's Inaugural Address." http://english.president.gov.tw/NEWS/2643

——. 2000b, Dec. 31. "President Chen's Cross-Century Remarks." President Chen's Cross-century Remarks

——. 2001, Aug. 26. "President Chen's Remarks at the Closing Ceremony of the EDAC." http://english.president.gov.tw/NEWS/755

——. 2006a, Jan. 1. "President Chen's New Year Message." http://english.president.gov.tw/NEWS/2117

——. 2006b, July 27. "Taiwan: President Chen Speaks at Conference on Sustaining Taiwan's Economic Development." http://english.president.gov.tw/NEWS/2434

——. 2006c, Oct. 10. "President Chen's 2006 National Day Address." http://english.president.gov.tw/NEWS/2807

——. 2008, May 20. "President Ma's Inaugural Address." http://english.president.gov.tw/NEWS/45

Okun, Arthur M. 1975. *Equality and Efficiency*. Washington, DC: Brookings Institution Press.

Pan, Shih-wei. 2007. "Kuomintang's Trade Union Policy: From State Control to Societal Control." In *Taiwan Development Perspectives 2006*, ed. National Policy Foundation. Taipei: National Policy Foundation.

Pickel, Andreas. 2005. "Introduction: False Oppositions: Reconceptualizing Economic Nationalism in a Globalizing World." In *Economic Nationalism in a Globalizing World*, ed. Eric Helleiner and Andreas Pickel. Ithaca, NY: Cornell University Press.

Pollack, Jonathan D. 1996. "The United States and Asia in 1995: The Case of the Missing President." *Asian Survey* 36 (1): 1-12.

Presbyterian Church in Taiwan (PCT). 1994, Dec. 24. "The Presbyterian Church in Taiwan's Response to the China Christian Council's Statement." http://english. pct.org.tw/Article/enArticle_public_19941124.html.

——. 2009, July 23. "PCT Symposium on the Future of Taiwan." http://www.pct.org. tw/english/enNews_pct.htm?strBlockID=B00176&strContentID=C20090720000 02&strCTID=&strDesc=Y&strPub=&strASP=enNews_pct.

Pye, Lucian. 1971. "Identity and the Political Culture." In *Crises and Sequences in Political Development*, ed. Leonard Binder et al. Princeton, NJ: Princeton University Press.

Quinn, Dennis P., and John T. Woolley. 2001. "Democracy and National Economic Performance: The Preference for Stability." *American Journal of Political Science* 45 (3): 634–57.

Rawls, John. 1971. *A Theory of Justice*. Cambridge, MA: Harvard University Press.

Rickards, Jane. 2009. "Cover Story: Reviewing the Previous Two Rounds of Taipei-Beijing Talks." *Topics* 39 (4).

——. 2010. "Cover Story: Thrashing Out the ECFA." Topics 40 (4).

Rigger, Shelley. 2001. *From Opposition to Power: Taiwan's Democratic Progressive Party*. Boulder, CO: Lynne Rienner.

——. 2006. "Taiwan's Rising Rationalism: Generations, Politics and 'Taiwan Nationalism'." *Policy Studies* 26. Washington, DC: East-West Center Policy Study.

——, and Toy Reid. 2008. "Taiwanese Investors in Mainland China: Creating a

Context for Peace?" In *Cross Strait at the Turning Point: Institution, Identity and Democracy*, ed. I. Yuan. Taipei: Institute of International Relations, National Chengchi University.

Rodriguez, Mauro, Jr. 2010. "Import Substitution and Economic Growth." *Journal of Monetary Economics* 57 (2): 175-88.

Rodrik, Dani. 2007. *One Economics, Many Recipes: Globalization, Institutions, and Economic Growth*. Princeton, NJ: Princeton University Press.

Rogowski, Ronald. 2003. "International Capital Mobility and National Policy Divergence." In *Governance in a Global Economy*, ed. Miles Kahler and David A. Lake. Princeton, NJ: Princeton University Press.

Romberg, Alan D. 2012. *Across the Taiwan Strait: From Confrontation to Cooperation 2006-2012, Vol. 2: June 17, 2008-May 11, 2010*. Washington, DC: Stimson.

Rosen, Daniel H., and Zhi Wang. 2011. *The Implications of China Taiwan Economic Liberalization*. Washington, DC: Petersen Institute for International Relations.

Rosenau, James. 1961. *Public Opinion and Foreign Policy: An Operational Formulation*. New York: Random House.

——. 1966. "Pre-theories and Theories of Foreign Policy." In *Approaches to Comparative and International Politics*, ed. R. Barry Farrell. Evanston, IL: Northwestern University Press.

Ross, Robert. 2007. "Balance of Power Politics and the Rise of China: Accommodation and Balancing in East Asia." In *China's Rise and the Balance of Influence in Asia*, ed. William W. Keller and Thomas G. Rawski. Pittsburgh: University of Pittsburgh Press.

Rozman, Gilbert, ed. 2012. *East Asian National Identities: Common Roots and Chinese Exceptionalism*. Stanford: Stanford University Press.

Schubert, Gunter. 2004. "Taiwan's Political Parties and National Identity: The Rise of an Overarching Consensus." *Asian Survey* 44 (4): 534-54.

Shen, Shiau-chi. 2013. *Democracy and Nation Formation: National Identity Change and Dual Identity in Taiwan, 1991-2011*. Thesis submitted for doctorate in the Graduate School of Arts and Sciences, Columbia University.

——, and Naiteh Wu. 2008. "Ethnic and Civic Nationalism: Two Roads to the Formation of Taiwan's New Nation." In *The One China Dilemma*, ed. Peter Chow. New York: Palgrave Macmillan.

Sheng, Lijun. 2001. *China's Taiwan Dilemma: The Taiwan Issue*. Singapore: Institute of Southeast Asian Studies.

Siew, Vincent. 2001. "Toward the Creation of a 'Cross-Strait Common Market'." Speech delivered at the American Enterprise Institute, Washington, DC, Jan. 22.

Silitski, Vitali. 2007. "Belarus and Russia: Comradeship-in-Arms in Preempting Democracy." In *Political Trends in the New Eastern Europe: Ukraine and Belarus, authored by Arkady Moshes and Vitali Silitski*. Carlisle, VA: Strategic Studies Institute, U.S. Army War College.

Spence, Michael. 2011. *The Next Convergence: The Future of Economic Growth in a Multispeed World*. New York: Farrar, Straus and Giroux.

Stent, Angela E. 2007. "The Lands In Between: The New Eastern Europe in the Twenty-First Century." In *The New Eastern Europe: Ukraine, Belarus, and Moldova*, ed. Daniel Hamilton and Gerhard Mangott. Washington, DC: Center for Transatlantic Relations.

Strange, Susan. 1970. "International Economics and International Relations: A Case of Mutual Neglect." *International Affairs* 46 (2): 304-15.

Su Chi. 2009. *Taiwan's Relations with Mainland China: A Tail Wagging Two Dogs*. New York: Routledge.

Sutter, Robert. 2014, July 22. "How to Deal with America's China Problem: Target Beijing's Vulnerabilities." *National Interest*. http://nationalinterest. org/blog/the-buzz/how-deal-america%E2%80%99s-china-problem-target-beijing%E2%80%99s-10929.

Swaine, Michael. 2001. "Chinese Decision-Making Regarding Taiwan, 1979-2000." In *The Making of Chinese Foreign and Security Policy in the Era of Reform, 1978-2000*, ed. David M. Lampton. Stanford, CA: Stanford University Press.

Taiwan Institute of Economic Research (TIER). Cross-Strait Economic Statistics Monthly (multiple years). Taipei: Mainland Affairs Council. http://www.mac.gov. tw/lp.asp?ctNode=5934&CtUnit=4152&BaseDSD=7&mp=3.

Tien, Hung-mao. 1996. "Taiwan in 1995: Electoral Politics and Cross-Strait Relations." *Asian Survey* 36 (1): 33-40.

—— , and Tun-jen Cheng. 1999. "Crafting Democratic Institutions." In *Democratization in Taiwan: Implications for China*, ed. Steve Tsang and Hung-mao Tien. Hong Kong: Hong Kong University Press.

Tucker, Nancy Bernkopf. 2005. "Strategic Ambiguity." In *Dangerous Strait: The US Taiwan China Crisis*, ed. Nancy Bernkopf Tucker, 186-211. New York: Columbia University.

————. 2009. *Strait Talk: United States Taiwan Relations and the Crisis with China*. Cambridge, MA: Harvard University Press.

United Nations Conference on Trade and Development (UNCTAD). "Data Center" (multiple years). http://unctadstat.unctad.org/EN/.

U.S. General Accounting Office (USGAO). 2002, Apr. 19. "Export Controls: Rapid Advances in China's Semiconductor Industry Underscore Need for Fundamental United States Policy Review." General Accounting Office. http://www.gao.gov/products/GAO-02-620.

U.S.-Taiwan Business Council (USTBC). "Semiconductor Reports" (quarterly reports and annual reviews over multiple years). http://www.us-taiwan.org/tech/products.html#reports.

Vuylsteke, Richard. 2009. Interview by author. Hong Kong, May 26.

Wachman, Alan. 1994. "Competing Identities in Taiwan." In *The Other Taiwan: 1945 to the Present*, ed. Murray A. Rubinstein, 17-62. Armonk, NY: M. E. Sharpe.

Wade, Robert. 1990. *Governing the Market: Economic Theory and the Role of Government in East Asian Industrialization*. Princeton, NJ: Princeton University Press.

Wakabayashi, Masahiro. 2006. "Taiwanese Nationalism and the 'Unforgettable Others'." In *China's Rise, Taiwan's Dilemmas and International Peace*, ed. Edward Friedman. New York: Routledge.

Wang, Hsin-hsien. 2006. "Malicious Tax Audits." In Know Thyself, Know Others: The Neglected Risks of China, ed. Chih-chia Hsu et al., 120-29. Taipei: MAC. http://www.mac.gov.tw/public/MMO/RPIR/book411.pdf.

Wang, Julie M. 2000, October. "Taiwan's Legislative Yuan and the Challenge of Putting Democratic Principles into Practice." Asia Foundation Policy Document.

Wang, T. Y. 2000. "One China, One Taiwan: An Analysis of the Democratic Progressive Party's China Policy." *Journal of Asian and African Studies* 35 (1): 159-82.

————. 2002. "Lifting the 'No Haste, Be Patient' Policy: Implications for Cross-Strait Relations." *Cambridge Review of International Affairs* 15 (1): 131-39.

Wang, T. Y., and I-chou Liu. 2004. "Contending Identities in Taiwan: Implications for

Cross-Strait Relations." *Asian Survey* 44 (4): 568-90.

Warburg, Gerald. 2012. Interview by author. Charlottesville, VA, Dec. 18.

Wassenaar Arrangement. n.d. "Overview." http://www.wassenaar.org.

Wei, Chi-hung. 2013, September. "China's Economic Offensive and Taiwan's Defensive Measures: Cross-Strait Fruit Trade, 2005-2008." *China Quarterly* 215: 641-62.

Weingast, Barry, and Donald Wittman. 2006. "The Reach of Political Economy." In *The Oxford Handbook of Political Economy*, ed. Barry R. Weingast and Donald A. Wittman. Oxford: Oxford University Press.

Weiss, Linda. 2000. "Developmental States in Transition: Adapting, Dismantling, Innovating, Not 'Normalizing.'" *Pacific Review* 13 (1): 21-55.

Wendt, Alexander. 1994. "Collective Identity Formation and the International State." *American Political Science Review* 88 (2): 384-96.

Wlezien, Christopher. 2005. "On the Salience of Political Issues: The Problem with 'Most Important Problem'." *Electoral Studies* 24 (4): 555-79.

Woo-Cumings, Meredith. 2005. "Back to Basics: Ideology, Nationalism, and Asian Values in East Asia." In *Economic Nationalism in a Globalizing World*, ed. Eric Helleiner and Andreas Pickel. Ithaca, NY: Cornell University Press.

Wu, Ming-ming. 2006, Apr. 14. "Cross-Strait Agricultural Exchange and Trade: Leaving Myth for Breakthrough." *Taiwan Thinktank Online*. http://www.taiwanthinktank.org/english/page/7/32/91/803.

Wu, Naiteh. 2012. "Will Economic Integration Lead to Political Assimilation?" In *National Identity and Economic Interest: Taiwan's Competing Options and Their Implications for Regional Stability*, ed. Peter Chow. New York: Palgrave Macmillan.

——. 2013. "Table on National Identity and Age and Ethnicity, 1992-2012." *Taiwan Social Change Survey* (unpublished).

——. 2014. Personal correspondence updating Academia Sinica data presented in table 8.1 of Wu 2012 (unpublished).

Wu, Rwei-ren. 2007. "Discontinuous and Cumulative Nation-State Formation." Paper presented at International Conference on After the Third Wave. Taipei, Taiwan, Aug. 13-14.

Wu, Yongping. 2004, March. "Rethinking the Taiwanese Developmental State" *China*

Quarterly 177, 91-114.

Wu, Yu-shan. 2000. "Theorizing on Relations across the Taiwan Strait: Nine Contending Approaches." *Journal of Contemporary China* 9 (25): 407-28.

——. 2011. "The Evolution of the KMT's Stance on the One China Principle: National Identity in Flux." In *Taiwanese Identity in the Twenty First Century: Domestic, Regional and Global Perspectives*, ed. Gunter Schubert and Jens Damm. New York: Routledge.

Yang, Chyan, and Shui-wan Hung. 2003. "Taiwan's Dilemma across the Strait: Lifting the Ban on Semiconductor Investment in China." *Asian Survey* 43 (4): 681-96.

Yen, Ching-chang. 2009, Mar. 3. "The Dos and Don'ts of CECA between Taiwan and China from a WTO Perspective." *Taiwan Perspective E-paper* 141. Institute for National Policy Research.

Zheng, Zhenqing. 2013. "Taiwan's Wealth Gap and the Evolution of Electoral Politics After the 2008 Global Financial Crisis." *Asian Survey* 53 (5): 825-53.

中文部分

《海峽兩岸經濟合作架構協議》（ECFA），《海峽兩岸服務貿易協議關鍵24問》，
　　2014年5月。http://www.ecfa.org.tw/DmadList.aspx?pagenum=9&c=&nid=ECFA，
　　「協議文本及附件」。http://www.ecfa.org.tw/RelatedDoc.aspx?nid=14

TVBS民調中心，歷年調查。http://www.tvbs.com.tw/poll-center

大前研一，2006年，《M型社會》。台北：商周出版。

中央研究院人文社會科學研究中心調查研究專題中心，2011年，「台灣社會變遷
　　基本調查計畫2010第六期第一次：綜合組」。https://srda.sinica.edu.tw/group/
　　sciitem/3/1363

中華經濟研究院，2009年7月29日，〈兩岸經濟合作架構協議之影響評估〉，完
　　整報告見《ECFA：開創兩岸互利雙贏新局面》第六章，朱敬一編。台北：
　　財團法人兩岸交流遠景基金會。

尤美女，2014年，作者訪談。台北，11月28日。

王純瑞，2003年，《拚命三郎：江丙坤的台灣經驗》。台北：聯經。

包宗和，2009年，〈戰略三角個體論檢視與總體論建構及其對現實主義的衝
　　擊〉，《重新檢視爭辯中的兩岸關係理論》，包宗和、吳玉山編。台北：五
　　南。

台灣公共電視台，2009年4月25日，《兩岸經濟協議ECFA電視辯論》。http://
　　www.pts.org.tw/ECFA/

台灣指標民調，2014年，「台灣民心動態調查」。http://www.tisr.com.tw

台灣教授協會，〈『台灣教授協會』成立宣言〉。http://www.taup.net

台灣智庫，2002年7月，《八吋晶圓西進政策》辯論會文字紀錄。http://www.
　　taiwanthinktank.org/chinese/page/7/32/33/499

民主進步黨，1998年，「民進黨中國政策研討會」，2月13至15日。英文相關
　　資料：http://taiwan.yam.org.tw/china_policy/e_bg.htm，中文相關資料：http://
　　taiwan.yam.org.tw/china_policy/

民主進步黨，2013年，「檢視ECFA三週年」記者會文宣。

朱炎，2006年，《台商在中國：一位中國旅日經濟學者的觀察報告》。台北：財
　　訊。

江丙坤，2009年，作者訪談。台北，4月9日。

行政院，2014年3月17日，〈服貿協議送出委員會　行政院感謝立法院聯席委員會
　　及召委張慶忠的辛勞〉。https://www.ey.gov.tw/Page/9277F759E41CCD91/65a0cc89-

513a-405d-9108-4ce8181a0b9e

行政院大陸委員會，「相關民意調查結果」（歷年）。http://www.mac.gov.tw/
　　Content_List.aspx?n=5867DB0B09378095

行政院大陸委員會，1999年，〈大陸政策參考資料〉。http://www.mac.gov.tw/ct.a
　　sp?xItem=57948&ctNode=5645&mp=1&xq_xCat=1999

行政院大陸委員會，2001a年8月26日，〈本委員會議關於「九二共識」問題之
　　不同意見（附件）〉。http://www.mac.gov.tw/ct.asp?xItem=68267&ctNode=662
　　1&mp=1

行政院大陸委員會，2001b年8月26日，〈經發會兩岸組總結報告〉。http://www.
　　mac.gov.tw/ct.asp?xItem=68173&ctNode=6621&mp=

行政院大陸委員會，2001c年11月7日，〈落實大陸投資「積極開放、有效管理」政
　　策　說　明〉。http://www.mac.gov.tw/ct.asp?xItem=60312&ctN ode=5645&mp=1&xq_
　　xCat=2001

行政院大陸委員會，2002年3月29日，〈院長對開放晶圓廠赴大陸投資之政策說
　　明〉。http://www.mac.gov.tw/ct.asp?xItem=60314&ctNode=5645&mp=1

行政院大陸委員會，2014年12月，「社會交流統計」。https://www.mac.gov.tw/
　　News.aspx?n=BD36B113558C58F2&sms=908227D52C96C27C

行政院大陸委員會，2015年3月31日，「兩岸協議執行成效」。http://www.mac.
　　gov.tw/ct.asp?xItem=102611&CtNode=7526&mp=1

何美玥，2008年，作者訪談。台北，7月30日。

余致力，2002年，《民意與公共政策：理論探討與實證研究》。台北：五南。

冷則剛，2009年，〈國家、全球化，與兩岸關係〉，《重新檢視爭辯中的兩岸關
　　係理論》，包宗和、吳玉山編。台北：五南。

吳釗燮，2014年，作者訪談。台北，6月27日。

吳榮義，2011年，作者訪談。台北，10月25日。

吳韻儀，2009年6月17日，〈張忠謀的第三春〉，《天下雜誌》424期。

李晉頤，2009年，作者訪談。香港，8月28日。

李清如，1999年5月，〈李敖評連宋陳許四名總統參選人〉，《新新聞周刊》636
　　期。

明居正，2009年，〈國際體系層次理論與兩岸關係：檢視與回顧〉，《重新檢視
　　爭辯中的兩岸關係理論》，包宗和、吳玉山編。台北：五南。

林正義，2008年11月7日，〈一個中國、兩個台灣〉，澄社部落格。http://www.
　　taipeisociety.org/node/169

林宗弘，2013年，〈ECFA之後的中國效應：兩岸貿易對台灣貧富差距與階級政治的影響〉，《面對挑戰：台灣與香港之比較》，楊文山、尹寶珊編。台北：中央研究院社會所。

林義雄，2009年，作者訪談。台北，4月1日。

林濁水，1991年，《瓦解的帝國》。台北：前衛。

林濁水，2009年，《歷史劇場：痛苦執政八年》。台北：印刻。

邱垂正，2008年，作者訪談。台北，6月18日。

邵宗海，2003年，〈邁向中國統一的「整合機制」之探討〉，發表於第六屆孫中山與現代中國學術研討會，3月29日。http://www3.nccu.edu.tw/~chshaw/united%20china.doc.

金溥聰，2012年，作者訪談。華盛頓哥倫比亞特區，12月20日。

侯貞雄，2009年，作者訪談。台北，4月2日。

柳金財，1998年，《大膽西進？戒急用忍？民進黨大陸政策剖析》。台北：時英出版社。

洪嘉聰，2009年，作者訪談。台北，4月3日。

胡仲英，2009年，作者訪談。台北，4月7日。

若林正丈，1998年，《蔣經國與李登輝》。台北：遠流。

范雲，2009年，作者訪談。台北，4月2日。

徐小波，2007年，作者訪談。台北，8月11日。

國立政治大學選舉研究中心，2014年，「重要政治態度分布趨勢圖」，台灣民眾核心政治態度趨勢。

張汝京，2008年，作者訪談。台北，1月4日。

張亞中，2000年，《兩岸統合論》。台北：生智。

張忠謀，2009年，作者訪談。台北，4月3日。

張茂桂、趙永佳、尹寶珊，2013年，〈經濟整合與政治整合的辯證：台港兩地的比較研究〉。2013年台灣社會學年會，政治大學，2013年11月30日。

張勝涵，2014年，作者訪談。台北，6月28日。

張翔一，2014年5月2日，〈ECFA早收　三年成績大解密〉，《天下雜誌》546期。

張榮豐，2008年，作者訪談。台北，6月18日。

張銘斌，2014年，作者訪談。台北，6月27日。

曹興誠，2009年，作者訪談。台北，4月3日。

許文輔，2008年，作者訪談。台北，7月29日。

許文輔，2009年6月30日，「保護台灣半導體戰略優勢」，台灣智庫。http://blog.yam.com/bunhu/article/22005647

許信良，2013年，《台灣現在怎麼辦》。台北：成信。

陳孔立，2004年，《臺灣學導論》。台北：博揚文化。

陳冲，2009年，作者訪談。台北，4月3日。

陳陸輝、耿曙，2009年，〈台灣民眾統獨立場的持續與變遷〉，《重新檢視爭辯中的兩岸關係理論》，包宗和、吳玉山編。台北：五南。

陳博志，2004年，《台灣經濟戰略：從虎尾到全球化》。台北：時報。

陳翔立，2009年，作者訪談。台北，7月12日。

魚夫，2009年，作者訪談。台北，4月1日。

魚夫，2014年，作者訪談。香港，7月19日。

傅棟成，2009年，作者訪談。台北，4月3日。

曾昭媛，2009年，作者訪談。台北，4月2日。

童振源，2007年，作者訪談。台北，8月15日。

童振源，2008年11月15日，〈台灣對外經濟戰略之檢討與建議〉，台灣新社會智庫。http://www.taiwansig.tw/

黃天麟，2007年，《西進亡國論》。台北：前衛。

黃天麟，2008年，作者訪談。台北，7月30日。

黃守達，2014年，作者訪談。台北，6月28日。

新黨，「基本理念」、「本黨歷史」。http://www.np.org.tw

楊艾俐，2008年10月23日，〈人生落幕，傳奇不朽〉，《天下雜誌》408期。

楊家駿，2008年，作者訪談。香港，7月23日。

楊益風，2008年，作者訪談。台北，6月17日。

楊照，2009年，作者訪談。香港，7月24日。

經濟部投資審議委員會，2009年6月30日，〈開放陸資來臺，實現兩岸雙向投資「優勢互補、互利雙贏」〉。http://www.moeaic.gov.tw/news.view?do=data&id=515&lang=ch&type=new_ann

經濟部投資審議委員會，2007年1月4日，「在大陸地區投資晶圓鑄造廠積體電路設計積體電路封裝積體電路測試與液晶顯示器面板廠關鍵技術審查及監督作業要點」。https://www.moeaic.gov.tw/chinese/

經濟部投資審議委員會，歷年統計年報。http://www.moeaic.gov.tw/

詹火生等人，1994年，《和平‧合作‧繁榮‧李登輝先生的政策理念與實踐》。台北：正中書局。

鄒景雯，2001年，《李登輝執政告白實錄》。台北：印刻。

趙建民，2006年，作者訪談。台北，8月17日。

遠見民調中心，歷年調查。http://www.gvsrc.com/dispPageBox/GVSRCCP.aspx?
　　ddsPageID=NEWS

劉大年，2010年4月9日，〈ECFA非簽不可〉，中華經濟研究院網站。http://
　　www.cier.edu.tw/ct.asp?xItem=12357&ctNode=61&mp=2

劉大年、史惠慈，2009年10月22日，〈拋開「台灣要中國給」 務實談判
　　ECFA〉，中華經濟研究院網站。http://www.cier.edu.tw/ct.asp?xItem=11423&c
　　tNode=240&mp=1

蔡宏明，2008年，作者訪談。台北，7月31日。

蔡英文，2011年，《洋蔥炒蛋到小英便當：蔡英文的人生滋味》。台北：圓神。

黎智英，2009年，作者訪談。香港，6月23日。

蕭阿勤，2008年，《回歸現實：台灣1970年代的戰後世代與文化政治變遷》。台
　　北：中央研究院社會所。

親民黨，「政策綱領」。http://www.pfp.org.tw/TW/AboutUs04/ugC_Companyasp?
　　hidSinglePageID=2.

親民黨，「親民新聞館」。http://www.pfp.org.tw/TW/News/ugC_News.asp?hidNews
　　CatID=4

瞿宛文，1997年，〈產業政策的示範效果——台灣石化業的產生〉，《台灣社會
　　研究季刊》，第27期，第97-138頁。

羅正方，2003年2月22日，〈開放兩岸三通直航之衝擊評估、戰略設定與因
　　應對策〉，台灣智庫線上。http://www.taiwanthinktank.org/ttt/attachment/
　　article_286_attach1.pdf

羅致政，2009年，《漂移的島嶼：大國夾縫中的台灣》。台北：前衛。

嚴重光，2014年，作者訪談。香港，6月19日。

顧渝生，2007年，作者訪談。香港，11月29日。

顧瑩華，2009年，〈ECFA對臺灣的重要性〉，《ECFA：開創兩岸互利雙贏新局
　　面》，朱敬一編，台北：財團法人兩岸交流遠景基金會。

龔明鑫，2006年11月17日，「兩岸產業競合與經貿政策」報告，世新大學。

龔明鑫，2007年，作者訪談。台北，8月15日。

重要名詞中英對照表

actors	行為者
approach	（分析）途徑
bilateral/multilateral trade agreement	雙邊／多邊貿易協定
bimodal	雙峰
cluster	意見集群
constructivist	建構主義（學派）
consummatory value	基本價值／本質性價值
corporatism	統合主義
de jure independence	法理獨立
dimensions	維度／面向
eclecticism	折衷主義
ethnic nationalism	族群民族主義
Extensive Liberalization / Extensive Liberalizers	廣泛開放（集群）／廣泛開放派
Extensive Restriction / Extensive Restrictionists	嚴格限制（集群）／嚴格限制派
fundamentalist	基本教義者／基本教義派
gemeinschaft	汲取社群
ideational factor	觀念因素
ideational foundation	觀念基礎
identity politics	認同政治
ideology	意識型態
instrumental value	實用價值／工具性價值
interest group	利益團體
interparty politics	黨際政治
interventionist	干涉主義
laissez-faire	自由放任
liberalism	自由主義
Moderate Liberalization / Moderate Liberalizers	適度開放（集群）／適度開放派
Moderate Restriction / Moderate Restrictionists	溫和限制（集群）／溫和限制派
national identity	國族認同

nationalism	民族主義
nation-state	民族國家
neoliberal	新自由主義者
neoliberalism	新自由主義
neomercantilism	新重商主義
neorealist	新現實主義者（學派）
opinion cluster	意見類群
pluralism	多元主義
political autonomy	政治自主性
politics of trade	貿易政治
populism	民粹主義
posit	假定
pragmatist	務實派
protectionism	保護主義
public choice theory	公共選擇理論
rationalist	理性主義者
rationalist analysis	理性主義分析
realist	現實主義者（學派）
regional trade agreement	區域貿易協定
salience	重要性／顯著性
segregation policy	族群分隔政策
semipresidential system	半總統制
separatist	分離分子／分裂主義分子
structuralist	結構主義者（學派）
Taiwanese nationalism	台灣民族主義
Taiwanese rationalism	台灣理性主義
unimodal	單峰

BW0704

台灣的中國兩難
台灣認同下的兩岸經貿困境

原 書 名／Taiwan's China Dilemma: Contested Identities
　　　　　and Multiple Interests in Taiwan's Cross-Strait
　　　　　Economic Policy
作　　　者／林夏如（Syaru Shirley Lin）
譯　　　者／陳方隅、林添貴
責 任 編 輯／鄭凱達
企 劃 選 書／陳美靜
版　　　權／黃淑敏
行 銷 業 務／莊英傑、周佑潔、王　瑜、黃崇華

總　編　輯／陳美靜
總　經　理／彭之琬
發　行　人／何飛鵬
法 律 顧 問／台英國際商務法律事務所　羅明通律師
出　　　版／商周出版
　　　　　　臺北市104民生東路二段141號9樓
　　　　　　電話：(02) 2500-7008　傳真：(02) 2500-7759
　　　　　　E-mail: bwp.service @ cite.com.tw
發　　　行／英屬蓋曼群島商家庭傳媒股份有限公司　城邦分公司
　　　　　　臺北市104民生東路二段141號2樓
　　　　　　讀者服務專線：0800-020-299　24小時傳真服務：(02) 2517-0999
　　　　　　讀者服務信箱E-mail: cs@cite.com.tw
　　　　　　劃撥帳號：19833503　戶名：英屬蓋曼群島商家庭傳媒股份有限公司城邦分公司
訂 購 服 務／書虫股份有限公司客服專線：(02) 2500-7718；2500-7719
　　　　　　服務時間：週一至週五上午09:30-12:00；下午13:30-17:00
　　　　　　24小時傳真專線：(02) 2500-1990；2500-1991
　　　　　　劃撥帳號：19863813　戶名：書虫股份有限公司
　　　　　　E-mail: service@readingclub.com.tw
香港發行所／城邦（香港）出版集團有限公司
　　　　　　香港灣仔駱克道193號東超商業中心1樓
　　　　　　E-mail: hkcite@biznetvigator.com
　　　　　　電話：(852) 25086231　傳真：(852) 25789337
馬新發行所／城邦（馬新）出版集團
　　　　　　Cite (M) Sdn. Bhd.
　　　　　　41, Jalan Radin Anum, Bandar Baru Sri Petaling, 57000 Kuala Lumpur, Malaysia.
　　　　　　電話：(603) 9057-8822　傳真：(603) 9057-6622　E-mail: cite@cite.com.my

封面設計／萬勝安
印　　刷／鴻霖印刷傳媒股份有限公司
經 銷 商／聯合發行股份有限公司 電話：(02) 2917-8022　傳真：(02) 2911-0053
　　　　　地址：新北市新店區寶橋路235巷6弄6號2樓

■ 2019年3月12日初版1刷　　　　　　　　　　　　　　　Printed in Taiwan

國家圖書館出版品預行編目（CIP）資料

台灣的中國兩難：台灣認同下的兩岸經貿困境／林
夏如（Syaru Shirley Lin）著；陳方隅，林添貴譯. --
初版. -- 臺北市：商周出版：家庭傳媒城邦分公司
發行, 2019.03
　面；　公分
譯自：Taiwan's China dilemma : contested identities
　　　and multiple interests in Taiwan's cross-strait
　　　economic policy
ISBN 978-986-477-629-0（平裝）

1.兩岸經貿

558.52　　　　　　　　　　　　　　　　108002017

定價430元　　　　　　　　版權所有・翻印必究
ISBN 978-986-477-629-0

城邦讀書花園
www.cite.com.tw